Ferdinand Holthausen

Altsächsisches Elementarbuch

Ferdinand Holthausen

Altsächsisches Elementarbuch

ISBN/EAN: 9783743346697

Hergestellt in Europa, USA, Kanada, Australien, Japan

Cover: Foto ©ninafisch / pixelio.de

Manufactured and distributed by brebook publishing software (www.brebook.com)

Ferdinand Holthausen

Altsächsisches Elementarbuch

ALTISLÄNDISCHES ELEMENTARBUCH

VON

FERD. HOLTHAUSEN,
PROFESSOR AN DER HOCHSCHULE ZU GOTENBURG.

WEIMAR.
VERLAG VON EMIL FELBER.
1895.

DEM ANDENKEN

MEINES VEREHRTEN LEHRERS

PROF. DR. ANTON EDZARDI.

Vorwort.

Als im vorigen Winter der Herr Verleger mich zur Abfassung einer kürzeren altisländischen Grammatik aufforderte, zögerte ich nicht lange, seinem Wunsche zu willfahren, da es nach meiner Ueberzeugung in Deutschland an einem brauchbaren Elementarbuche dieser Sprache völlig fehlt*). Das einzige Werk, das jetzt den Studierenden empfohlen werden kann, Noreens ausgezeichnete „Altisländische und altnorwegische Grammatik", ist für Anfänger viel zu eingehend, schreckt sogar manche — wie ich aus Erfahrung weiss —, die für das Studium der aisl. Sprache und Litteratur nur eine kurze Zeit erübrigen können, eher durch seine Stofffülle ab. Ausserdem enthält es nur eine Laut- und Flexionslehre, keine Syntax.

Das hier vorliegende Büchlein ist ausdrücklich für Anfänger bestimmt, und ich verweise jeden, der über die Elemente der Sprache hinausgekommen ist und mehr wissen will, ein für alle Mal auf Noreens eben genannte Grammatik. Während ich Laut- und Flexionslehre möglichst knapp, doch hoffentlich ausreichend dargestellt habe, glaube ich durch Hinzufügung je eines Kapitels über **Wortbildungs- und Bedeutungslehre**, sowie einer elementaren **Syntax**

---

*) Dass auch von anderer Seite ein ähnliches Unternehmen geplant werde, erfuhr ich erst später.

den Bedürfnissen und Wünschen vieler Benutzer entgegengekommen zu sein. Im letztgenannten Teile wird hier zum ersten Male der Versuch gewagt, den in dem geistvollen Buche von John Ries „Was ist Syntax" aufgestellten Forderungen an eine zugleich wissenschaftliche und praktische Anordnung der syntaktischen Erscheinungen gerecht zu werden. Einmal wurde nämlich zwischen Syntax und Bedeutungslehre der Wortformen geschieden, zweitens sind die in ersterer zu behandelnden Fälle nach der Beschaffenheit der Wortgefüge, nicht, wie bisher meistens geschah, nach den darin auftretenden Formen gruppiert. Natürlich konnte in einem Elementarbuch nur eine knappe Uebersicht der Erscheinungen gegeben und musste auf sprachwissenschaftliche Erklärungen und Begründungen verzichtet werden. Dasselbe gilt von der Wortbildungslehre, sofern sie die wichtigsten Bildungssuffixe in tabellarischer Uebersicht vorführt.

Mein Buch kann und will bei seiner Bestimmung für rein praktische Zwecke auf Originalität keinen Anspruch machen, wenn der Kenner vielleicht auch hie und da Versuche zu neuen Erklärungen bemerken dürfte. Die eigene Arbeit bestand hier wesentlich in der Auswahl und Gruppierung des Stoffes. Laut- und Flexionslehre beruhen durchaus auf Noreens schon genannter und Wimmers grösserer aisl. Grammatik (schwed. Ausgabe); für die Syntax habe ich die trefflichen Arbeiten Nygaards fleissig benutzt. Im Uebrigen ist die ältere und neuere Speziallitteratur herangezogen worden (für die Lehre von der Wortstellung nenne ich noch dankbar Braunes Abhandlung in den „Forschungen zur deutschen Philologie" S. 34 ff.).

Dem Anfänger, der ohne Lehrer aisl. lernen will, empfehle ich, die Lautlehre zunächst nur durchzulesen und sich dann die Flexionsformen genauer anzusehen, wobei er alle Anmerkungen übergehen kann. Die Uebersicht über die ihn leicht verwirrende Buntheit und Menge der Formen werden die beiden Tabellen am Ende des Buches wesentlich erleichtern. Nun gehe er sofort zur Lektüre eines leichteren Textes über (wie sie in § 527 genannt sind) und präge sich dabei, beständig analysierend, allmälich die verschiedenen Teile der Grammatik ein. Nach länger fortgesetzter, gründlicher Lektüre wird sich dann eine neue zusammenhängende Durchnahme der Grammatik von Anfang bis zu Ende förderlich und auch sicher nicht zu schwierig erweisen, da dann ja überall schon Bekanntes vorkommt.

Ursprünglich lag in der Absicht des Herrn Verlegers, dass dem Buche noch eine Auswahl Texte mit Glossar, Anmerkungen, Metrik und Litteraturübersicht hinzugefügt werden sollten. Ich habe mich aber im Einverständnis mit ihm entschlossen, diese Beigabe als besonderen Teil, der im wesentlichen eine deutsche Bearbeitung von Falks „Oldnorsk Læsebog" sein wird, erscheinen zu lassen, um die Grammatik nicht allzu sehr anzuschwellen und ihre Ausgabe nicht zu verzögern. Ich hoffe, mit der Vollendung des zweiten Teiles, dessen Zustandekommen durch die freundliche Erlaubnis des Herrn Verfassers ermöglicht wurde, in nicht allzu langer Zeit fertig zu werden und den Studierenden damit ein weiteres praktisches Hilfsmittel zu bieten.

Mit Rücksicht auf die Bedürfnisse der Anfänger ist in dieser Grammatik die gewöhnliche isl. Normalorthographie, nicht die von Noreen durchgeführte Schreibung der ältesten

Handschriften befolgt worden. Nur habe ich aus pädagogischen Erwägungen die Scheidung von *á* und *ǫ́* beibehalten und damit den Formen ein etwas altertümlicheres Gepräge gegeben. Einige Inconsequenzen in der Normalisierung der aus sehr verschiedenartigen Quellen stammenden Beispiele — auch in der Orthographie überhaupt — möge der Benutzer gütigst entschuldigen.

Wenn nicht alle Zeichen trügen, scheint in der letzteren Zeit das Studium der so überaus wichtigen und bedeutenden aisl. Sprache und Litteratur auch ausserhalb des skandinavischen Nordens einen neuen Aufschwung zu nehmen. Möge dazu nach Kräften auch dies Büchlein beitragen, das ich der Nachsicht und freundlichen Beachtung der Fachgenossen diesseits und jenseits des baltischen Meeres empfehle! Für die hübsche Ausstattung werden sie mit mir dem Herrn Verleger und Drucker Dank wissen.

Gotenburg, Neujahr 1895.

F. Holthausen.

Inhaltsverzeichnis.

Seite
Vorwort VII

I. Teil: Lautlehre. § 1—125.

I. **Einleitung**: Schrift und Aussprache. § 1—12 . . 1
II. **Die Vokale.** § 13—63 7
   A. Urgermanisches. § 13—18 7
   B. Die Veränderungen der Vokale im Urnordischen und Isländischen. § 19—60 8
     1. Betonte Vokale. § 19—45 8
       1. Kap. Umlaut. § 19—24 8
       2. Kap. Trübung. § 25—28 11
       3. Kap. Brechung. § 29—31 12
       4. Kap. Kontraktion. § 32—33 13
       5. Kap. Hiatus. § 34—39 13
       6. Kap. Dehnungen. § 40—43 15
       7. Kap. Kürzungen. § 44—45 15
     2. Schwach-nebentonige und unbetonte Vokale. § 46—60   16
       1. Kap. Kürzungen und Kontraktionen. § 46—49 . . 16
       2. Kap. Vokalschwund und Vokalerhaltung. § 50—60:
         a) Im Anlaut. § 50. — b) Im Inlaut. § 51—58. —
         c) Im Auslaut. § 59—60 17
   C. Ablaut. § 61—63 20

III. **Konsonanten.** § 64—125 22
   A. Urgermanisches. § 64—69 22
   B. Urnordische und isländische Entwicklung.
   § 70—120 23
     1. Kap. Lautwandel. § 70—78: a) Combinatorischer.
       § 71—76. — b) Freier. § 77—78 23
     2. Kap. Assimilation. § 79—97: a) Partielle. § 80—85. —
       b) Totale. § 86—97: a. Rückwärtswirkende. § 86
       bis 93; b. Vorwärtswirkende. § 94—97 26
     3. Kap. Dissimilation. § 98—101 31
     4. Kap. Schwund. § 102—109 31
     5. Kap. Konsonanteneinschub. § 110—112 34
     6. Kap. Metathesis. § 113 35
     7. Kap. Dehnung. § 114—117 35
     8. Kap. Kürzung. § 118—120 36
   C. Indogermanisch-germanisches. § 121—125 . . . 37

II. Teil: Wortlehre. § 126—394.

	Seite
I. Formenlehre. § 126—302	40
1. Abschnitt: Declination. § 126—224	40
1. Kap. Substantiva. § 126—184	40
a) Vokalische oder starke Stämme. § 127—161	40
I. *a*-Stämme. § 128—140: a) Reine *a*-Stämme. § 129—134. — b) *wa*-Stämme. § 135—136. — c) *ja*-Stämme. § 137—140: 1) Kurzsilbige. § 137 bis 138; 2) Langsilbige. § 139—140	40
II. *ō*-Stämme. § 141—149: a) Reine *ō*-Stämme. § 141—143. — b) *wō*-Stämme. § 144—145. — c) *jō*-Stämme. § 146—149: 1) Kurzsilbige. § 146 bis 147; 2) Langsilbige. § 148—149	46
III. *i*-Stämme. § 150—157: a) Masculina. § 151 bis 154. — b) Feminina. § 155—157	48
IV. *u*-Stämme. § 158—161	51
b) Konsonantische *n*-Stämme (schwache Declination). § 162—173	52
1) *an*-Stämme. § 163—167: a) Masculina. § 164 bis 166. — b) Neutra. § 167	53
2) Fem. *ōn*-, *ūn*-Stämme. § 168—171	54
3) Fem. *īn*-Stämme. § 172—173	54
c) Uebrige konsonantische Stämme. § 174 bis 184	55
I Einsilbige. § 175—181: a) Masculina. § 176 bis 178. — b) Feminina. § 179—181	55
II. *r*-Stämme. § 182—183	57
III. *nd*-Stämme. § 184	58
2. Kap. Adjectiva. § 185—201	58
A. Starke Declination. § 186—196: a) *a*- und *ō*-Stämme. § 188—192. — b) *wa*- und *wō*-Stämme. § 193—194. — c) *ja*- und *jō*-Stämme. § 195—196	59
B. Schwache Declination. § 197—201: a) Positiv und Superlativ. § 198—200. — b) Comparativ und part. präs. § 201	63
3. Kap. Zahlwörter. § 202—207: a) Kardinalzahlen. § 202—205. — b) Ordinalzahlen. § 206—207	65
4. Kap. Pronomina. § 208—224	67
1. Persönliche. § 208—209: a) Ungeschlechtige und reflexivum. § 208. — b) Geschlechtige. § 209	67
2. Possessiva. § 210—212	68
3. Demonstrativa. § 213—217	70
4. Relativa. § 218	73
5 Interrogativa. § 219	73
6. Indefinita. § 220—224	74
2. Abschnitt: Conjugation. § 225—302	78
1. Kap. Allgemeines. § 225—229: a) Starke Verba. § 227. — b) Schwache. § 228. — c) Gemischte. § 229	78

	Seite
2. Kap. Tempusbildung. § 230—279	80
a) Starke verba. § 230—250	80
I. Ablautende verba. § 230—245: 1. Klasse. § 231 bis 232. 2. Klasse. § 233—235. 3. Klasse. § 236—239. 4. Klasse. § 240—241. 5. Klasse. § 242—243. 6. Klasse. § 244—245	80
II. Reduplicierende verba. § 246—250	86
1. Hauptklasse: Nicht contrahierte. § 247	86
2. Hauptklasse: Contrahierte. § 248—250	87
b) Schwache verba. § 251—271	88
1. Klasse: *ja*-Stämme. § 252—263: a) Kurzsilbige. § 252—257. — b) Langsilbige. § 258—263	89
2. Klasse: *ō*-Stämme. § 264—265	92
3. Klasse: *ai*-Stämme. § 266—271: a) Uncontrahierte mit part. auf *-adr*. § 267. — b) Uncontrahierte mit part. auf *-dr*. § 268. — c) Contrahierte. § 269. — d) Unregelmässige. § 270—271	92
c) Gemischte verba. § 272—277: 1. Präteritopräsentia. § 272—276. — 2. *valda* walten. § 277	94
d) Die verba sein und wollen. § 278—279	96
3. Kap. Die Endungen. § 280—302	97
I. Activum. § 280—298	97
Bemerkungen zu den Endungen. § 281—298	98
a) Infinitiv. § 281—282	98
b) Indicativ. § 283—290	99
1. Präsens. § 283—286	99
2. Präteritum. § 287—290: 1. Starkes. § 287 bis 289. — 2. Schwaches. § 290	102
c) Conjunctiv (Optativ). § 291—293	103
d) Imperativ. § 294	104
e) Participium. § 295—298	104
II. Medio-Passiv. § 299—302	105
II. Bildungslehre. § 303—353	108
A. Zusammensetzung. § 304—326	108
I. Nominalcomposita. § 304—323	108
1. Substantiva. § 304—312: a) Echte. § 306—311. — b) Unechte. § 312	108
2. Adjectiva und participia. § 313—314	111
3. Zahlwörter. § 315—319	113
4. Pronomina. § 320	114
5. Adverbia. § 321	114
6. Präpositionen. § 322	114
7. Conjunctionen. § 323	115
II. Verbalcomposita. § 324—326	115
B. Ableitung. § 327—353	116
1. Nominale. § 327—352	116
1 Substantiva. § 327—332: a) Masc. § 327—328. — b) Feminina. § 329—330. — c) Neutra. § 331—332	116
2. Adjectiva. § 333—340: a) Bildung. § 333—334. — b) Steigerung. § 335—340	123

— XIV —

	Seite
3. Zahlwörter. § 341—346	128
4. Adverbia. § 347—352: a) Bildung. § 347—350. — b) Steigerung. § 351—352	129
II. Verbale. § 353	131

III. **Bedeutungslehre.** § 354—394 . . . 132

   A. **Wortarten.** § 354—367 132
     1. Substantiva. § 354 132
     2. Adjectiva. § 355 132
     3. Zahlwörter. § 356—357 132
     4. Pronomina. § 358—362 133
     5. Verba. § 363 134
     6. Adverbia. § 364—365 134
     7. Präpositionen. § 366 135
     8. Conjunctionen. § 367 135

   B. **Wortformen.** § 368—394 135
     1. Substantiva. § 368—375: a) Genus § 368—369. — b) Numerus. § 370—371. — c) Casus: 1. Nominativ. § 372. 2. Genitiv. § 373. 3. Dativ. § 374. 4. Accusativ. § 375 135
     2. Adjectiva. § 378—380: a) Starke und schwache Formen. § 378 — b) Casus. § 379. — c) Steigerung. § 380 . 138
     3. Zahlwörter. § 376—377: a) Numerus. § 376. — b) Casus. § 377 138
     4. Pronomina. § 381—385: a) Numerus. § 381—383. — b) Casus. § 384—385: 1. Nom. Acc. § 384. 2. Dativ. § 385 139
     5. Verbum. § 386—394 140
       a) Genera verbi. § 386 140
       b) Tempora. § 387—390: 1. Präsens § 387—388. 2. Präteritum. § 389—390 141
       c) Modi. § 391—394: 1. Indicativ und Conjunctiv. § 391—392. 2. Imperativ. § 393. 3. Participium. § 394 143

III. Teil: Syntax. § 395—516.

I. **Wortgefüge.** § 395—454 146

   A. **Nominalverbindungen.** § 395—420 146
     1. Kap. Beiordnung. § 395—402: a) Directe. § 395 bis 401. — b) Durch Conjunctionen. § 402 . . . 146
     2. Kap. Rection. § 403—420: a) Directe. § 403—415: 1. Genitiv. § 403—410. 2. Dativ. § 411—415. — b) Verbindung durch Präpositionen. § 416—420 . . 148

   B. **Verbum und Nomen.** § 421—444 153
     1. Kap. Beiordnung. § 421—423 153
     2. Kap. Rection. § 424—441 154
       a) Directe. § 424—441: 1. Accusativ. § 424—432. 2. Dativ. § 433—438. 3. Genitiv. § 439—441. 154
       b) Durch Präpositionen. § 442 161
       c) Verbum als Ergänzung des Nomens. § 443—444 . 161

	Seite
C. Verbalverbindungen. § 445—454	161
1. Kap. Infinitiv. § 445—449	161
2. Kap. Particip. § 450—454	163
II. Satzgefüge. § 455—476	164
A. Selbständige Sätze. § 455—457	164
B. Abhängige Sätze. § 458—476	165
1. Kap. Relativsätze. § 459—460	165
2. Kap. Indirecte Fragesätze. § 461—462	166
3. Kap. Conjunctionalsätze. § 463—476	167
III. Congruenz. § 477—486	173
A. Subject und Prädikat; Apposition. § 477—485	173
B. Consecutio temporum. § 486	176
IV. Wortstellung. § 487—492	177
A. Nomen und Verbum. § 487—490	177
B. Andere Satzteile. § 491	179
C. Hervorhebung. § 492	180
V. Kürze des Ausdrucks. § 493—508	181
A. Nomen. § 493—500	181
B. Verbum. § 501—503	185
C. Partikeln. § 504—505	186
D. Satz. § 506—508	186
VI. Pleonasmus. § 509—513	187
VII. Anakoluthie. § 514—516	188

Anhang. § 517—527.

I. Geschichte der altisländischen Sprache. § 517—522	190
II. Die Runenschrift. § 523—526	192
III. Hilfsmittel. § 527	195
Verbesserungen und Nachträge	196

I. Teil: Lautlehre.

I. Einleitung: Schrift und Aussprache.

§ 1. Das aus England eingeführte lateinische Alphabet, welches an die Stelle der einheimischen Runenschrift trat, hat ausser den gewöhnlichen Zeichen noch die Buchstaben ð, þ, œ, ǫ (= deutschen ö), ǫ (offenes o), von denen der erstere in den Wörterbüchern hinter d, die übrigen am Ende des Alphabets stehen. Für langes ǫ findet sich in den Ausgaben oft auch œ, für ǫ in älteren Ausgaben, Wörterbüchern und grammatischen Arbeiten fast durchgehends ö, das dann auch für kurzes ǫ gebraucht wird.

§ 2. Die **Vokale** zerfallen in **kurze und lange**: letztere werden durch einen darüber gesetzten **Akut** bezeichnet: á. In älteren Schriften und Ausgaben findet sich statt dessen auch der Circumflex: â; wie dort wird auch jetzt noch oft der lange ä- und ö-Laut durch œ und œ (statt ǽ und ǿ) ausgedrückt.

§ 3. Die **Aussprache** der aisl. **Vokale** ist im allgemeinen die der deutschen; y bezeichnet den ü-, ǫ den ö-Laut, ǽ ist auszusprechen wie unser ä in *jährlich*, während é den geschlossenen Laut wie in *See* hat, ǫ offen wie o in *Holz*, o und ó dagegen geschlossen wie in *Moral*, *Sohn*. Der Laut des langen ǫ (ǿ) entspricht dem des englischen *aw* in *law*, des französischen o in *corps* (langes offenes o). — Die 3 **Diphthonge** au, ei und ey (oy) entsprechen ungefähr den deutschen au, ei (ai) und äu (eu).

§ 4—6. Aussprache.

Anm. 1. Man muss sich wol hüten, die kurzen Vokale in betonter offener, d. h. auf Vokal anslautender, Silbe lang zu sprechen, also *e-ta* essen, nicht *ē-ta*, aber auch nicht *etta!*

§ 4. Die meisten Konsonanten können kurz und lang sein: die Länge wird durch Doppelschreibung ausgedrückt, z. B. *falla* fallen. Die Aussprache eines langen Konsonanten ist dieselbe wie im italien. und schwed., und muss deutlich zu Gehör gebracht werden *(fal-la)*. Der Verdoppelung sind nicht fähig: *h, d, þ* und *v*.

§ 5. Ueber die Aussprache der Konsonanten ist zu merken: *r* ist stets Zungenspitzenlaut, wie im italienischen, niemals uvular (Zäpfen-*r*); *s* ist stets hart (stimmlos) wie im deutschen *Haus, lassen*, nie weich (stimmhaft) wie in *lesen; þ* hat den Laut des harten englischen *th* in *bath, thin, ð* den des weichen in *that, father; j* ist konsonantisches *i* wie in *Union; x* und *z* drücken wie im deutschen die Lautverbindungen *ks* und *ts* aus.

Anm. In Uebereinstimmung mit den meisten Ausgaben wird auch in diesem Buche zwischen *i* und *j*, *u* und *v* geschieden, obwol die Handschriften diesen Unterschied nicht kennen, und *j* erst im neuisl. seit Ende des vorigen Jahrhunderts erscheint. Die Zeichen *u* und *v* werden in den Hss. ganz promiscue gebraucht.

§ 6. Mehrere Konsonantenzeichen haben mehrfachen Lautwert, nämlich

1) *n*, das sowol dental, wie in *binda* binden, als auch guttural, wie in *syngva* singen, sein kann. Die letztere (phonetisch durch η, oder ŋ bezeichnete) Aussprache kommt nur vor *g* und *k* vor.

Anm. *ng* ist nicht éin Laut, wie im Deutschen, sondern die Verbindung von deutschem *ng* + *g*, wie im englischen *finger, England.*

2) *f* ist im allgemeinen wie im deutschen zu sprechen, nämlich im Anlaut *(fara* fahren), in der Verdoppelung *(offra* opfern, aber lang!), sowie vor den stimmlosen (harten) Lauten *s, þ, k* und *t (ljúfs*, gen. sg. m. n., *ljúft*, nom. ac. sg. n. von *ljúfr* lieb; *Sifka)*; im In- und Auslaut dagegen ist es in stimmhafter Nachbarschaft

§ 6—7. Aussprache.

selbst stimmhaft (= deutschem w), z. B. *gefa* geben, *gaf* gab, *hafda* hatte, *ulfr* Wolf.

3) *v* ist im Anlaut labiodentale stimmhafte Spirans = nordd. w, frz., engl. *v*, z. B. *vas* war, sonst bilabialer Halbvokal, d. h. konsonantisches *u* = engl. w, z. B. *tveir* zwei, *hoggva* hauen.

4) *h* im Anlaut vor Vokal ist wie im deutschen Hauchlaut *(hér* hier), vor *v* wird es wie engl. wh ausgesprochen *(hvat* was) oder auch wie *ch* + *w;* mit den drei Lauten *l, r, n* geht es eine Verbindung ein, die man als stimmlose *l* (= welschem *ll*), *r, n* + stimmhafte bezeichnen kann, z. B. *hlaupa* laufen, *hniga* sich neigen, *hringr* Ring.

5) *g* ist im Anlaut, in der Verdoppelung und nach *n* stimmhafter Verschlusslaut wie das deutsche, franz. und engl. *g (gefa* geben, *hoggva* hauen, *langr* lang); im In- und Auslaut in stimmhafter Nachbarschaft ist es stimmhafter Reibelaut (Spirant) wie in nordd. *sage, lege* (z. B. *draga* ziehn, *bergi* dem Berge, *lagda* legte, *veg* ac. Weg): inlautend vor *s* und *t* dagegen ist es — ausser nach *n* — stimmloser Spirant wie deutsches *ch (regs* Weges, *blódugt* n. blutiges).

Anm. Im letzteren Falle wird jedoch *g* später zu *k: blódukt*, vgl. § 83.

§ 7. Eine Silbe ist historisch lang, wenn sie einen langen Vokal oder Diphthongen mit folgendem Konsonanten enthält, z. B. *hús* Haus, *veit* ich weiss, oder einen kurzen Vokal und zwei Konsonanten, z. B. *binda* binden. Sie ist historisch kurz, wenn auf den langen Vokal oder Diphthongen ein Vokal folgt, z. B. *búa* wohnen, *deyja* sterben *(j* ist konsonantisches *i!)*, oder wenn sie einen kurzen Vokal mit folgendem einfachem Konsonanten enthält, z. B. *far* fahr. Auch *gg* wird als solcher gerechnet, also sind *egg* Ei, *hoggva* hauen *(v* = konsonantisches *u!) leggja* legen kurzsilbig.

Anm. In der Metrik dagegen gelten andere Regeln, s. die Einleitung!

§ 8. Phonetisch betrachtet zerfallen die Vokale in vordere oder palatale: *i, e, œ, y, ø*, und hintere oder gutturale: *u, o, ǫ, a*. Weil *y, ø, u, o, ǫ* zugleich Lippenrundung erfordern, werden sie auch labialisirte genannt. Die sogen. Umlautsvokale (s. § 19 ff.) *y* und *ø* haben dieselbe Zungenstellung wie *i* und *e*, und dieselbe Lippenrundung wie *u* und *o*.

§ 9. Die Konsonanten zerfallen nach ihrem akustischen Werte in sonore (Klanglaute) und Geräuschlaute, z. B. *n* und *f;* nach der Thätigkeit der Stimmbänder (je nachdem diese mitschwingen oder nicht) in stimmhafte (weiche, tönende) und stimmlose (harte, tonlose), z. B. *w* und *f;* nach der Thätigkeit des Gaumensegels (je nachdem dies geschlossen oder offen ist) in orale oder reine Mundlaute und in nasale, z. B. *d* und *n;* nach der Thätigkeit des Ansatzrohrs (Lippen, Mundraum und Nasenhöhle) in Oeffnungslaute, Reibelaute (Spiranten) und Verschlusslaute (Explosivae), z. B. *m, v* und *b;* endlich nach der Stelle ihrer Bildung in Lippenlaute (labiale), Zungen-Zahnlaute (linguo-dentale) und Zungengaumenlaute, z. B. *p, þ* und *k*. Erstere zerfallen wieder in reine Lippenlaute (bilabiale) und Lippenzahnlaute (labiodentale), z. B. *p* und *v;* die beiden letzteren wieder einerseits in Zwischenzahnlaute (interdentale) und Hinterzahnlaute (postdentale) resp. alveolare, weil sie an den Alveolen, dem inneren Wulst über der oberen Zahnreihe, gebildet werden, z. B. *þ* und *t;* andererseits in vordere (palatale) und hintere (gutturale), je nachdem sie am vorderen harten oder am hinteren weichen Gaumen gebildet worden, z. B. *j* und *k*.

Die Bildung der Nasale geschieht bei Mundverschluss mit nasaler Oeffnung, die des *l* mit vorderem Verschluss bei seitlicher Oeffnung (Senkung der seitlichen Zungenränder), die des *r* besteht in rascher

§ 10—11. Phonetik. Betonung. 5

Folge von Verschluss und Oeffnung durch Zitterbewegungen der Zungenspitze, resp. des Zäpfchens (im Deutschen und Franz.). *h* endlich ist ein Reibelaut der Stimmbänder (laryngale Spirans).

§ 10. Die isl. Konsonanten lassen sich in folgender Tabelle schematisch veranschaulichen:

	Labiale		Interdent.	Dentalalveolare	Palatale	Gutturale	Laryngale
	bilab.	labiodent.					
I. Oeffnungslaute:							
1. Mit Daueröffnung							
a) oraler: sth.	*v*	—	—	—	*j*	—	—
„ stl.	*hv*	—	—	—	—	—	—
b) nasaler: sth.	*m*	—	—	*n*	—	*η*	—
„ stl.	—	—	—	*hn*	—	—	—
c) seitlicher: sth.	—	—	—	*l*	—	—	—
„ stl.	—	—	—	*hl*	—	—	—
2. Mit Zitteröffn.: sth.	—	—	—	*r*	—	—	—
„ „ stl.	—	—	—	*hr*	—	—	—
II. Reibelaute: sth.	—	*v*	*ð*	—	*y*	*g*	—
(Spiranten) stl.	—	*f*	*þ*	*s*	*y*	*g*	*h*
III. Verschlusslaute: sth.	*b*	—	—	*d*	*y*	*g*	—
(Explosivae) stl.	*p*	—	—	*t*	*k*	*k*	—

Anm. 1. *l* und *r* nennt man nach antiker Bezeichnung auch Liquidae („flüssige"), die stimmhaften Verschlusslaute auch mediae („mittlere"), die stimmlosen auch tenues („dünne").

Anm. 2. *k* und *g* sind in palataler Nachbarschaft selbst palatal, in gutturaler aber guttural, vgl. z. B. *Kind* und *Kunst*, *Gift* und *Gold*. — Ueber die verschiedene Geltung einiger Zeichen vgl. oben § 5 f.

§ 11. Für die Betonung des altisl. kommen folgende Regeln in Betracht: Eine Silbe kann haupttonig, nebentonig und unbetont sein, je nach der Stärke des exspiratorischen Accents, d. h. dem Grade des Atemdrucks, der auf dieselbe verwandt wird. So ist in unserm *Hausvater* die erste Silbe haupttonig, die zweite nebentonig, die dritte unbetont. Man unterscheidet noch stärkeren und schwächeren Nebenton.

§ 12. Die Verteilung dieser verschiedenen Betonung ist diese:

a) Der **Haupt ton** liegt in **einfachen Wörtern** auf der **Wurzelsilbe**, welche stets die **erste** ist, z. B. *tunga* Zunge; in **zusammengesetzten** auf der **Wurzelsilbe des ersten Gliedes**, z. B. *kirkjugardr* Kirchhof, *Sigurdr* Siegwart.

Doch kann daneben auch oft Betonung des zweiten Gliedes stattfinden, so besonders bei den Wörtern, die mit *ofr* „zu" und *for* „ver-" zusammengesetzt sind, z. B. *ofrgjald* zu grosse Vergeltung, *forbod* Verbot, aber auch bei anderen wie *úhreinn* unrein, *einraldi* Herrscher. Dies gilt auch für die Ableitungssilben *-ing*, *-ung* bei einsilbigen Wörtern, wie *peningr* Pfennig (neben *peningr* mit Accent auf der ersten).

b) Der **stärkere Nebenton** ruht in **zusammengesetzten Wörtern** auf der **Wurzelsilbe des nicht haupttonigen Gliedes**, wenn das Wort noch als Compositum empfunden wird, z. B. *kirkjugardr*; bei **einfachen auf stärkeren Ableitungssilben**, wie *-and*,*-ind*, *-und*, *-ing*, *-ung*, *-ern*, *-tán* etc., z. B. *eigandi* Besitzer, *víkingr* Wiking, *sextán* 16, *kaupangr* Stadt. — Ein **schwächerer Nebenton** kommt Suffixsilben zu, wenn sie unmittelbar auf die Wurzelsilbe folgen, z. B. in *tunga* Zunge, *kalluda* rief, ebenso dem zweiten Teile einheitlich empfundener Zusammensetzungen, wie *Sigurdr* Siegwart, *nekkvat* etwas.

c) **Unbetont** sind alle sonstigen Silben, z. B. die zweite Silbe von *bródir* Bruder, *níu* 9, von **Komparativen** wie *yngri* jünger (ausgenommen *meiri* und *fleiri* grösser, mehr); der angehängte Artikel, z. B. *húsit* das Haus, pro- und enklitisch gebrauchte Wörtchen, wie *eda* oder.

II. Die Vokale.

A. Urgermanisches.

§ 13. Das Urgermanische besass folgende Vokale:
a) kurze: *a, e, i, o, u,*
b) lange: *ā, ǣ, ē, ī, ō, ū,*
c) Diphthonge: *ai, au, eu.*
Zu einigen derselben ist Verschiedenes zu bemerken.

§ 14. Für *e* und *i* gelten folgende Regeln:
1) Indogerm. *e* wird durch den sogen. urgerm. *i*-Umlaut vor *i* oder *j* der folgenden Silbe sowol wie vor Nasal und Kons. zu *i*, z. B. *medal-* mittel-, neben *midja* Mitte, *midr* mittlerer (lat. *medius*), *verdr* Wert, neben *virdu* (aus *$wirdjan$) würdigen, gen. *fjardar* (aus *$ferdar$) Meerbusens, neben pl. *firdir*; *finna* finden, neben *verpa* werfen, *vindr* wind = lat. *ventus*.

2) Indogerm. *i* wird durch den sogen. urgerm. *a*-Umlaut vor *a* der folgenden Silbe zu *e*, wenn kein *j* oder Nasal und Konsonant dazwischen stand, vgl. *verr* Mann (urgerm. *$weraz$[1])) mit lat. *vir*, *nest* Nest (urgerm. *$nesta$-) zu lat. *nīdus* (aus *$nizdos$), *nedan* von unten, neben *nidri* niedere.

§ 15. Entsprechend wird *u* vor *a* der folgenden Silbe zu *o*, vgl. *ok* Joch (urgerm. *$juga$-) mit lat. *jugum*, gen. *sonar* Sohnes mit got. *sunaus;* aber *kunna* können, *flutta* ich schaffte fort (statt *$flytta$, aus *$flutida$, inf. *flytja*).

Anm. Der *a*-Umlaut vor *i* und *u* ist oft durch Ausgleichung nach anderen Formen beseitigt worden, z. B. *vita* wissen (nach *vitum* wir wissen, conj. *vitim* etc.), *fullr* voll (d. sg. n. *fullu*, d. pl. *fullum* etc.); oder es entstehen Doppelformen, wie *segi, sigi* Schnitte (eigentlich nom. *sigi*, gen. d. ac. *sega*), *sonr, sunr* Sohn (got. *sunus*), *fogl, fugl* Vogel, *god, gud* Gott, *bokkr, bukkr* Bock, *oxi, uxi* Ochs, *ulfr* Wolf neben *þór-olfr* u. s. w.

§ 16. Ebenso wechselten ursprünglich die aus altem *eu* entstandenen Diphthonge *iu* und *eo*, vgl. ahd. *beotan*,

---

[1]) *z* bezeichnet das tönende *s* wie im Franz. und Engl. *zone*.

§ 17—20. Urgermanische Vokale. Umlaut.

biotan bieten, *biutist* bietest. Im isl. wurde *iu* durch Accentversetzung zu *jú* (wie *eo, io* zu *jó*), und steht auch bei *a* der folgenden Silbe, wenn auf den Diphthongen ein Guttural oder Labial folgt, vgl. *rjúka* rauchen, *krjúpa* kriechen gegenüber *fljóta* fliessen, *hnjósa* niesen u. s. w.

Anm. 1. Gegen die Regel steht jedoch *jó* in *þjófr* Dieb und *hljómr* Ton, *jó* neben *jú* in *hjón* Gatten und *mjókr* weich.

Anm. 2. Vor *i* und *j* der folgenden Silbe wird *jú* durch *jý zu *ý*, vgl. § 20.

§ 17. Langes *a* war aus urgerm. *αη* vor *h* entstanden, vergl. got. *þāhta* dachte, zu *þigkan* (= *þiηkan*) denken, weshalb es auch in altisl. nasalirt war. Wie das Beispiel zeigt, tritt *η* vor *g* wieder hervor, so auch in isl. *fingum* wir fingen, zum inf. *fá*, got. *fāhan*.

Anm. Auch urgerm. *inh* und *unh* wurden zu *īh, ūh*, vgl. as. *thīhan* gedeihen neben dem part. prät. *githungan*; got. *þūhta* däuchte. inf. *þugkjan* dünken.

§ 18. *ā* ging im urnordischen in *ā* über, vgl. *ár* Jahr (got. *jēr*), *máni* Mond (got. *mēna*) u. s. w.; *ē* dagegen blieb: *hér* hier, *lét* liess.

B. Die Veränderungen der Vokale im Urnordischen und Isländischen.

I. Betonte Vokale.

I. Kap. Umlaut.

§ 19. Unter Umlaut versteht man die Veränderung, die ein Vokal durch den assimilirenden Einfluss benachbarter Laute erfährt. Er ist entweder ein palataler, wenn die Vokale nach vorn verschoben werden, oder ein labialer, wenn Lippenrundung hinzutritt. Der den Umlaut bewirkende Vokal ist oft bereits durch spätere Entwicklung geschwunden.

§ 20. Durch den Palatalumlaut werden die Gutturalvokale *a, o, u* zu den palatalen *e, ø, y*. Be-

§ 20. Palatalumlaut.

wirkt wird derselbe 1) durch unbetontes *i* oder *j* der folgenden Silbe, 2) durch unmittelbar folgendes neues *r*, d. h. dasjenige, das aus urgerm. got. *z* entstanden war. Beispiele sind:

a — e: tal Zahl, *telja* zählen; *heri* Hase.

á — ǽ: mál Sprache, *mǽli* ich spreche; *igǽr* gestern (dän. *igaar*).

o — ø: þola dulden, *þolði* duldete (conj.); *frørinn* gefroren.

ó — ǿ: bót Busse, *bǿta* büssen (got. *bōtjan*).

u — y: full voll, *fylla* füllen (got. *fulljan*).

ú — ý; lúka schliessen, *lýkir* schliessest (got. *lūkis*); *sýr* Sau.

jú — ý (aus *jý): *sjúkr* krank, *sýki* Krankheit; *dýr* Tier (got. *dius*).

au — ey: dauðr tot, *deyja* sterben; *eyra* ohr (vgl. got. *ausō*).

Der Diphthong *ai* wird zu *ei*, obwol das *i* derselben Silbe angehört, z. B. *heita* heissen (got. *haitan*).

Anm. 1. Nur altes *i* bewirkt Umlaut, nicht das aus *ē* oder *ai* entstandene, wie in *faðir* Vater (πατήρ), *góðir* gute, nom. pl. m. (got. *gōdai*). Vgl. § 46. Wenn jedoch altes *e* hinter *g* und *k* stand, ist es früh zu *i* geworden und hat Umlaut bewirkt, vgl. *dreki* Drache, *sleginn* geschlagen u. a.

Anm. 2. Umlaut tritt nicht ein, wenn die zweite Silbe einen starken Nebenton hatte, wie *fáviss* unwissend, *blóðigr* blutig; er schwindet oft durch den Einfluss nicht umgelauteter Paradigmaformen, z. B. in *staðr* Stadt (as. *stedi*) wegen des gen. *staðar* u. s. w. Umgekehrt tritt er auch rein analogisch ein, wie im gen. *ferðar* der Fahrt, nach dem nom. *ferð*.

Anm. 3. Der Umlaut von *o* sollte eigentlich *y* sein, da *o* nur vor *a*, nie vor *i* stehen kann (s. § 15). *ø* beruht auf der analogischen Einführung der *a*-Formen auch vor *i*, ein Vorgang, den Doppelbildungen wie *synir, sønir* Söhne, nom. pl. zu *sonr, sunr, yxn, øxn* Ochsen (zu *uxi, oxi*) noch deutlich zeigen.

Anm. 4. Durch Entrundung wird *ø* später zu *e*, z. B. *kømr, kemr* kommst, *ǿ* zu *ǽ*, z. B. *bǽta* büssen; der entsprechende Uebergang von *y* zu *i* erfolgt jedoch nur vor folgendem *i* in schwachtonigen Silben, z. B. *yfir, ifir* über, *skyli skili* conj. solle, *þykkja, þikja* dünken, also in Formen, die oft im Satzgefüge schwachtonig erschienen.

§ 21—24. Labialumlaut.

§ 21. Durch unbetontes *u* oder *v* der folgenden Silbe werden *a, e, i* labialisirt (gerundet) und gehen in *ǫ, ö, y* über. Beispiele:

a — *ǫ: kǫllum* wir rufen (iuf. *kalla*); *sǫngvar* nom. pl. Gesänge.

á — *ǫ́: ǫ́tum* wir assen (sg. *át*) (vgl. § 23!)

e — *ö: rörum* wir ruderten (sg. *rera*); *sökkva* senken.

é — *ö́: Völundr* Wieland; *hléða* ich schirmte (aus **hlēwiða*, inf. *hlýja*).

i — *y: syngva* singen; *systur* gen. sg. Schwester (aus **svistur*); *myklu* viel.

í — *ý: blýs* Bleis (ahd. *blīwes*); *ýkva* weichen (= *vikja*).

Anm. 1. Für *ǫ* wird später *ö* geschrieben, da dies in offenes *ö* übergeht und die Laute somit zusammenfallen.

Anm. 2. Der Umlaut von *é* und *i* (nicht *ei!*) tritt nur beim Schwund des *v* ein, vor erhaltenem *v* bleibt *i*, z. B. *Týr* ein Gott (= ahd. *Ziu*), pl. *tívar* Götter; *snýr* es schneit (part. *snivinn* beschneit).

Anm. 3. Wegen *e* für *e* (Entrundung) vgl. § 20 Anm. 4.

Anm. 4. Nichteintreten des Umlauts beruht entweder auf dem starken Nebenton den das folgende *u* hat, wie in *barnungr* jung wie ein Kind, oder auf Ausgleichung nach nichtumgelauteten Formen, z. B. *hall* neben *hǫll* Halle, wegen des gen. *hallar* etc.; *landum* den Landen, wegen des gen. *landa* u. s. w.

§ 22. *ǫ* wird zu *o* in der postkonsonantischen Verbindung *vǫ* vor Konsonant + *r*, z. B. *horvetna* wo auch immer (zu *hvar* wo), *hotvetna* was auch immer (zu *hvat*). Dagegen *vǫlva* Weissagerin!

§ 23. *ǫ́* wird zu *ó*: 1) unmittelbar vor und nach geschwundenem *v*, z. B. *mór* Möwe, pl. *mávar*; *ón* Hoffnung, gen. *vánar*; 2) vor und nach Nasal, z. B. *spónn* Span, *mánuðr* Monat (gen. *mánaðar*), *óss* Balken (aus **ansuz*, got. *ans*), *nótt* Nacht, *mótum* wir massen.

Anm. *ǫ́* neben oder statt *ó* beruht auf Neubildungen, z. B. *mat* — *mǫ́tum* nach *bar* — *bǫ́rum* (von *bera* tragen) u. a.

§ 24. Durch Kombination beider Umlaute wird *a* zu *ö*, *ai* zu *ey*, vgl. *öðli* Beschaffenheit (aus **aðuli*, zu *aðal*), *hǫggr* er haut (inf. *hǫggva*), *sökkva* senken (got. *saggjan* =

§ 25—28. Trübung.

saŋkvjan), *þrungra* drängen, *ox* axt (got. *agizi*); *keykva* neben *kveikja* beleben, *veykr* weich (ac. sg. m. *veykvan*).

Anm. Vor erhaltenem *v*, das unmittelbar auf *ai* folgt, bleibt das *ei*: *hreyr* Leiche (got. *hraiw*), aber dat. *hreivi*. Vgl. § 21, Anm. 2.

2. Kap. Trübung.

§ 25. Vor *nk*, *nt* und *mp*, die zu *kk*, *tt*, *pp* assimilirt werden, geht *i* in *e*, *u* in *o* über, z. B. *drekka* trinken, *vetr* Winter (aus **vettr*), *kleppr* Klumpen (schwed. *klimp*); mit *v*-Umlaut: *sokkva* sinken; *u* in *o*: *sokkinn* gesunken, *dottinn* gefallen, *kroppinn* geschrumpft (niederd. *krumpen*).

Anm. In Formen wie *sprikk!* spring!, *bitt!* bind! liegen Neubildungen nach den übrigen Formen (inf. *springa*, *binda*) vor; *drukkinn* getrunken ist neu nach Mustern wie *bundinn* u. a. gebildet. — *þykkja* dünken ist wol wegen seiner häufigen Unbetontheit als eingeschobener Satzteil (*þykkir mér* dünkt mir u. a.) der Regel nicht unterworfen; dasselbe gilt von Pronomina wie gen. *ykkar* euer beider (got. *igqara*).

§ 26. Vor *n* + *s*, *þ* oder *r* tritt bei Schwund des *n* Trübung und Vokaldehnung ein: *mél* Mittelstück des Gebisses (ahd. *gumindil*), *lérept* Leinwand (zu *lín*), *ósk* Wunsch, mit *i*-Umlaut: *óskja* wünschen; *órir* nom. pl. m. unsere, *þórs* Donars (altengl. *þunres*).

Anm. In Folge häufiger Unbetontheit als zweiter Kompositionsteil behält *fúss* begierig (ahd. *funs*) sein *u*; Doppelformen haben *ú-*, *ó-*, un-, *óskja* und *ýskja* wünschen. Dagegen hat das Verbum *fýsa* antreiben (zu *fúss*) nur *ý*.

§ 27. Vor *r* = got. *z* wird *i* zu *é* in *mér* mir, *þér* dir, *sér* dat. sich (g. *sis*), *vér* wir, *ér* ihr; *u* mit Umlaut (nach § 20) zu *ó*: *frórum* wir froren (ahd. *frurum*), inf. *frjósa*, *kor* Wahl (vgl. *Kur-fürst*) zu *kjósa*.

Anm. Dem got. Präfix *uz-*, er-, ur- entsprechen die betonte Präpos. *ór*, *ár*, *ér*, *ýr* sowie das unbetonte Präfix *or-*, *ur-*, *or-* mit gegenseitigen Ausgleichungen.

§ 28. Vor *h* gehen *i*, *u* in *é*, *ó* über, z. B. *vé* Heiligtum (aus **vih*), *tvénn* doppelt (got. *tweihnai*), *té* ich zeihe, *léttr* leicht, *þél*, *fél* Feile (ahd. *fíhala*); *dróttseti* Truchsess, *flótti* Flucht, *þótta* däuchte (got. *þūhta*); mit Palat.-Umlaut: *ǿri* jünger (got. *jūhiza*).

Anm. *i* bleibt vor *i* der folgenden Silbe: *þisl* Deichsel (ahd. *dihsila*). Beim Wechsel verschiedener Endungen haben Ausgleichungen stattgefunden, z. B. in *tia* zeihen und *sria* weichen nach den Formen, wo *i* folgte (2. und 3. pers. sgl. ind. präs.).

3. Kap. Brechung.

§ 29. Unter Brechung versteht man den Uebergang von *e* durch *ea, ia* resp. *eo, io* in *ja* oder *jo* vor *a* oder *u* der nächstfolgenden Silbe, z. B. *bjarga* bergen, *jotunn* Riese (zu *eta* essen). Dieselbe wird durch vorhergehendes *v, l* und *r* verhindert, z. B. *verda* werden, *svelta* verhungern, *lesa* lesen, *reka* treiben.

Anm. Der Brechung bewirkende Vokal ist oft schon geschwunden, wie in *jafn* eben (aus *ejnaz*), *fjol* viel (got. *filu*).

§ 30. *jo*, das zuweilen in *ju* übergeht, z. B. in *fjugur* 4, hat sich nur noch in isolirten Formen wie *mjok* sehr, *kjot* Fleisch (dat. *kjotvi*), *ifjord* voriges Jahr (πέρυσι) gehalten, sonst ging es analogisch durch Einfluss der *ja*-Formen desselben Paradigmas in *jǫ* über, sodass es nun der *u*-Umlaut des ersteren zu sein scheint, z. B. *jǫrd* Erde statt *jord* (aus *erdu*) wegen des gen. *jardar* u. s. w.

§ 31. Durch Ausgleichung verschiedener Formen sind die ursprünglichen Verhältnisse oft zerstört worden, indem entweder die Brechung überall durchgeführt wurde, wie im nom. *bjalki* Balken, nach dem gen. *bjalka* etc., oder umgekehrt der ungebrochene Vokal, wie in *stertr* Sterz (schwed. *stjärt*, spr. *schärt*) nach dem dat. *sterti*. Auch entstehen Doppelformen wie *berg, bjarg* Fels (eigentlich nom. *bjarg*, dat. *bergi*), *mjorkvi, myrkvi* Dunkel. Beim Hinzutreten des Umlauts können sogar dreifache Formen wie *keptr, kjaptr, kjǫptr* Kinnlade, *smjor, smyr, smor* Butter u. a. entstehen, indem von den einzelnen Formen aus ganze Paradigmata neu gebildet wurden.

§ 32—34. Kontraktion. Hiatus.

Anm. Da ein Wort auch schwachtonig in Zusammensetzungen vorkam, z. B. *fjall* Fels, *Mosfell*, wo Brechung nicht eintritt, können auch solche Verhältnisse bei der Entstehung von Doppelformen mitwirken.

4. Kap. Kontraktion.

§ 32. Vor altem *r* (= got. *r*), vor *h* und *w* wird *ai* (ehe es in *ei* überging) in *á* kontrahirt, dessen *i*-Umlaut *æ* und dessen *u*-Umlaut *ǫ́* ist, z. B. *sár* Wunde (got. *sair*), *á* ich habe (got. *aih*), *ská* schräg (lat. *scaevus*); mit *i*-Umlaut: *sær* Wunde, *særa* verwunden (aus **sairjan*), *ætt* Geschlecht (got. *aihts* aus **aihtiz*), *sær* See (got. *saiws*); mit *u*-Umlaut: *ǫ́rr* Bote (got. *airus*), *tǫ́* Zehe, *sǫ́l* Seele (got. *saiwala*).

Anm. 1. Vor *r* = got. *z* bleibt der Diphthong: *meiri* mehr (= got. *maiza*), *geirr* ger (lat. *gaesum*).

Anm. 2. Einige Wörter mit -*w* zeigen Doppelformen: *é* immer (got. *aiw*): *ey*, *ei*: *sær* See, *snær* Schnee, *slær* stumpf (= engl. *slow*, niederd. *slê*) stehen neben *snjár*, *snjór* u. s. w., ebenso neben *fræ* Samen (got. *fraiw*) *frjó*.

§ 33. Das aus *ai* entstandene *ei* wird im Auslaut. bei Abfall eines spirantischen *h* (aus *g*) zu *é*, ebenso *au* (durch **ou*) zu *ó*, z. B. *sté* ich stieg (aus **steih*, **staig*), *hné* (zu *hníga* sich neigen) u. a.; ferner *ló* log (aus **louh*, *laug*), *fló* Floh, *þó* doch (got. *þauh*).

Anm. Die Formen *hár* hoch, *fár* gering (= *paucus*), *frár* keck (= froh) neben *hór* etc. sind das Resultat von Ausgleichungen im Paradigma, wie nom. sg. m. *hór*, *hór*, ac. *hávan*. Im Einzelnen ist die Entstehungsgeschichte noch unklar.

5. Kap. Hiatus.

§ 34. Unter Hiatus (eigentlich „Aufstehen des Mundes") versteht man das Zusammentreffen zweier verschiedenen Silben angehöriger Vokale infolge von Flexion oder beim Ausfall eines ursprünglich dazwischen stehenden Konsonanten. Sind die Vokale gleich oder ähnlich, so ergiebt sich éin langer, z. B. wird got. *fāhan* fangen zu *fá*, der dat. *kné-i* Knie zu *kné*, der dat. pl. *skóum* Schuhen zu *skóm*, der gen. sg. *trú-u* Glaubens zu *trú*.

Anm. Spätere Formen wie der ac. sg. m. *bláan* statt *blán* (von *blár* blau) sind Neubildungen nach dem Muster von *blindr — blindan* etc.

§ 35. *á* + *u* ergiebt mit Umlaut und Kontraktion *ǫ́* (später *á* nach § 21 Anm. 1), z. B. dat. sg. u. *blá-u* (von *blár* blau) wird *blǫ́*, d. pl. *á-um* den Flüssen: *ǫ́m*; *á* + *i* bleibt: *pái* Pfau.

Anm. Auch hier sind Formen wie *bláu, áum* spätere Neubildungen.

§ 36. Vor den gutturalen Vokalen *a, o, u* gehen die palatalen *e* und *i* mit Accentverschiebung in Halbvokale, d. h. konsonantische *e, i* über (hier *j* geschrieben). z. B. *sjá* sehen aus **sehan, *sea, ljá* leihen aus **li(h)a, fjandi* Feind (aus **fiandi), fjár* gen. Viehes (aus **fehar); fjórir* vier (altengl. *féower), bjórr* Biber, *knjóm* d. pl. Knien (zu *kné), þrjú* n. drei, u. s. w.

§ 37. Nach *v* bleibt *e* jedoch Vokal: *vé* Heiligtum, g. pl. *véa*, d. *véum; Svéar* die Schweden. — Ausserdem blieb *i* vor *u* in *niu* 9, *tiu* 10, vor *a* in *sia* sehen, *svia* weichen, *knia* diskutiren (vgl. § 28 Anm.).

§ 38. *ó* und *ú* bleiben vor *a, e, i: róa* rudern, *snúa* wenden, *búi* Bewohner; wegen fakultativer Kürzung vgl. § 45.

§ 39. Wenn *ý, ǽ, ǿ* vor *i* steht, tritt bald Kontraktion ein, bald nicht, z. B. *mýill* und *mýll* Ball, dat. sg. *blý* und *blýi* Blei, ebenso bei *frǽ* Samen. — Bei *bý* Dorf dagegen geht im g. sg. und d. pl. *bjár, bjóm* das *ý* mit Accentverschiebung in den Halbvokal *j* über.

Anm. Ebenso erklären sich wol die Doppelformen von *sǽr* See etc. (§ 32 Anm. 2), indem z. B. der g. sg. *sǽar* zu *sjár*, d. pl. *sǽom* zu *sjóm* wurde, und aus diesen Formen später besondere Paradigmen entstanden.

§ 40—44. Dehnung. Kürzungen.

6. Kap. Dehnung.

§ 40. Im Auslaut werden alle betonten Vokale gedehnt, z. B. *sá* dieser, *þú* du, *á* an, *í* in, *sá* sah, *ó* Fluss (got. *ahwa*), *fé* Vieh, *má* ich vermag, *kné* Knie.

§ 41. Inlautende Vokale werden bei Konsonantenausfall gedehnt, z. B. *tár* Zähre (aus **tahar*), *fár* nom. pl. m. wenige (got. *fawai*), *pái* Pfau (lat. *pavo*), *þórr* Donar, *gǫ́s* Gans, *hvárir* nom. pl. zu *hvadarr* welcher von beiden, *nál* Nadel.

§ 42. Vor folgenden Konsonantenverbindungen treten Dehnungen ein:

1) vor *tt* aus *ht*, z. B. *dóttir* Tochter, pl. *dótr*, *átta* 8, *réttr* recht (vgl. § 87).

2) seit der Mitte des 13. Jahrhunderts vor *l* + *m*, *p*, *f*, *k*, *g* bei *a*, *ǫ*, *o*, *u*, z. B. *hálmr* Stroh, *hjálmr* Helm, d. pl. *hjǫ́lmum*, *hjálpa* helfen, *hálfr* halb, f. *hǫ́lf* (aus **halfu*), *skálkr* Diener, *gálgi* Galgen, *gólf* Boden, *fólk* Volk, *úlfr* Wolf u. s. w.

Anm. Formen wie *halp* half, *skolfinn* gezittert sind Neubildungen nach analogen wie *barg* barg, *borginn* u. s. w. Vor *l* | Dentalen findet sich Länge und Kürze in *háls* Hals, *éln* Elle neben *hals*, *eln*.

§ 43. Vereinzelt findet sich Dehnung vor *r* (= got. *z*), z. B. in *mér* mir etc. (s. § 27), *ór*, *úr*, *ór*, *ýr*, aus (got. *uz*), *járn* Eisen.

7. Kap. Kürzungen.

§ 44. Vor Doppelkonsonanz werden die langen Vokale gekürzt und Diphthonge zu kurzen Monophthongen reducirt. Beispiele sind:

á — *a*: *gassi* Ganser, zu *gǫ́s* Gans; *hann* er, dat. *hǫnum*.

é — *e*: *þrettan* 13, zu *þrír* 3 (vgl. schwed. *tre*).

í — *i*: *minn* mein, n. *mitt*, dat. m. *mínum*; nom. pl. *litlir* zu *litill* klein.

ó — *o*: *gott* n. gut, m. *góðr*; *þorsteinn*, zu *þórr* Donar.

ú — *u*: *bru(ð)laup*, *brullaup* Brautlauf, zu *brúðr* Braut.

§ 44—47. Kürzungen. Unbetonte Vokale.

ý — y: ymsir, nom. pl. zu ýmiss wechselnd; hyski Wirtschaft, zu hús Haus.
œ — e: henne d. ihr, zum m. hǫ́num, ihm.
ó — o, e: oss uns, neben ós (got. uns, unsis); stedda Stute zu stóð Gestüt (vgl. § 20 A. 4).
ei — e: etki, ekki nichts, zu eitt eins; helgi der Heilige, zu heilagr; mestr meist, zum comp. meiri; flesk Schweinefleisch u. a.

Anm. Oft sind die Längen, resp. die Diphthongen durch den Einfluss anderer Paradigmaformen wieder hergestellt worden.

§ 45. **Langer Vokal kann vor Vokal gekürzt** werden, so steht in der Poesie z. B. búa wohnen neben búa, glóa glühen neben glóa u. a. m. (s. die Einleitung!).

2. Schwach-nebentonige und unbetonte Vokale.

1. Kap. Kürzungen und Kontraktionen.

§ 46. Langes *e* und *i* sowie *ai* und *iu* werden in nicht haupttoniger Stellung zu *e*, *i* verkürzt, resp. kontrahirt. Die ältesten Hss. haben *e*, aber schon vor der Mitte des 13. Jahrhunderts herrscht *i* fast überall vor, weshalb es auch in dieser Darstellung nach dem Beispiel der meisten Textausgaben gebraucht wird. Beispiele: *valder*, *valdir* wähltest (got. *walidēs*), *hirder*, *hirðir* Hirt (got. *hairdeis*[1]), *fare*, *fari* es fahre (got. *farai*), *erfiði* Arbeit; *synir* nom. Söhne (got. *sunjus*) u. s. w. Genaueres geben § 53 ff.

§ 47. Langes *a* wird verkürzt: *Ingemarr* (zu *mǽrr* berühmt), *vesall* unglücklich (zu *sǽll* glücklich, selig), *foráð* Verderb (zu *ráð* Rat); *missari* Halbjahr (zu *ár* Jahr), *dómari* Richter u. ä. haben daneben auch mit Umlaut -*eri*.

Anm. Schwachtonige Silben haben den *i*-Umlaut nicht, z. B. *kallaði* conj. er riefe. Bei Betonungsschwankungen finden sich Doppelformen, z. B. *bindandi*, -*endi* Enthaltsamkeit, *dómari* und -*eri*.

---

[1] = *hárdis*.

§ 48—51. Kürzungen. Vokalschwund.

§ 48. Langes ō wird vor *m* zu *o* verkürzt, das bereits um 1225 in *u* übergeht, welches in Uebereinstimmung mit den meisten Ausgaben hier durchgängig gebraucht wird. Vgl. d. pl. *gjǫfom, gjǫfum* Gaben (got. *gibōm*), *kǫllom, kǫllum* wir rufen (vgl. got. *salbōm* wir salben); dasselbe gilt für den Auslaut, z. B. *strǫndo, strǫndu* dem Strande (aus *strandō), und den Inlaut, wenn die folgende Silbe ein *u* enthält, z. B. *kǫllodo, kǫlludu* sie riefen (aus *kallōdun).

§ 49. Sonst ist *ō* gleich altem *au* zu *a* geworden, vgl. *rúnar* nom. pl. Runen (got. *rūnōs*), *tunga* Zunge (got. *tuggō*), *mánadr* Monat (got. *mēnōþs*), *fródari* klüger (got. *frōdōza*); *átta* 8 (got. *ahtau*), *sonar* Sohnes (got. *sunaus*), *gefa* conj. ich gebe (got. *gibau*) u. s. w.

Anm. Als *o* erscheint *au* in schwachtoniger Silbe, z. B. bei *ok* und (neben betontem *auk* auch), *valrof* Leichenraub, Beute.

2. Kap. Vokalschwund und Vokalerhaltung.

a) Im Anlaut.

§ 50. Anlautender unbetonter Vokal schwindet:

1) in Lehnwörtern wie *postoli* Apostel, *pistill* Epistel, *spitale* Hospital;

2) häufig, besonders in der Poesie, in den enklitisch gebrauchten Wörtchen *ek* ich, *es, er* (Relativpartikel), *at* 1. dass, 2. nicht, Verbalformen wie *es, er* ist, *erum, erud, eru* sind, seid, sind, wenn sie einem betonten Worte angehängt werden, z. B. *emk* bin ich, *sás* der welcher, *svát* so dass, *máttet* konnte nicht, *nús* nun ist; *erum* etc. synkopiren bloss nach *r*, wie in *vér(r)om* wir sind oder mit Dehnung *vér(r)óm*. Vgl. § 52—55!

b) Im Inlaut.

1. In Vorsilben.

§ 51. Der unbetonte Vokal der Vorsilbe *ga-* und *ve-* schwindet, z. B. *granni* Nachbar (got. *garazna*), *greida* bereiten (got. *garaidjan*); *reill* schwach (*ve-heill*, vgl. *vesall* elend); ferner der erste Vokal in *slíkr* solcher (got. *swaleiks*).

2. In Mittelsilben.

§ 52. In ursprünglich dreisilbigen Formen wird unbetonter kurzer Mittelvokal ausgestossen, z. B. *dŏmda* urteilte (got. *dōmida*), pl. *himnar* Himmel (got. *himinōs*), *ellri* älter (got. *alþiza*), *minsti* kleinste (got. *minnista*), *gumna* der Männer (got. *gumanē*), *hǫfdum* den Häuptern (zu *hǫfuđ*), u. s. w.

§ 53. War der Mittelvokal aber lang oder nebentonig, so bleibt er, z. B. *armari* ärmer (got. *armōza*), *skaperi*, *-ari* Schöpfer (ahd. *-āri*), conj. *berim* wir tragen (got. *baíraima*), *bǣrim* wir trügen (got. *bēreima*); mit Nebenton: nom. sg. f. *ǫnnur* andre (vgl. got. *anþara*), ac. sg. m. *blindan* blinden (got. *blindana*), d. sg. m. *blindum* blindem (got. *blindamma*), *heitinn* geheissen (vgl. got. *haitins* aus **haitinaz*), gen. *lykils* Schlüssels (aus **lukilas*), u. s. w.

Anm. Der ac. sg. m. der Pers. Pron. wie *minn* meinen u. s. w. sowie der part. prät. wie *bundinn* sind Bildungen wie *einn*, vgl. § 59.

§ 54. In viersilbigen Formen wird bei Abfall des Endvokals der zweite Vokal synkopirt, z. B. d. sg. m. *bundnum* gebundenem (got. *bundanamma*), ac. sg. m. *valdan* gewählten (got. *walidana*); ohne Verlust des langen Endvokals dagegen der dritte, z. B. gen. sg. f. *mikillar* grosser (got. *mikilaizōs* statt **mikilizōs*), d. *mikilli* (got. *mikilaizai* statt **-izai*), g. pl. *mikilla* (got. *mikilaizē* statt **-izē*).

3. In Endsilben.

§ 55. Unbetonte kurze Endsilbenvokale schwinden vor einfachen Konsonanten, z. B. *dagr* Tag (run. *dagaʀ*), *gestr* Gast (run. *gastiʀ*), *sunr* Sohn (got. *sunus*), *dags* Tages (run. *dagas*), *dótr* Töchter (run. *dohtriʀ*), *brýtr* brichst (got. *briutis*), *gott* gutes (ahd. *guotaz*) u. s. w.

Anm. Ebenso schwindet der Vokal in dem enklitisch gebrauchten *mik* mich, z. B. *kǫllumk* ich nenne mich, und in *sik* sich, z. B. Mediopassiv *kallask* sich nennen. Vgl. § 50. 2!

§ 56. Vor Doppelkonsonanz jedoch bleiben sie, z. B. ac. pl. *daga* Tage (got. *dagans*), *sunu* Söhne (got. *sununs*), *nema* sie nehmen (got. *niman*); ebenso bleiben die aus Längen und Diphthongen verkürzten Vokale, z. B. *dagar* nom. pl. Tage (got. *dagōs*), *gestir* Gäste (got. *gasteis*), *faðir* Vater (πατήρ); *synir* Söhne (got. *sunjus*), nom. pl. m. *blindi-r* blinde (got. *blindai*), *sonar* Sohnes (got. *sunaus*).

§ 57. Ebenso bleiben die Endvokale beim Abfall eines (got.) *u*, z. B. inf. *vita* wissen (got. *witan*), *kalla* rufen (vgl. got. *salbōn*), *niu* 9 (got. *niun*), *buðu* sie boten (got. *budun*), ac. *hana* Hahn (got. *hanan*), ac. *tungu* Zunge (ahd. *zungûn*), ac. *frœði* Kunde (got. *frōdein*) u. a. m.

Anm. Vgl. die Synkope in den Zusammensetzungen *ní-*, *té-rœðr*, 90, 100 Jahre alt!

§ 58. Bei dem Wechsel synkopirter und unsynkopirter Formen desselben Paradigmas sind entweder Neubildungen durch Ausgleichung entstanden, z. B. *dýpþ* Tiefe (got. *diupiþa*) nach dem gen. *dýpþar*, *danskr* dänisch nach dem nom. pl. m. *danskar* u. a., ebenso *karl* Kerl nach dem pl. *karlar*, *eldr* Feuer (altengl. *æled*) nach dem dat. *eldi;* oder Doppelformen, z. B. m. *valiðr* und *valdr* gewählt (pl. *valdir*) — dazu neugebildet das n. *valt* —, *beztr*, *baztr* bester (got. *batists*), *megin*, *megn*, *magn* Stärke u. a. m.

Anm. Durch schwankende Betonung erklären sich Doppelformen wie *dǫgurðr*, *dagverðr* Frühstück, *ǫndurðr*, *andverðr* anfänglich, *ǫndugi*, *andvegi* Hochsitz. (Wegen des Umlauts vgl. § 21. Anm. 4.)

c) Im Auslaut.

§ 59. Unbetonte ungedeckte Vokale schwinden, z. B. *horn* Horn (run. *horna*), ac. *gest* Gast (aus *gasti), *fé* Vieh (got. *faíhu*), ac. *mǫg* Sohn (run. *magu*), nom. sg. f. *ǫnnur* andre (got. *anþara*), d. sg. m. *blindum* blindem (got. *blindamma*), *ber* ich trage (got. *baíra*), imp.

§ 60—61. Vokale im Auslaut. Ablaut.

sók! such! (got. *sōkei*), ac. sg. m. *einn* einen (vgl. got. *ni ainnō-hun* keinen).

§ 60. **Auslautende Vokale bleiben**:
1) **wenn sie urgerm. lang und durch -*n* gedeckt waren**, z. B. g. pl. *daga* Tage (got. *dagē*, vgl. *hominum*), g. pl. *rúna* Runen (got. *rūnō*), *hani* Hahn (vgl. ποιμήν), *frǽdi* Kunde (got. *frōdei*, gen. -*eins!*);
2) **wenn sie auf altem Diphthongen beruhen**, z. B. *fare* er fahre (got. *farai*), conj. *gefa* ich gebe (got. *gibau*), d. *syni* Sohne (vgl. run. *Kunimu[n]diu*);
3) **wenn der Vokal ursprünglich einen starken Nebenton hatte**, wie im d. sg. n. *blindu* und d. sg. f. von Substantiven wie *kerlingu* der Alten; über Fälle wie *bynʒli* er bände, vgl. unter Konjugation (Endungen).

C. Ablaut.

§ 61. Unter **Ablaut** versteht man einen **regelmässigen Wechsel der Vokale in Stamm- und Ableitungssilben, der auf indogermanische Zeit zurückgeht** und wahrscheinlich mit alten Accentverhältnissen zusammenhängt. In Bildungen und Ableitungen von **derselben Wurzel** erscheinen stets nur **bestimmte Vokale im Wechsel** mit einander; im Germanischen lassen sie sich in **sieben sogen. Ablautsreihen** gruppiren. Der Ablaut tritt besonders in der Tempusbildung der starken Verba hervor, durchzieht aber auch sonst den ganzen Sprachbau.

§ 62. Die sieben Ablautsreihen sind [1]):
1) Germ. $\bar{\imath}$ — *ai* — *i, e* (*a*-Umlaut); nord. *í* — *ei* — *i, e*, z. B. *bíta, beit, bitinn* beisse, biss, gebissen; *bída, beid, bedinn* warten; *heitr* heiss, *hiti* Hitze; *keikr* zurückgebogen, *kikna* hinsinken.

---

[1]) Auf die stärkeren Vokalveränderungen (vgl. § 19 ff.) ist dabei keine Rücksicht genommen.

§ 61. Ablautsreihen.

Anm. In diese Reihe gehört auch das unerklärte *é* von *hér* hier, vgl. *higat, hegat* hierher, got. *himma* diesem etc.

2) Germ. *iu, eo* (beide aus *eu*) — *au* — *ū, u, o (a-*Umlaut); nord. *jú, jó* — *au* — *ú, u, o,* z. B. *krjúpa, kraup, krupum, kropenn,* kriechen, kroch, wir krochen, gekrochen; *gjóta, gaut* etc. giessen; *súpa, saup* etc. saufen; *rjódr, raudr* rot, *rodi* Röte; *stýra* steuern (got. *stiurjan*), *staurr* Stange; *ljúga* lügen, *lygi* Lüge f., *lúg-ritni* falscher Zeuge; *leygr* Flamme, *logi* Lohe; *blautr* weich, *blotna* weich werden; *tryggr* treu, *traust* Trost, *trúa* trauen; *svín (su-ín)* Schwein, *sýr* Sau; *kjúklingr* Küchlein, *kokkr* Hahn.

Anm. Zuweilen erscheint hier *ó* statt *ú: bóndi* Bauer zu *búa* wohnen, *ból* Wohnort zu *bú* Wohnsitz, *bér* Dorf neben *býr* und andere Ableitungen.

3) Germ. *e, i* — *a* — *u, o,* nord. dasselbe, z. B. *verpa, varp, vurpum, orpinn* werfe, warf, warfen, geworfen; *binda, batt, bundum, bundinn* binden; *gjallr* und *gallr* helltönend; *kjarni* Kern, *korn* Korn; *tindr* Radzahn, *tonn (*tanpu-)* Zahn; *mjolk* Milch, *molka* melken; *verk* Werk, *yrkja* wirken; *drergr* Zwerg, *dyrgja* Zwergin; *merginn (e = ǫ?), myrginn, morgonn* Morgen; *sterkr, styrkr* stark; *goltr* Ferkel, *gyltr* Sau; *svartr* schwarz, *sortna* schwarz werden; *valda* walten, prät. *olla*.

4) Germ. *e, i* — *a* — *ē* — *u, o;* nord. *e, i* — *a* — *á* — *u, o,* z. B. *stela, stal, stǫlum, stolinn* stehlen; *nema, nam, nómom, muminn* nehmen; *kvenna* g. pl., zu *kvén, krǫn, kona* Weib; *svima, symja* schwimmen, *sund* subst.; *vinr* Freund, *vanr* gewohnt; *grimmr, gramr* feindselig; *trad* Tritt, *troda* treten; *mapkr* Made, *motte* Motte.

5) Germ. *e, i* — *a* — *ē;* nord. *e, i* — *a* — *á,* z. B. *gefa* geben, *gaf, gáfum, gefinn; bidja* bitten, *bad* etc.; *stjaki, staki* Stecken; *gista* besuchen, *gestr* Gast; *mǫgr* Sohn, *mágr* Verwandter; *vatn* Wasser, *vátr* nass.

Anm. Zuweilen kommt in dieser Reihe *ō* vor, z. B. *lǿkr* Bach, zu *leka* leck sein; *mót* Form, zu *meta* messen; *jótr* Fuss, zu *jet* Fussstapfe u. a. m.; auch *ó* wie in *svefn* Schlaf, *sofa* schlafen; *otr* Otter (zu *vatn*).

6) Germ. nord. *a* — *ó*, z. B. *skafa*, *skóf* schaben: *dagr* Tag, *dógr* 24 Stunden: *dalr*, *dól* Thal; *net* Netz, *nót* Zugnetz; *hani* Hahn, *hóns* Hühner; *skaði* *skóð* Schade; *betri* besser, *bót* Besserung, Busse: *agi* Schreck, *ógjask* erschrecken.

Anm. Zuweilen erscheint hier auch germ. *ā*, nord. *ā*, z. B. *háfr* Hamen, *hefja* heben; *atháJi* Verhalten, *hafa* haben u. a. m.

7) Germ. *ē* — *ō*, nord. *á* — *ó*, z. B. *gráta* weinen. *gróta* zum Weinen bringen; *rámr* heiser, *rómr* Stimme; *hráf*, *hróf* Schirmdach; *skǽfa* gehn (got. *skēwjan*), *skór* Schuh.

Aum. Zuweilen erscheint hier auch *a*, z. B. *latr* faul, *láta* lassen; *kraki*, *krákr*, *krókr* Haken.

§ 63. Die **erste** dieser Reihen bezeichnet man wohl als *i*-, die **zweite** als *u*-, die **sechste** als *a*-Reihe, die **dritte** bis **fünfte** als *e*-Reihen. Bei den letzteren richtet sich der Ablaut nach dem Wurzelauslaut, indem in der **dritten** auf den Vokal entweder Liquida oder Nasal + Konsonant (oder l. n. geminirt) folgt, in der **vierten** einfache Liquida oder einfacher Nasal dem Vokal folgt oder vorhergeht, in der **fünften** dagegen ein Geräuschlaut (Spirans oder Verschlusslaut) folgt.

III. Konsonanten.

A. Urgermanisches.

§ 64. Das Urgermanische besass folgende Konsonanten:

	labiale	interdentale	dentale	palatale	gutturale
I. Oeffnungslaute					
a) Halbvokale	*w, w*	—	—	*j, jj*	—
b) Nasale	*m, mm*	—	*n, nn*	—	*ŋ*
c) Liquidæ	—	—	*l, ll; r, rr*	—	—
II. Spiranten stl.	*f*	*þ, þþ*	*s, ss*	—	*h (x)*
„ sth.	*ƀ*	*đ*	*z*	—	*ʒ*
III. Explosivæ stl.	*p, pp*	—	*t, tt*	—	*k, kk*
„ sth.	*b, bb*	—	*d, dd*	—	*g, gg*

§ 65—70. Urgerm. Konsonanten. Lautwandel.

Hierzu ist folgendes zu bemerken:

§ 65. Was die Aussprache betrifft, so waren *w* und *j* Vokale in konsonantischer Funktion, und zwar *w* = engl. *w*, *j* = deutschem *i* in *Union*; *r* stets Zungenspitzen-*r* (ital. *r!*); *ŋ* der Laut des deutschen *n* in *danke*; *h* = deutschem *ch* in *ach*, *ƀ* = bilabialem süddeutschem *w*, *ʒ* = nordd. *g* in *sage*; die Doppelkonsonanten waren deutliche Längen. — Die andern Zeichen sind bereits in § 5 erklärt. Vgl. auch S. 7, Fussnote!

§ 67. Ueber das Vorkommen einzelner Laute ist zu bemerken, dass *ŋ* nur vor *h*, *k* und *g* stand, *z* nur im In- und Auslaut, *b*, *d* und *g* nur geminirt, sowie im Anlaut und nach den entsprechenden Nasalen.

§ 68. Die sth. Spirans *đ* ging früh nach *l* in die entsprechende Media *d* über; vgl. got. *alds* Alter n. (nicht **alþs!*); die stl. gutturale Spirans *h* (*x*) im Anlaut sowie inlautend zwischen Vokalen, Liquiden und Nasalen in den Hauchlaut *h* über, z. B. got. *haldan* halten, *tiuhan* ziehen, *filhan* verbergen; sie blieb dagegen auslautend, z. B. got. *páuh* doch, sowie inl. vor Spir. und Explos., z. B. *saíhs* sechs, *nahts* Nacht.

§ 69. Bereits urgerm. schwand *ŋ* vor *h* mit Dehnung eines vorhergehenden *a*, *i*, *u*, z. B. got. *þāhta* dachte zu *þigkan*, *þeihan* (*ei* = *ī*) gedeihen, part. prät. as. *githungan*, *þūhta* dauchte zu *þugkjan* dünken (vgl. § 17 und Anm.).

B. Urnordische und isländische Entwicklung.

1. Kap. Lautwandel.

§ 70. Unter dieser Ueberschrift sind die nicht in den folgenden Abteilungen unterzubringenden Veränderungen vereinigt; man kann dabei einen kombinatorischen und einen freien Lautwandel unterscheiden, je nachdem ein Konsonant in einer bestimmten Stellung oder Verbindung einen Wechsel erleidet, oder dies unter allen Umständen thut.

§ 71—75. Combinatorischer Lautwandel.

a) Combinatorischer.

§ 71. An- und inlautendes *pl-* geht in *fl-* über, vgl. *flýja* fliehen (got. *þliuhan*), *flár* falsch (vgl. got. *gaþleihan* liebkosen), *innyfli* Eingeweide (vgl. ahd. *innôdli*).

§ 72. In- und auslautendes *nnr* wechselt mit *dr*, sowohl wenn es altes *nn* ist, als auch wenn es aus *nþ* (nach § 94) assimilirt ist, vgl. *idri, innri* innere, *madr, mannr* Mann, pl. m. *annrir, adrir* andre (zu *annarr*), *sunnr, sudr* südwärts (zu *sunnan* von Süden); ferner beim Verb: 3 sg. *brennr, bredr* brennt, *finnr, fidr* findet. Die *nn*-Formen entstehen durch den Einfluss derjenigen Formen, wo kein *r* folgte, z. B. g. pl. *manna*, inf. *brenna* u. s. w.

§ 73. Im Auslaut werden die Medien *d* hinter *l* und *n* und *g* hinter *n* stimmlos (tenues); *nt* und *nk* werden dann nach § 88 zu *tt* und *kk* assimilirt, z. B. *galt* zahlte (zu *gjalda*), *batt* band (zu *binda*), *sprakk* zersprang, imper. *bitt!* binde!

Anm. Es heisst jedoch *land* Land, weil im urnord. hier das -*d* noch durch einen Vokal geschützt war: *landa*.

§ 74. Durch Synkope entstandenes *dd* geht in *dd* über, z. B. *fódda* nährte (zu *fóda*), *gladda* erfreute (inf. *gledja*), *edda* 1. Grossmutter (zu *eida*, got. *aiþei* Mutter), 2. Poetik (zu *ódr* Poesie, vgl. § 44), *stedda* Stute (zu *stód* Gestüt). — Nach *r* entsteht *d* (nach § 118) oder *d*, z. B. *hirda, hirda* bewachte (inf. *hirda*).

Anm. Aehnlich geht -*þþ*- in -*tt*- über, z. B. *motti* Motte (altengl. *moþþe*).

§ 75. Wenn *d* durch Synkope eines Mittelvokals hinter *l* und *n* zu stehen kommt, gelten folgende Regeln:

1) Nach *ll* und *nn*, sofern diese nicht auf *lþ* und *nþ* beruhen (§ 94) geht *d* schon vorliterarisch in *d* über, z. B. *fel(l)da* fällte, *ken(n)da* kannte;

2) Nach einfachem *l* und *n*, denen ein Konsonant, langer Vokal oder Diphthong vorhergeht (also nach einer langen Silbe) haben die ältesten Quellen noch *d*, doch tritt

§ 75—78. Combinatorischer und freier Lautwandel. 25

auch hier bereits zu Anfang des 13. Jahrhunderts *d* ein: *hvild, hvíld* Ruhe, *girnda* machte begierig, *deilda, deilda* teilte, *sýndu, sýnda* zeigte.

3) Etwas später tritt auch *d* für *ð* nach einer auf *l* oder *n* ausgehenden kurzen Silbe ein, z. B. *talda, talda* zählte, *vanda vanda* gewöhnte (zu *telja, venja*).

Anm. Erst zu Ende des Jahrhunderts tritt auch *d* statt *d* nach *b, lf, lg. ng, m* auf, z. B. *kembda* kämmte. — Formen wie *selda* verkaufte, *vilda* wollte, *skylda* sollte etc. hatten keinen Zwischenvokal, hier stand bereits urgerm. *ld*, und der Umlaut ist blosse Analogie nach andern Formen.

§ 76. Nach *ll* und *nn*, wenn sie aus *lþ* und *nþ* entstanden sind, sowie nach *l* und *n* vor denen ein stimmloser Konsonant steht oder gestanden hat, wird altes *d* (durch *þ*) zu *t*, z. B. *vilta* führte irre (zu *villa*, vgl. got. *wilþeis* irre), *nenta* wagte (zu *nenna*, got. *nanþjan*), *vixlta* wechselte, *várpnta* waffnete, *málta* sprach (zu *mála*, got. *maþljan*), *stélta* stählte, *ránta* beraubte (ahd. *bi-rahanen*) u. a. m.

Anm. *l* und *n* waren in diesem Falle ursprünglich stimmlos, deshalb musste das durch Vokalsynkope antretende *d* auch stimmlos werden (§ 81) und ging dann wie nach *s, k* und *p* in *t* über (vgl. § 100 und § 81 Anm.).

b) Freier.

§ 77. Die tönende dentale Spirans *z* ging früh in ein palatales *r* (*R*) über, z. B. *heri* Hase, *meiri* grösser (got. *maiza*), *dagr* Tag (got. *dags*).

Anm. Vielfach ist *z* benachbarten Lauten assimilirt worden, vgl. § 96. Weil *R* palatal war, bewirkte es *i*-Umlaut, vgl. § 20.

§ 78. Der Halbvokal *w* (konson. *u*) wird im Silbenanlaut zunächst zur sth. bilabialen, denn zur labiodentalen Spirans *v* (*f*), z. B. *var* war, *snivinn, snifinn* beschneit, *gervi, gerfi* Kleidung; er bleibt jedoch hinter einem zur selben Silbe gehörenden Konsonanten, z. B. *svartr* schwarz, *hoggva* hauen. (Ueber *f = v* vgl. § 6, 2.)

2. Kap. Assimilation.

§ 79. Unter **Assimilation** versteht man die **Angleichung zweier benachbarter Laute aneinander**; sie ist ein Akt des Bequemlichkeitstriebes. Sie kann entweder eine **partielle** sein, z. B. wenn ein stimmloser Laut in stimmhafter Umgebung stimmhaft wird (resp. umgekehrt), wenn ferner ein Spirans vor einem Verschlusslaut selbst Verschlusslaut wird, oder eine **totale**, wenn beide Laute wirklich **gleich** werden. Andrerseits kann sie eine **vorwärts-** oder eine **rückwärtswirkende** sein, je nachdem sich der erste Laut dem zweiten, oder umgekehrt der zweite dem ersten angleicht.

a) Partielle (vorwärts- und rückwärtswirkende).

§ 80. Die stimmlosen Spiranten *f* und *þ* werden in stimmhafter Nachbarschaft auch stimmhaft, z. B. *ulfr* Wolf, *hefja* heben (got. *hafjan*), *hof* Hof; *bróðir* Bruder (got. *brōþar*), *verða* werden (got. *wairþan*), *kvað* sprach (got. *qaþ*), etc. — Ebenso wird das aus -*þþ*- entstandene -*þ*- behandelt, z. B. *eða* oder (got. *aiþþau*), vgl. § 120.

Anm. Im Anlaut vor Vokalen kann *þ* in Pronominalformen und Adverbien, wenn sie unbetont sind, zu *d* werden, z. B. *þú*, *du* du, *þinn*, *dinn* dein, *dat* das, *dessi* dieser, *dar* da, dort u. a.

§ 81. Umgekehrt werden dieselben stimmhaften Laute in stimmhafter Nachbarschaft stimmlos; dies geschieht bei *f* vor *k*, *t* und *s*, z. B. *Sifka* Sibicho, *rífka* vermehren (zu *rífr* freigebig), *ljúft* n. liebes, *ljúfs* gen. m. u. liebes; bei *ð* vor *k* und nach *k*, *p*, z. B. *blíþka* besänftigen (zu *blíðr*); *vakþa* weckte (zu *vekja*), *glapþa* narrte (zu *glepja*).

Anm. Im letzteren Falle geht *þ* später in *t* über (vgl. § 76); nach *ll*, *nn* = *lþ*, *nþ* (§ 94), sowie nach und vor *s* geschieht dies bereits in vorliterarischer Zeit (vgl. § 76 und 100).

§ 82. Auslautendes *k* und *t* gehen nach unbetonten Vokalen, d. h. in Encliticis und in Endsilben, früh in die

§ 82—86. Partielle und totale Assimilation.

stimmhaften Spiranten *d* und *g* über, z. B. *mik, mig* mich, *mjǫk, mjǫg* viel; *at, ad* zu, *vit, vid* wir zwei, u. *mikit, mikid* gross u. a. m.

Anm. Der frühe Uebergang der adj. Endung *-likr* in *ligr*, z. B. *dagligr* täglich, beruht auf Anlehnung an die Endung *-igr* von adj. wie *audigr* reich.

§ 83. Die stimmhaften Verschlusslaute (Medien) *g* und *d* gehen vor und nach *t, k* und *s* in die stimmlosen (Tenues) *t* und *k* über, z. B. *rankt* u. verkehrt (zu *rangr*), *etki* nichts (aus *eitt-gi eins nicht), gen. *enskis;* *lanz* Landes (*z = ts*); *stentk* steh' ich (poetisch): ebenso wird die sth. Spirans *g* (*ʒ*) nach und vor *t* zu *k*, z. B. *almáttki* der Allmächtige (zu *almáttugr*), *heilakt* u. heilig (zu *heilagr*).

Anm. Daneben finden sich häufig, besonders in den Ausgaben, die etymologischen Schreibungen resp. Neubildungen *rangt, lands, heilagt* u. s. w.

§ 84. Der labiale Nasal assimilirt sich einem folgenden gutturalen Konsonanten, z. B. im d. pl. *hvergun-gi* (statt *hvergum-*) von *hverrgi* keiner, der dentale einem Labial z. B. *hampr* Hanf, *kempr* Schnurrbart (neben *hanpr, kenpr*), der gutturale einem Dental, z. B. *enskr* englisch (aus *eng(l)skr*).

Anm. *n* und *p* waren erst durch Vokalsynkope zusammengekommen, vgl. altengl. *cenep;* altes *np* ergiebt ja *pp* nach § 88.

§ 85. Der labiale Spirant *f* wird vor dem Verschlusslaut *t* selbst Tenuis, z. B. *eptir* nach (schwed. *efter*), *opt* oft (vgl. § 101).

Anm. Formen wie *gaft* gabst sind natürlich Neubildungen nach *gaf* etc.

b) Totale.

a. Rückwärtswirkende.

§ 86. Urgerm. *zn* und *zd* werden zu *nn* und *dd*, z. B. *rann* Haus (got. *razn*), *hodd* Hort (got. *huzd*).

§ 87. Urgerm. *ht* wird zu *tt*, z. B. *dóttir* Tochter, *átta* 8; dies *tt* wird vor Konsonant vereinfacht, z. B. *nátr* Nächte, vgl. § 119.

Anm. Wegen der Vokaldehnung vgl. § 42, 1.

§ 88. Die Nasale *m*, *n* und *ŋ* werden den Tenues *p*, *t*, *k* assimilirt, z. B. *kapp* Kampf, *mǫttull* Mantel, *drekka* trinken. Dasselbe ist der Fall, wenn *t* und *k* erst auslautend aus *d* und *g* entstanden sind (vgl. § 73), z. B. *batt* ich band, *sprakk* zersprang.

Anm. 1. Wegen Vereinfachung der Geminaten vor folgendem Konsonanten, wie in *apr* bitter, *vetr* Winter, *okla* Enkel, Knöchel vgl. § 119. — Wegen der Vokalveränderungen vgl. § 25.

Anm. 2. Formen wie *kannt* kannst sind Neubildungen nach *kann* u. a.

§ 89. Wenn *n* und *t* erst durch Synkope eines Mittelvokals zusammengekommen sind, bleibt *n* in starktoniger Silbe, z. B. *nenta* wagte (zu *nenna*, got. *nanpida*), *rant* n. gewöhnt (aus *vanat), *blint* n. blindes (aus *blindat), *leidint* n. langweilig (m. *leiðindr* cf. § 102, 2); dagegen bei den oft enklitisch gebrauchten Neutris der Pronomina *minn* mein etc., *hinn* jener *einn* ein: *mitt*, *hitt*, *eitt* tritt trotz der Synkope Assimilation ein; dasselbe ist auch sonst der Fall in schwachtoniger Silbe, z. B. bei den starken Participialformen wie *bundit* gebundenes (aus *bundinat), beim Artikel *et*, *it* (m. *enn*, *inn*), angehängt z. B. in *hús-it* das Haus (aus *-*enat*), nur dass hier (nach § 120) Verkürzung des langen Konsonanten eintritt.

Anm. Das n. *satt* wahr (statt *sant) *sannr*, *sadr* (§ 72) ist nach der Analogie von *góðr*, *gott* gut gebildet; ebenso *syztir* südlichster (neben *synztir*) nach dem Compar. *sydri* (vgl. § 72).

§ 90. *n* und *ð* assimiliren sich folgendem *l*, z. B. *ellifu* 11 (got. *ainlif*, vgl. auch § 44), *mullaug* Waschbecken (neben *munn-*, *mundlaug* „Handbad"); *frilla* Kebse (zu *friðill* Geliebter), *á milli*, *millum* zwischen (neben *á meðal*), *brullaup* Brautlauf, Hochzeit (aus *brúð-hlaup*).

§ 91—96. Totale Assimilation.

§ 91. *r* und *t* assimiliren sich folgendem *s*, z. B. in *foss* Wasserfall (neben *fors*), *þiassi* neben älterem *þiazi*, *þrjóska* Widerspänstigkeit (neben älterem *þrjózka*).

§ 92. *t* und *gg* assimilirt sich folgendem *k*, z. B. *nekkverr* irgend einer (aus *neveitekhrerr* „ich weiss nicht wer"), *etki, ekki* nichts (aus *eittgi* § 44 und 83), *hlįtk, hlykk* bekomme ich, *hyggk, hykk* denk' ich, u. s. w.

§ 93. *ŭ* und *d* assimiliren sich stets folgendem *t*, z. B. *glatt* n. frohes (aus *gladt, *gladat, m. *gladr*), *gott* n. gutes (aus *gód(a)t*, cf. § 44); *blint* n. blindes (aus *blintt, *blindt*; wegen der Verkürzung von -*ntt* zu -*nt*, vgl. § 118); *fött* n. geboren (aus *föddt, *födit — nach § 74 — zum m. *föddr*, inf. *föda*).

b. Vorwärtswirkende.

§ 94. Einem *l* und *n* assimilirt sich folgendes *þ*, s. B. *goll, gull* Gold (got. *gulþ*), *ellri* älter (got. *alþiza*); *finna* finden (got. *finþan*), *kunna* konnte (got. *kunþa*). Entsprechend wird *mb* in der Präposition *umb* um zu *mm*: *umm, um* (vgl. § 120).

Anm. *w* ist vorhergehendem *m* assimilirt in *megum, megin* (§ 98 A. 2) Seiten, aus Verbindungen wie *ollum m.* zu allen Seiten (eigentl. d. pl. von *vegr* Weg); einem *n* in *hinneg, hinig, -ug, þinnig* etc., *þanneg* etc. hier-, dort- hin, *annanneg* anderswohin (eigentl. ac. sg. *hinn veg u. s w.). Wegen der Verkürzung des *nn* vgl. § 120.

§ 95. *tá* wird (durch *tþ*) zu *tt*, z. B. *átti* der Achte (got. *ahtuda*), *bátta* büsste (got. *bōtida*), *brjóttu!* brich du (aus *brjót ðú*, § 80 Anm.), *þóttu* obgleich du (aus *þó at ðú*); das aus *dd* assimilirte *dd* wurde dann nach § 118 zu *d* verkürzt: *venda* wandte (aus *venddi, *vendða, *wandida*).

§ 96. Das aus *z* entstandene *R* (§ 77) wird nach *l, s, m* und *n* folgendermassen behandelt:

1) Nach betontem langen Vokal oder Diphthongen sowie nach unbetontem kurzen Vokal wird *R* assimilirt, z. B. *stóll* Stuhl, *ketill* Kessel; *steinn* Stein, *heitinn* m. geheissen; *lauss* adj. los, *ġmiss* wechselnd. — Hierher gehören auch Enclitica wie *enn, inn* der, *hinn* jener.

§ 96—97. Totale Assimilation.

Anm. -sr- statt -ss- ist spätere Neubildung nach andern Mustern, z. B. g. pl. *risra* neben *rissa* weiser, g. sg. f. *ƥnisrar* neben *ƥnissar* (nach *gódra, gódrar* u. ä.).

2) Nach kurzem betonten Vokal wird *R* dem *s* assimilirt, z. B. *less* liesest, *yss* Lärm; *nr* dagegen bleibt stets, z. B. *svanr* Schwan, *venr* gewöhnst, *lr* meist: *selr* Seehund, *hylr* hüllst. — Daneben kommt jedoch auch *ll* vor: *fjall* Fels, *gell* und *gelr* singst (zu *gala*) u. a. m.

Anm. Wörter wie *hann* er, d. sg. f. *henni* ihr, *minn* mein etc. hatten ursprünglich langen Vokal (vgl. d. sg. m. *hǫnum, minum*) und erklären sich daher nach Regel 1).

3) Nach *ll* bleibt *r: hollr* hold (got. *hulps*, § 94), *allr* all, *fellr* fällst.

4) Nach *nn* steht meist *r*, und *nnr* wechselt dann nach § 72 mit *dr*, z. B. *brunnr, brudr* Brunnen, *gunnr, gudr* Streit (ahd. *gund*). Nur selten ist *nnr* zu *nn* geworden: *minni* minder (got. *minniza*), *menn* Männer (got. *mans*), neben *mennr* und *medr*; *brenn*, später *brennr, bredr* brennt, *tenn* Zähne neben *tennr, tedr* (aus *tanþiz*).

5) *nr* bleibt nach betontem Vokal: d. *tveimr* zweien, *þrimr* dreien; nach unbetontem ist es durch *nm* (vgl. das enklitische *framm* hervor = got. *framis*) zu *m* geworden: d. *lǫndum* Landen, *gestim* Gästen etc.

6) Geminirte *n, l, r, s* nach Konsonanten werden vereinfacht (vgl. § 118), z. B. *jarl* Graf (für *jarll, *jarlr*), *hrafn* Rabe (für *hrafnn, *hrafnr*), *vakr* wachsam (für *vakrn), *dótr* Töchter (für *dóttrr), *þurs* Riese (für *þurss, *þursr), *viss* gewiss (für *visss, *vissr), *lax* Lachs (für *laxs, *laksr) u. s. w.

Anm. Formen wie g. pl. *jafnra* ebener sind Neubildungen nach *gódra* etc.; ebenso die späteren wie *hvassra* von *hvas* scharf (statt *hvassa*).

§ 97. Der Hauchlaut *h* verschmilzt mit folgendem *v* zu stimmlosem (gehauchtem) *v*, z. B. *hvat* was; über *hn, hr, hl* in *hniga* sich neigen, *hreinn* rein, *hlaupa* laufen, vgl. § 6, 4.

3. Kap. Dissimilation.

§ 98. Der **labiale Nasal** *m* **geht vor dem dentalen** *n* **in die labiale stimmhafte Spirans** *f* **über**, z. B. *nafn* Name. *stafn* Stamm, Steven, d. *gafni* von *gaman* Freude.

Anm. 1. Durch Neubildung erscheint dann wieder *mn*, z. B. *gamni* statt *gafni*.

Anm. 2. Auslautendes *m* ist zu *n* dissimilirt (wegen des aul. *m*) in *megin* neben *megum* Seiten, vgl. § 94 Anm.

§ 99. Die **gutturale Spirans** *h* **wird nach kurzem Vokal vor dem dentalen** *s*, ausser wenn darauf ein *t* folgt, zum **Verschlusslaut** *k* und *ks* wird dann *x* geschrieben, z. B. *lax* Lachs, *oxi* Ochse. — Ueber den Schwund des *h* in Wörtern wie *pisl* Deichsel, *lostr* Fehler, vgl. § 107, 1) b.

§ 100. Die **interdentalen Spiranten** *þ* und *ð* **gehen vor und hinter dem dentalen** *s* **in den dentalen Verschlusslaut** *t* **über**; für *ts* wird dann *z* geschrieben, z. B. *gŏzka* Güte (zu *góðr* gut), *brigzli* Vorwurf (zu *bregða* schwingen), *sizt* am wenigsten (zu *síðr* weniger), *kvazk* med. sprach (für *kvaþsk*, zu *kveða*), gen. sg. m. *góz* gutes; *reista* errichtete (aus *reisþa*, got. *raisida*), *estu* bist du etc.

Anm. In Fällen wie *góz* haben die Ausgaben gewöhnlich die etymologische Schreibung resp. analogische Neubildung *góðs*.

§ 101. Die **labiale Spirans** *f* **kann vor** *s* **in die Tenuis** *p* **übergehn**, z. B. *repsing*, *refsing* Züchtigung, *þórolps*, gen. von *þórolfr*, *opstr*, *ofstr* Oberster. (Vgl. *pt* für *ft*, § 85.)

4. Kap. Schwund.

§ 102. *w* schwindet:

1) **Anlautend vor** *o*, *u* **und deren Umlauten**, sowie vor *r* und *l*, z. B. *orð* Wort, *Óðinn* Wotan, *ull* Wolle; *ópa* schreien (got. *wōpjan*), *yrkja* wirken: *reiðr* zornig (engl. *wrath*), *líta* sehen (altengl. *wlítan*) u. a. m.

2) Inlautend vor denselben Vokalen und vor allen Konsonanten, z. B. *spǫrr* Sperling, pl. *spǫrrar*, dat. pl. *spǫrum*, *hót* Drohung (got. *hwōta*), *hjól* Rad (altengl. *hwéol*); ferner nach langer Silbe die nicht auf einen Guttural ausgeht. z. B. *benda* anzeigen (got. *bandwjan*), *ótta* Morgenzeit (got. *ūhtwō*), *leiðindr* langweilig (altengl. *láðwende*), *hinneg* dort (aus *hinu veg) u. a. m.; endlich nach schwachtoniger Silbe, z. B. in Compositis mit *ga-*, wo der Vokal synkopirt wurde, z. B. *gandr* Zauberstab neben *vǫndr* Stock, *gizki* Zaubermittel, zu *vitka* zaubern.

3) Auslautend, z. B. *sǫng* ich sang (inf. *syngva*), *sǽ* See ac. (nom. pl. *sǽvar*).

Anm. 1. In Formen wie *svór* ich schwur (inf. *sverja*) ist *v* eine analogische Neubildung; umgekehrt ist es auch durch Ausgleichung geschwunden, z. B. in *gata* Gasse (got. *gatwō*) nach dem gen. *gǫtu* etc.

Anm. 2. Gegen die Regel fehlt das *v* in *pái* Pfau (lat. *pavo*), *dáinn* tot (zu *deyja* sterben), *skuggi* Schatten (got. *skuggwa*).

§ 103. *j* schwindet:

1) Anlautend vor allen Vokalen. z. B. *ár* Jahr, *ok* Joch, *ungr* jung. — Ausgenommen sind *já* ja, *játta* bejahen.

2) Inlautend vor Palatalvokalen, z. B. *flýgr* fliegst (inf. *fljúga*), *velið* ihr wählt (inf. *velja*), sowie nach langer Silbe, z. B. *dǿma* urteilen (got. *dōmjan*), *heyra* hören (got. *hausjan*). Vgl. dagegen *telja* zählen u. a.

§ 104. Die Nasale *m* und *n* schwinden:

1) Inlautend vor *l, r, s*, z. B. *mél* Mittelstück des Gebisses (aus *minpl, ahd. *gamindil*), *lérept* Leinwand, *þóri* dat. Donar (darnach nom. *þórr* statt *honarr*), *gós* Gans, *fúss* bereit (ahd. *funs*), etc.

2) Stets auslautend, z. B. *bíta* beissen, *á* an, *í* in, *frá* von (got. *fram*); hierher gehört auch die Endung *-us* des ac. pl. von subst. und adj., z. B. *daga* Tage (got. *dagans*), *góða* m. gute, sowie die der 3. pers. pl. ind. präs., z. B. *binda* (got. *bindand*).

§ 105. Intervokalisches þ (stimmhaftes *ƒ*) schwindet vor *o* und *u*, z. B. *bjórr* Biber, *njól* Dunkel (= Nebel), *haukr* Habicht, *sjau* sieben, *Gjúki* Gibicho, u. a.

§ 106. *þ* schwindet inlautend vor *l*, z. B. *nǫ́l* Nadel, *véli* Wedel, Schweif, *mél* Mittelstück (s. § 104); *d* vor *r*, z. B. in *hvárir*, Pl. von *hradarr*, welcher von beiden, *júr* Euter, vor *n* z. B. in *Skáney* Schonen (= Scadinavia), *ljónar* Männer (zu *lýdr* Leute).

§ 107. Spirantisches *h (χ)* und *hw*, resp. der daraus bereits entstandene Hauchlaut (§ 68) schwindet:

1) **inlautend**:
   a) **nach langem Vokal oder Diphthongen vor** *s*, z. B. *þísl* Deichsel, *nýsa* spähen (got. *niuhsjan*), *ljós* Licht;
   b) **nach kurzem Vokal vor** *st*, z. B. *lǫstr* Fehler, Tadel (ahd. *lahan* tadeln), *mistr* Nebel (got. *maíhstus* Mist);
   c) **zwischen Vokalen und Liquiden**, z. B. *ár* Flüsse (got. *ahwōs*), *sjá* sehen, *fela* verbergen (got. *filhan*), *for* Furche, *stæla* stählen, ferner **nach dem Präfix** *g(a)-*, z. B. *glaðr* Pferd (zu *hlaða* beladen), *gneigja* neigen (ahd. *gihneigen*), neben *hneigja*;

2) **auslautend stets**, z. B. *á* ich habe (got. *aih*), *sá* sah (got. *sahw*), *þó* doch. — Ebenso schwand das nach Vokal aus spirantischem *g (ʒ)* entstandene *h*, z. B. *só* sog.

Anm. 1. Wegen des Ueberganges von *hs* in *x* nach kurzem Vokal vgl. § 99. Formen wie *vǫxtr* Gewächs sind natürlich Neubildungen; vgl. das Verb. *vaxa!*

Anm. 2. Formen wie *saug*, *hneig* u. a. sind spätere Neubildungen.

§ 108. *g* schwindet nach Synkope des -a- in dem Präfix *ga-* vor allen Verschluss- und Reibelauten, z. B. *burðr* Geburt, *sinni* Begleiter (got. *gasinþa*).

§ 109. Einige andre Ausstossungen, die in grösseren Consonantengruppen stattfinden, mögen hier kurz zusammengestellt sein. Oft tritt aber durch Neubildung nach andern Formen der betr. Consonant wieder hervor.

34 § 109—110. Schwund. Konsonanteneinschub.

a) *l* kann schwinden in *kar(l)maðr* Mann, *en(g)skr* = *engliskr* englisch, Prät. *ǿr(l)ta* vermehrte (zu *ǿxla*) u. ähnl., Part. *víx(l)tr* gewechselt (zu *víxla*).

b) *r* schwindet in Verwandschaftswörtern: *systkin* Geschwister, *feðgar* pl. Vater und Sohn, *sammǿddr* von derselben Mutter u. a.; gelegentlich in Zusammensetzungen wie *ulfgi* kein Wolf (zu *ulfr*), *krerknar* Pl. die Kehle (zu *kverkr*).

c) *n* kann zwischen andern Consonanten ausfallen, z. B. *jam(n)t* n. eben, *al(n)-*, *ǫl(n)bogi* Ellenbogen, *vaz* Wassers (zu *vatn*), *ber(n)ska* Kindheit (zu *barn*).

d) *f* schwindet stets in *fimti* fünfte, *fimtán* 15 (darnach auch *fimm!*); gelegentlich in *þar(f)nask* bedürfen.

e) *g* schwindet in den synkopirten Formen von *morgonn*, *-inn* Morgen, z. B. d. sg. *morni*, nom. pl. *mornar*; im n. *mart* manches (zu *margr*).

f) *ð* schwindet z. B. in *norrǿnn* norwegisch (ahd. *nordrôni*), *harðla*, *harla* sehr, u. a.

Anm. Z. T. können diese Erscheinungen auch als Assimilationen (vgl. Kap. 2) betrachtet werden, so z. B. der Schwund des *t* in den synkopirten Formen von *aptann* Abend: d. sg. *apni* (neben neuem *aptni*).

5. Kap. Konsonanteneinschub.

§ 110. Die urgerm. Geminaten *ww* und *jj* gehen im nordischen in *ggv* und *ygj* über (vgl. got. *ggw* und *ddj!*), z. B. *hryggva* betrüben (ahd. *hriuwan*), *tryggr* treu, ac. m. *tryggvan* (ahd. *triuwi*, got. *triggws*), *glǫggr*, *glǫggr* deutlich, ac. m. *glǫggvan* (got. adv. *glaggwō*, ahd. *glau*), *hǫggva* hauen, *dǫgg* m. Tau, gen. *dǫggvar*; *tveggja* zweier g. pl. (got. *twaddjē*, ahd. *zweijo*), *reggr* Wand (got. *waddjus*, as. *wêg*), *egg* Ei, *gneggja* wiehern (engl. *neigh*), *Frigg* Freia.

Anm. Ueber den Schwund des *r* und *j* vgl. § 102 f. Vor Kons. wird *g* nach § 119 vereinfacht, vgl. *gyggra* — *gugna* erschrecken, *ugla* Eule. — Stets ohne *v* erscheint *skuggi* Schatten (got. *skuggwa*, altengl. *scúa*).

§ 111. **Palatales *k* und *g* entwickeln hinter sich vor Gutturalvokalen ein *j* als Uebergangslaut**, z. B. *merkja* merken, *kirkja* Kirche, *ríkjum* d. pl. Reichen (zu *ríki*); *engjum* d. pl. Wiesen (zu *engi*), *gigju* Geige, *mergjar* Markes (zu *mergr*).

Anm. Die Palatilisirung entstand durch vorhergehendes oder ursprünglich folgendes *i* (*j*).

§ 112. Zwischen *ll*, *nn* und folgendem *s* entwickelt sich ein *t*, und die Verbindung *ts* wird durch *z* ausgedrückt, z. B. *allr* all, gen. *al(l)z*, *gol(l)z* Goldes, *e(l)lztr* ältester (comp. *ellri*), *mun(n)z* Mundes (zu *munnr*), *fin(n)zk* es findet sich (inf. *finnask*) etc.

Anm. Wegen der Vereinfachung des Konsonanten vor *z* s. § 119.

6. Kap. Metathesis.

§ 113. **Umstellungen benachbarter Laute finden sich besonders bei *l* und *r***. Beispiele: *innyfli*, *-ylfi* Eingeweide, *þorgisl*, *-gils* u. ä.; *hross*, *hors* Ross, *brott*, *bort* fort, weg, *akarn* Ecker (got. *akran*), *Grikkir*, *Girkir* Griechen, *fifrildi* Falter, *argr*, *ragr* feig (= arg).

7. Kap. Dehnung.

§ 114. ***k* und *g* werden nach kurzem Vokal vor *j* gedehnt**, z. B. *bekkjar* Baches (nom. *bekkr*), *hikkja* Hündin; *leggja* legen, *hyggja* denken etc. Weil aber im selben Paradigma oft Formen mit folgendem *i* standen, vor dem nach § 103, 2 *j* schwand, mussten neben den langen *k* und *g* auch einfache vorkommen, z. B. *þekr* deckst (aus **þakiz*), *segir* sagst, und dieser besonders im Verbum häufige Wechsel hat dann zu Ausgleichungen geführt, wobei einerseits meist *gg* (s. oben), anderseits meist einfaches *k* siegte, z. B. *vekja* wecken, *þekja* decken. — Einfaches *g* herrscht jedoch in *segja* sagen, *þegja* schweigen.

Anm. Aus den *j*-Formen ist die Gemination durch Ausgleichung auch in die *i*-Formen übergegangen, z. B. *liggr* liegst (st. *ligr*), *hyggr* denkst, u. a. m.

§ 115. *kv* wird zu *kkv*, z. B. *slókkva* löschen (part. *slokinn* erloschen), *nǫkkvi* Nachen; auch hier sind *k*-Formen nicht selten, da *v* vor Kons. und *n* (nach § 102) schwindet, z. B. *røkr* Finsternis (got. *riqis*), d. sg. *kvikum* lebendig (zu *kvikr*). Nach Analogie dieser steht dann auch *k*, wo man *kk* erwartet, z. B. *rǫkva* neben *rǫkkva* finster werden, ac. sg. m. *kvikvan* neben *kvikkvan* (*kykkvan*).

Anm. Umgekehrt dringt *kk* auch in die *k*-Formen: *rǫkkr* Finsternis, u. s. w.

§ 116. Vor *d* werden zu Anfang des 13. Jahrhunderts *l* und *n* gedehnt, z. B. *hallda* halten, *lannd* Land. Die Ausgaben nehmen jedoch von dieser Dehnung fast nie Notiz!

§ 117. Nach langem betonten Vokal werden *t*, *r* und *s* im Auslaut, in der Zusammensetzung und in der Flexion bei Synkope eines Zwischenlautes gedehnt, z. B. *bjótt* wohntest, *grátt!* weine! (zu *búa*, *gráta*); *þrettán* 13, *tuttugu* 20; nom. sg. m. *grárr* grau, gen. *gráss*, nom. n. *grátt*, g. sg. f. *grárrar*, komp. *fárri* weniger (pos. *fá-rr*), komp. adv. *nárr* näher (got. *nēhwis*).

Anm. Formen wie *lét* liess sind Ausgleichungen z. B. nach dem pl. *létum* u. s. w. — In *þrettán* und *tuttugu* ist Kürzung des Vokals eingetreten, vgl. § 44.

8. Kap. Kürzung.

§ 118. Doppelkonsonanz nach einem Konsonanten wird vereinfacht, z. B. n. *blint* blind (st. *blintt, *blindt), *venda* wandte (st. *vendda), *karl* Mann (st. *karll, *karls*, vgl. § 96), *botn* Boden (st. *botnn, *botnʀ ib.), *lax* Lachs (st. *lakss, *laksʀ ib.).

§ 119. Ebenso wird Doppelkonsonanz vor einem Kons. vereinfacht, z. B. *nátr* Nächte (sg. *nǫtt*, vgl. § 87), *dǿtr* Töchter (sg. *dóttir*), *vetr* Winter (vgl. § 88), *átján* 18 (zu *átta*), *ketlingr* Kätzchen (zu *kǫttr*), *etki* nichts (aus *vitt-gi*), *okla* Enkel, Knöchel, *gugna* verzagt werden (zu *gugginn*), *þurr* n. dürr, *kipta* rückte (inf. *kippa*), *apr* bitter (st. *appr, schwed. *amper*, vgl. § 88). Doch bleiben *l*,

§ 120—123. Kürzung. Indogerm.-germanisches.

m, n, r vor denselben Lauten geminirt, ebenso *g* und *k* vor *j* und *v* (vgl. § 114 f.), z. B. *allra* g. pl. aller, *brunnr* Brunnen, *tveggja* zweier, *sokkva* senken.

§ 120. Nach schwachtonigen Vokalen tritt Kürzung ein, z. B. in enklitischen (unbetonten) Wörtern wie *eda* oder (got. *aippau*), *medan* während (got. *mippanei*), *sidan* seit (altengl. *siddan*), *hingi* hierher etc. (cf. § 94 Anm.), *umm* (aus *umb* § 94), *um* um, oder nach Ableitungs- und Endsilben, wie dat. sg. m. *blindum* blindem (got. *blindamma*), nom. sg. n. *bundit* gebundnes (aus *bunditt, *bundint nach § 89), *kallat* gerufen (aus *kallatt, *kaladt, § 93); dagegen bleibt die Länge in Formen wie *ketill* Kessel (aus *ketilR), nom. m. *annarr* andrer, *lauganna* der Bäder (zu *laug-in*) etc.

Anm. Wegen *eda* etc. vgl. auch oben § 80.

C. Indogermanisch-germanisches.

§ 121. *m* assimilirte sich einem folgenden Dental und ging in *n* über, vgl. *koma* kommen neben *samkund* Zusammenkunft, *symja* schwimmen neben *sund* das Schwimmen, *skammr* kurz neben *skynda* beschleunigen.

§ 122. Bereits in der indogerm. Grundsprache waren die Medien *b, d, g* vor *t* in die Tenues *p, t, k* übergegangen (vgl. lat. *lego — lectus*), und diese Gruppen entwickelten sich in der germ. Lautverschiebung gleich altem *pt, tt, kt* regelrecht zu *ft, pt, ht*. *pt* dagegen ging zwischen Vokalen in *ss*, vor *r* in *st* über, *ss* wurde dann nach langen Vokalen und Diphthongen sowie nach Konsonanten zu *s* verkürzt. Beispiele s. unten!

§ 123. Vom germanischen Standpunkt aus kann man die Regel so fassen: Vor *t* gehen die labialen und gutturalen Verschluss- und Reibelaute in *f* resp. *h* über, die dentalen in *s*, wenn auf das *t* ein *r* folgt; andernfalls entsteht hier *ss* nach kurzen Vokalen, *s* nach langen Vokalen und Diphthongen sowie nach Konsonanten.

§ 123—124. Indogermanisch-germanisches.

Beispiele: got. *skapjan* schaffen, *gaskafts* Geschöpf, *giban* geben, *gifts* Gabe; *siuks* krank, *saúhts* Sucht, *magan* vermögen, prät. *mahta; wissa* wusste, -*reis* -weise zu *witan* wissen, -*blōstreis* -anbeter zu *blōtan*. — Im isl. ist die Regel durch den Uebergang von *ft* in *pt* (§ 85), sowie die Assimilation von *ht* zu *tt*, *t* (§ 87) gestört: *ft* bleibt nur (resp. erscheint durch Neubildung), wenn Formen mit *f* daneben stehen, wie in *þurfta* bedurfte zu *þurfa, gaft* gabst zu *gaf*. Für *tt* = *ht* vgl. *sótta* suchte zu *sǿkja, orta* bewirkte zu *yrkja, mátta* vermochte zu *mega, átta* hatte zu *eiga*. Für die Dentalen beachte: *hvass* scharf zu *hvetja* schärfen, *hlass* Last, Fuhre zu *hlaða* aufladen, *sneis* Spiess zu *sníða* schneiden, *víss* (aus *visʀ) weise zu *vita* wissen, *fúss* begierig (ahd. *funs*, vgl. § 104, 1) zu ahd. *fundun* streben, *fóstr* Nahrung zu *fǿða* nähren.

§ 124. Schliesslich ist noch eine durch das Verner-sche Gesetz erklärte Ausnahme der germ. Lautverschiebung zu besprechen, welche die Spiranten betrifft. Die urgerm. stimmlosen Spiranten *f, þ, s, h* und *hw* gingen nämlich in stimmhafter Umgebung in die entsprechenden stimmhaften *ƀ, đ, z, ǥ* und *ǥw* über, wenn der vorhergehende Vokal im idg. nicht betont war. Nach Nasalen und, was *d* betrifft, auch nach *l* gingen dieselben (ausser *z*) dann weiter in die Medien *b, d, g* über, *ǥw* wurde entweder zu *ǥ* (resp. *g*), oder zu *w*. Beispiele:

1) Für den Wechsel *f: ƀ (b): fífl* Riese (aus *fimfl, § 104, 1) neben *fimbul-vetr* Riesenwinter. — Sonst ist das Verhältnis durch den Uebergang von *f* in die sth. Spirans (§ 80) gestört worden, vgl. isl. *þarf* bedarf, pl. *þurfum* mit got. *þarf, þaúrbum!*

2) für *þ: đ (d): ellri* älter (got. *alþiza*) neben *aldinn* alt, *olla* (aus *volþa*) verursachte zum inf. *valda; fann* fand (got. *fanþ*), pl. *fundum*. (Wegen der Assimilation von *nþ* zu *nn, lþ* zu *ll*, vgl. § 94.) Im Uebrigen ist der Unterschied auch hier durch das Stimmhaftwerden des inter-

§ 124—125. Indogermanisch-germanisches.

vokalischen *þ* verwischt, vgl. *bróðir* Bruder (got. *bróþar*) mit *faðir* Vater (got. *fadar*).

3) Für *h*: *ʒ (g)*: *slá* schlagen (got. *slahan*), pl. prät. *slógum*, *fela* verbergen (got. *filhan*), part. *folginn*, *tíu* zehn (got. *taíhun*), *tigr* Zehner; *fá* empfangen (got. *fāhan* aus *fanhan, § 69). pl. prät. *fengum*, *óri* jünger (got. *jūhiza* aus *junhiza), *ungr* jung (vgl. § 28 und 103!)

4) Für *s*: *z (r)*: *kaus* wählte, pl. *kørum* (vgl. § 77), *frjósa* frieren, part. prat. *frørinn*, *sá* säen, prät. *sera* (got. *saízō*), *mestr* grösster, *meiri* grösser (got. *maiza*).

5) Für *hw*: *ʒw*: *sjá* sehen (got. *saíhwan*) zu *sjón* Gesicht (aus **seʒwni-*, **seuni-*, vgl. § 86), *á* Fluss (got. *ahwa*), *ey* Aue, *Iusel* (**aʒwia-*), *hvél* Rad (aus **hweh̄wla-*, altengl. *hweohl*) neben *hjól* (aus **hweʒwla-*, altengl. *hwéol*); neben *w* erscheint *ʒ* in *mǫgr* Sohn (got. *magus* aus *maʒwuz, § 102, 2) zu *mǽr* Mädchen (got. *mawi*), *þegn* Mann zu *þý* Magd (got. *þiwi*). — Statt *hw* steht *f* in *ulfr* Wolf neben *ylgr* Wölfin (aus *wulʒwiz).

§ 125. Nach Diphthongen schwindet inlautendes *g* vor *m*, z. B. *taumr* Zaum neben *tygill* Zügel, *flaumr* Schwarm neben *fljúga* fliegen, *draumr* Traum neben *draugr* Gespenst.

II. Teil: Wortlehre.

I. Formenlehre.

A. Flexion.

1. Abschnitt: Declination.

1. Kap. Substantiva.

§ 126. Die isl. Declination hat 3 Genera: masculinum, femininum und neutrum (letzteres unterscheidet sich vom ersteren nur im nom. und acc. sing. und plur.); 2 numeri: singular und plural; 4 casus: nominativ, genitiv, dativ, accusativ. Je nachdem der Stamm, d. h. der nach Abtrennung der Casus-Endungen übrigbleibende Wortkörper, ursprünglich auf einen Vokal oder Konsonanten ausgeht, unterscheidet man 2 Hauptabteilungen der Substantiva und Adjectiva: vokalische und konsonantische Stämme. Von letzteren sind die n-Stämme die zahlreichsten, die J. Grimm schwache benannt hat; im Gegensatz dazu heissen die vokalischen dann starke.

a) Vokalische oder starke Stämme.

§ 127. Diese werden nach dem stammbildenden (thematischen) Vokal in a-, $\bar{o}$-, i- und u-Stämme unterschieden; jedoch tritt dieser Vokal nicht überall oder nicht immer deutlich mehr zu Tage.

1. a-Stämme.

§ 128. Diese Klasse enthält nur masc. und neutra, und zerfällt in 3 Unterabteilungen: a) reine a-Stämme, b) ja-Stämme, c) wa-Stämme.

§ 129—130. Substantiva. Reine a-Stämme.

a) Reine a-Stämme.

§ 129. Paradigmen: masc. *armr* Arm, *ketill* Kessel, *mór* Heideland; neutr. *barn* Kind, *sumar* Sommer, *bú* Wohnsitz.

	m.			n.		
Sg. N.	arm-r	ketil-l	mó-r	barn	sumar	bú
G.	arm-s	ketil-s	mó-s	barn-s	sumar-s	bú-s
D.	arm-i	katl-i	mó	barn-i	sumr-i	bú-i
A.	arm	ketil	mó	barn	sumar	bú
Pl. N.	arm-ar	katl-ar	mó-ar	bǫrn	sumur	bú
G.	arm-a	katl-a	mó-a	barn-a	sumr-a	bú-a
D.	ǫrm-um	kǫtl-um	mó-m	bǫrn-um	sumr-um	bú-m
A.	arm-a	katl-a	móa	bǫrn	sumur	bú

Anm. Die urnord. sg. Endungen sind: m. N. -*aR*, G. -*as*, D. -*e*, A. -*a*; n. N. A. -*a*, G. D. = m.; die unbelegte Endung des N. A. Pl. n. muss -*u* gewesen sein, wie der Umlaut (*bǫrn*) und finnische Lehnworte zeigen (vgl. auch altengl. *hof-u* Höfe).

§ 130. Hierzu ist zu bemerken:

1) Im nom. sg. der masc. treten die Regeln von § 96 über die Behandlung des -*r* hinter *l*, *n*, *r*, *s* in Kraft, also:

a) **erhalten** in *selr* Seehund, *hallr* Stein, *brunnr*, *brudr* Brunnen, *munnr*, *mudr* Mund;

b) **assimilirt** in *stóll* Stuhl, *steinn* Stein, *íss* Eis, *hvinn* kleiner Dieb;

c) **geschwunden** in *fugl* Vogel, *hrafn* Rabe, *akr* Acker, *þurs* Riese.

Anm. Die Endung fehlt in *biskop* Bischof und Namen wie *Krist*, *Satán*, *Magnús* u. a.

2) Im G. sg. tritt bei vielen Wörtern -*ar*, die Endung der *i*- und *u*-Stämme, statt -*s* auf, z. B. *grautr* Grütze, *þróttr* Kraft, *mundr* Kaufsumme der Frau, Brautgabe, *hǫfundr* Hauptmann, *vísundr* Bisonochs, *óðr* Gedicht, *heiðr* (später G. *heiðrs*) Ehre, *snúðr* Vorteil, *trúðr* Gaukler, *rugr* Roggen, *úrr* Auerochs, *reyrr* Rohr, *gróðr* (G. *gróðar*, später *gróðrar*) Wachstum, *hlátr* Gelächter, *meldr* (G. *meldrar*) Mahlen, *reðr* Widder, *lemstr* (G. -*strar*) Verstümmelung, *rekstr*

Treiben: ferner viele Eigennamen: *Eyvindr*, *Völundr*, *Sigurdr* u. a. bes. auf *-mundr*, *-fredr*, *-frodr*, *-redr*. — Andere schwanken zwischen *-ar* und *-s*: *eidr* Eid, *meidr* Baum, *seidr* Zauberei, *audr* Reichtum, *apaldr* (G. *-drs*, *-ds*, *-dar*) Apfelbaum, *lávardr* Herr (= Lord), *bastardr* Bastard, *lundr* Hain, *vindr* Wind, *skógr* Wald, *tírr* Ehre, *hródr* Ruhm, *kraptr* Kraft, sowie einige Namen: *Surtr*, *Heimdalr*, *Ullr*. — Der alte *u*-Stamm *fé* n. Vieh, Geld hat im g. *fjár* (vgl. § 36).

3) Geht der Stamm auf Kons. + *s* aus, so ist der gen. dem nom. gleich (vgl. § 118), z. B. in *þurs* Riese, *lax* Lachs; nach *-ll*, *-nn* steht *-z* statt *-s* (vgl. § 112), z. B. *hallr*, *hallz* Stein, *munnr (muðr)*, *munnz* Mund; *-ds*, *ds* geht in *ts*, geschrieben *z*, über (vgl. § 83) z. B. *land*, *lanz* (analogisch auch *lands*), *garðr*, *garz* Hof. *Vatn* Wasser hat *vaz* (vgl. § 109 c).

4) Im d. sg. der masc. fehlt die Endung oft; *dagr* hat mit Umlaut *degi* nach § 20, Anm. 1.

Anm. Vgl. dagegen *i dag* heute, sowie den dat. *Dag* von dem Namen *Dagr*.

5) Im d. pl. ist der *u*-Umlaut zu beachten, der jedoch durch Ausgleichung nach andern Casus schwinden kann (*dvergum* Zwergen).

6) Im nom. ac. pl. kann *smiðr* Schmied wie ein *i*-Stamm flektiren: *smidir*, *smiði*, selten als *u*-Stamm: *smidir*, *smiðu*. *Prettr* List, *stigr*, *stigr* Steig können nur im ac. pl. nach der *u*-Declination gehn.

§ 131. Wie *ketill* gehen zweisilbige wie *hamarr* Hammer, *þumall* Daumen, *þistill* Distel, *himinn* (d. *hifni* nach § 98, neugebildet *himni*), *djofull* Teufel, *jotunn* Riese, *fjoturr* Fessel, *soðull* Sattel, aber nicht die Eigennamen *Gunnarr*, *Reginn* etc. und Fremdwörter wie *bikarr* Becher. — Entsprechend dem Paradigma hat *lykill* Schlüssel, *trygill* Schüssel, *tygill* Schnur im dat. sg. *lukli* etc., ebenso *Egill*: *Agli*. Doch kommen daneben auch durch Ausgleichung umgelautete Formen in den synkopirten Casus vor. Bei

§ 131—135. Reine *a*-Stämme. *wa*-Stämme.

andern Wörtern wie *ferill* Reise, Reisender ist der Umlaut ganz durchgeführt worden (pl. *ferlar*), so bei allen Wörtern mit *u*-Umlaut, wie *sǫdull: sǫular, jǫfurr* Fürst: *jǫfrar*.

Anm. Umgekehrt hat *studill* Stütze den Vokal der synkopirten Casus durchgeführt. — Bei *morgonn* Morgen, *aptann* Abend schwindet *g, t* nach § 109 bei der Synkope: d. *morni, apni*.

§ 132. Bei *mór* (so auch poet. *jór* Pferd) ist auf § 34 ff. zu verweisen; d. pl. *móum* ist spätere Neubildung. Im d. sg. fehlt die Endung stets. — *Skór* Schuh bildet den pl.: *skúar, skúa skóm, skúa*, später im nom. ac. pl. auch *skór, skó*.

Anm. *Jór* geht später im nom. ac. pl. auch nach der *i*-Klasse: *jóir, jói*.

§ 133. Wie *sumar* gehn noch: *gaman* (vgl. § 98!) Freude, *óðal* Eigentum (pl. auch *óðǫl*), *megin* Kraft, Stärke, *regin* pl. Götter, *hǫfuð* Haupt; *óðal* bildet auch unsykopirte Formen. Bei *regin* haben die synk. Formen keinen *i*-Umlaut: g. *ragna*, d. *rǫgnum; megin* zeigt Doppelformen. Durch Neubildung entstehen dann Formen wie *magn, megn* statt *megin, rǫgn, rǫgna* statt *regin, ragna*. Andere Neutra der Art, wie *herað* Bezirk, synkopiren nicht: pl. *heruð, heraða* etc.

Anm. Das *u* in der zweiten Silbe des nom. ac. (event. auch d.) pl. ist entweder germ. *o*, das vor folgendem *u* blieb — während betontes *o* urgerm. in *a* überging, vgl. got. *ahtau* = lat. *octo* — oder aus urnord. *ǫ* verkürzt, wie in *foruð* Verderb (aus *fǫrrǫðu, vgl. § 47).

§ 134. Wie *bú* gehen: *vé* Heiligtum, *kné* Knie, *tré* Baum, *hlé* Schutz, *fé* Vieh, Geld (gen. *fjár*, vgl. oben § 130, 2), *strá* Stroh, *dá* Entzückung, *blý* Blei. Vgl. dazu § 34 ff., also: gen. pl. *strá*, d. *strǫm* (später neugebildet: *strám, stráum*, wie auch *búum*), d. sg. *kné*, g. d. pl. *knjá, knjóm* (darnach auch später: d. *knjám*, nom. ac. pl. *knjó*). Aber *vé* hat *véa, véum*.

Anm. Im g. sg. kann *ss* stehn: *knéss*, vgl. § 117.

b) *wa*-Stämme.

§ 135. Paradigmen: fürs masc. *sǫngr* Gesang, fürs neutr. *hǫgg* Hieb (vgl. § 21).

44 § 135—137. *wa-* und *ja-*Stämme.

	m.	n.		m.	n.
Sg. N.	sǫng-r	hǫgg	Pl.	sǫng-var	hǫgg
G.	sǫng-s	hǫgg-s		sǫng-va	hǫgg-va
D.	sǫng-vi	hǫgg-vi		sǫng-um	hǫgg-um
A.	sǫng	hǫgg		sǫng-va	hǫgg.

Anm. Das nach § 102 im Auslaut, vor Kons. und vor *v* schwindende *v* tritt später durch Ausgleichung auch im d. pl. ein *(sǫngrum)*, ebenso kann es überall nach Analogie der *v*-losen Casus schwinden *(sǫngar* etc.); der d. sg. ist oft endungslos: *sǫng*.

§ 136. So flektiren u. a. *hǫrr* Flachs, *rǫygr* Haarbüschel; *bǫl* Unglück, *mjǫl* Mehl, *ǫl* Bier, *fjǫr* Leben, *skrøk* Unwahrheit, *lyng* Heidekraut, *glygg* Wind, *bygg* Gerste, *hræ* Aas, *læ* Betrug. Die kontrahirten *mór* Möwe (vgl. § 23) und *Týr* ein Gott, zeigen einen Wechsel von *ó* und *á*, resp. *ý* und *í*, z. B. nom. pl. *mávar, tívar* (nach § 21, Anm. 2); ebenso wechselt der Vokal in *snjǫr, smør* Butter (d. *smyrvi*), *kjǫt, køt* Fleisch nach § 31; *sær* See und *snær* Schnee zeigen die Nebenformen *sjár, sjór* etc. (§ 32 Anm. 2 und § 39); ebenso steht *fræ* Samen neben *frjó* (vgl. ib.). — Im d. pl. sind die kontrahirten Formen *móm, sjóm* etc. (nach § 34) zu beachten!

Anm. 1. *sær* und *snær* etc. haben im g. sg. öfter *-ar* als *-s, hjǫrr* Schwert zeigt beide Formen, *hjǫrs* und *hjarar* (nach der *u*-Decl.).

Anm. 2. Neben *Týr* steht auch ein *Týr-r*, g. *Týrs* nach der *a*-Decl.; *spǫr-r* Sperling flektirt auch nach der *u*-Decl., *hey* Heu auch wie ein *ja*-Stamm (d. *heyi*).

c) *ja*-Stämme.

1. kurzsilbige.

§ 137. Paradigmen: fürs m. *niðr* Abkömmling, fürs n. *ber* Beere.

	m.	n.		m.	n.
Sg. N.	nið-r	ber	Pl.	nið-jar	ber
G.	nið-s	ber-s		nið-ja	ber-ja
D.	nið	ber-i		nið-jum	ber-jum
A.	nið	ber		nið-ja	ber

§ 138. Wie *vǽngr* gehn in alter Zeit *rǽngr* Flügel, *rǽringr* Söldner, *Ryggjar* Leute aus Rogaland, *Grikkjar*, *Girkjar* (§ 113) Griechen; sonst sind die masc. *ja*-Stämme in die *i*-Klasse übergetreten. Zahlreich sind dagegen die neutra.

Anm. 1. Nach § 7 gehören auch Wörter wie *hregg* Sturm, *egg* Ei, *skegg* Bart, *ský* Wolke, *grey* Hündin etc. hierher.

Anm. 2. Später tritt auch *él* Hagelschauer in diese Klasse über: *hey* Heu flektirt auch wie ein *wa*-Stamm, *kið* Zicklein, *nið* abnehmender Mond (neben f. pl. *niðar*, als *ō*-Stamm) und *él* auch wie *a*-Stämme.

2. langsilbige.

§ 139. Paradigmen: fürs m. *hirðir* Hirt, *mǽkir* Schwert, fürs n.: *kvǽði* Gedicht, *engi* Wiese.

Sg.

	m.		n.	
N.	hirð-ir	mǽk-ir	kvǽð-i	eng-i
G.	hirð-is	mǽk-is	kvǽð-is	eng-is
D.	hirð-i	mǽk-i	kvǽð-i	eng-i
A.	hirð-i	mǽk-i	kvǽð-i	eng-i

Pl.

	m.		n.	
N.	hirð-ar	mǽk-jar	kvǽð-i	eng-i
G.	hirð-a	mǽk-ja	kvǽð-a	eng-ja
D.	hirð-um	mǽk-jum	kvǽð-um	eng-jum
A.	hirð-a	mǽk-ja	kvǽð-i	eng-i

Anm. Wegen der Synkope des *j* vgl. § 103, wegen des *j*-Einschubs bei den Palat. *g* und *k* vgl. § 111. Die pl.-Formen von *mǽkir* sind unbelegt.

§ 140. Besonderheiten sind:

1) bei einigen Eigennamen wie *Hymir* u. a. ist die Wurzelsilbe kurz, einige davon erscheinen sogar ohne Umlaut, wie *Glasir*.

Anm. Wörter wie *Mjǫlnir, Fáfnir, Hamðir, Þórir* sind entweder durch Synkope eines Mittelvokals entstanden (*Mjǫlnir* aus **Melunir*) oder erst nach der Zeit des *i*-Umlauts gebildet worden, oder schliesslich, wie die letzt genannten, alte Composita, die in diese Klasse übergetreten sind.

2) *eyrir* Oere (Gewicht) hat im pl. keinen Umlaut: *aurar* etc., ebenso bildet *héti* Betragen den g. pl. *láta*, d. *lǫtum*.

3) Später wird das -*r* der masc. zum Stamme gezogen und die Wörter flektiren dann wie *a*-Stämme, z. B. *lǽknir* Arzt, g. *lǽknirs*, n. pl. *lǽknirar*; *hellir* Felsenhöhle, pl. *hellrar* (wie *hamrar*).

4) *klǽði* Kleid, *fylki* Schar, *kerti* Wachslicht und *kippi* Büschel haben im g. pl. auch -*na*, z. B. *klǽðna* neben *klǽða* u. s. w.

II. ō-Stämme.

a) Reine ō-Stämme.

§ 141. Diese sind nur fem. Paradigmen: *fjǫðr* Feder, *laug* Bad, *ǫ́* Fluss.

	Sg.			Pl.	
N. A. fjǫðr	laug	ǫ́	N. A. fjaðr-ar	laug-ar	á-r
G. fjaðr-ar	laug-ar	á-r	G. fjaðr-a	laug-a	á
D. fjǫðr	laug-u	ǫ́	D. fjǫðr-um	laug-um	ǫ́-m

Anm. Aus urnord. Zeit sind folgende Endungen belegt: sg. nom. -*u* (daher Umlaut im Wurzelvokal), pl. nom. ac. -*ōʀ*, gen. -*o*.

§ 142. Besonders ist zu merken:

1) Viele wie *fjǫðr* flektirende ō-Stämme können auch wie *i*-Stämme flektiren (nach § 155), z. B. *gjǫf* Gabe, *kvern* Mühle.

2) Wie *laug* gehen die Wörter auf -*ing* und -*ung*, z. B. *kerling* alte Frau, *lausung* Unzuverlässlichkeit, sodann *vǫk Eisloch, *reið Reiten, Wagen, *hlít Genüge, *mjǫll* frischer Schnee, *hǫll Halle, *ull* Wolle, *ǫ́l* Riemen, *rein* Rain, *ǫr* Ruder, *fǫr Reise. — Ausser denen auf -*ing* und -*ung* können sie jedoch, besonders später, auch wie *fjǫðr* (also ohne -*u* im dat.) gehen; die besternten auch nach der *i*-Declination.

3) Die Eigennamen auf -*bjǫrg*, -*laug*, -*veig*, -*lǫð*, -*leif*, -*rún*, -*ǫr*, sowie fremde (*Katrín* etc.) haben nicht nur im dat., sondern auch im ac. sg. die Endung -*u*, z. B. *Ingebjǫrgu*,

-bjargu, -bjǫrgu. Selten ist dies auch bei den Wörtern auf *-ing* der Fall.

Anm. Zuweilen kommt auch bei diesen Namen ein ac. ohne Endung vor.

4) *Skǫgul, Gǫndul* und *alin* Elle lauten im nom. d. ac. gleich, im gen. synkopiren sie: *Skǫglar, alnar*. — Letzteres hat auch die Form *ǫln, ǫln*, das im sg. wie *fjǫdr*, im pl. ebenso oder nach der *i*-Decl. geht.

§ 143. Wie *ǫ́* gehn Wörter wie *brǫ́* Wimper, *rǫ́* Reh, *ró* Ruhe, *elztó* Feuerstätte, *ró, rá* Ecke (pl. *róar* und *rár*, vgl. § 23), *þró* Trog (auch konsonantisch), *brú* Brücke (pl. *brúar* und *brúr*), *kví* Hürde. — Wegen der Hiatuserscheinungen vgl. § 34 ff.

b) *wō*-Stämme.

§ 144. Paradigma: *ǫr* Pfeil.

Sg. N. A. ǫr   Pl. ǫr-var
   G. ǫr-var   ǫr-va
   D. ǫr-u, ǫr   ǫr-um

Anm. *ǫr* hat im pl. auch *ǫrir* nach der *i*-Klasse. Die Wörter dieser Abteilung werden später auch ohne *v* (wie *fjǫdr*) declinirt.

§ 145. Wie *ǫr* flektiren nur wenig Wörter, z. B. *dǫgg* Tau, *rǫgg* Ziegenhaar, *bǫd* (poet.) Kampf, *stǫd* Landungsplatz, *gǫtvar* Anzug.

c) *jō*-Stämme.

1. kurzsilbige.

§ 146. Paradigmen: *ben* Wunde, *egg* Schneide.

Sg. N. A. ben   egg   Pl. ben-jar   egg-jar
   G. ben-jar egg-jar   ben-ja   egg-ja
   D. ben   egg-ju   ben-jum egg-jum

Anm. *ben* ist selten n. (wie *ker* § 137), ebenso *skyn* Einsicht. — Wegen der Form *eggjar* u. ä. vgl. § 110.

§ 147. Wie *ben* gehen u. a. noch: *skel* Schuppe, *il* Sohle, *skyn* Einsicht, *syn* Leugnen, *nyt* Nutzen, *vid* Band. *dys* Grabhügel, *fles* Fels, sowie *dregg* Hefen (vgl. § 7); mit

§ 147—151. *ja*-Stämme. Masc. *i*-Stämme.

langer Silbe nur *eng* Wiese (neben *engi*, *ja*-Stamm); wie *egg*, z. B. *hel* Totenreich, *ey* Insel (vgl. § 7). *þý* Dienerin (got. *þiwi*), und viele Eigennamen, wie *Frigg*, *Sif* (pl. „Verwandtschaft"), besonders die auf *-ey*, *-ný*, *-yn* (*-vin*).

Anm. 1. Später kann bei *egg* etc. der d. sg. auch endungslos sein; die Namen auf *-ný* haben auch im ac. *-ju*.

Anm. 2. Der hierher gehörige Stamm *mey-* (gen. *meyjar* u. s. w.) Jungfrau (got. *mawi*) hat im nom. *mær* wie die langsilbigen.

2. langsilbige.

§ 148. Paradigmen: *flǿdr* Flut, *ylgr* Wölfin.

Sg. N. flǿd-r   ylg-r | Pl. flǿd-ar   ylg-jar
G. fløð-ar   ylg-jar | flǿd-a   ylg-ja
D. flǿd i   ylg-i | flǿd-um   ylg-jum
A. flǿd i   ylg-i | flǿd-ar   ylg-jar

Anm. Das *-r* im nom. sg. stammt aus der *i*-Declination. Später tritt dafür *-i* ein. Wegen des *j*-Schwundes vgl. § 103, 2; wegen des *j*-Einschubs § 111.

§ 149. So gehen viele Wörter, darunter die Namen auf *-dís*, *-eiðr*, *-(f)ríðr*, *-gerðr*, *-hildr*, *-gudr* oder *-gunnr*, *-unn(r)* oder *-uðr* (§ 72), *-þrúðr*, *-elfr*.

Anm. 1. Das Fehlen des Umlauts in einigen dieser Endungen (sowie in *gudr* Kampf) erklärt sich daraus, dass diese Wörter ursprünglich der *i*- oder *ō*-Decl. angehörten. Man beachte auch das Fehlen der nom.-Endung bei *-dís* und *-unn* (neben *-unnr*, *udr*)!

Anm. 2. Hierher gehört auch *ex* Axt (aus *ekss*), das sein altes *-ss* nach § 118 verkürzt, sowie *merr* Mähre (aus *marhjō-*), also ursprünglich langsilbig.

Anm. 3. *helgr* Feier hat gegen die Regel kein *j* vor *a* und *u*, pl. also *helgar*.

III. *i*-Stämme.

§ 150. Zu diesen gehören masc. und fem., die ursprünglich gleich flektirten. Im isl. aber sind die letzteren im sing. fast ganz in die Flexion der *ō*-Stämme übergetreten.

a) Masc.

§ 151. Paradigmen: *gestr* Gast, *staðr* Stätte, *bekkr* Bank.

Sg. N.	gest-r	stad-r	bekk-r
G.	gest-s	stað-ar	bekk-s, -jar
D.	gest	stað	bekk
A.	gest	stað	bekk
Pl. N.	gest-ir	stað-ir	bekk-ir
G.	gest-a	stað-a	bekk-ja
D.	gest-um	stǫð-um	bekk-jum
A.	gest-i	stað-i	bekk-i

Anm. Urnord. Formen sind: nom. sg. -iʀ, d. pl. -umʀ. Letztere Endung war an Stelle von -imʀ getreten, das noch im adv. megin = *vegim wegen, erhalten ist (vgl. § 94 Anm. und § 98 Anm. 2).

§ 152. Hierzu ist zu merken:

1) Zu den wie *gestr* flektirenden Wörtern gehört auch *hár* Dollen, bei dem die Kontraktionsgesetze (§ 34 ff.) eintreten, z. B. d. pl. hǫm.

2) Beim Antreten der nom.-Endung gelten die in § 96 dargestellten Gesetze, z. B. *svanr* Schwan, *halr* Mann, *skellr* Klatschen, *déll* Thalbewohner, *gríss* Ferkel.

3) Viele haben im nom. ac. pl. auch die Endungen -ar, -a (nach der a-Decl.), z. B. *hvalr* Wal, *dalr* Thal, *stafr* Stab u. a.

Anm. *guð* Gott (altes neutr.) hat im nom. kein -r, im dat. die Endung -i. So bisweilen auch *nár* Leiche. *Brestr* Mangel hat selten den ac. pl. auf -u (u-kl.).

§ 153. Wie *staðr* flektiren viele einsilbige, dann besonders die Wörter auf -skapr, -nuðr, -naðr (letztere flektiren ursprünglich wie u-Stämme im sg.: *fǫgnuðr* Freude, g. *fagnaðar*, d. *fagnaði*, ac. *fǫgnuð*, später dringt -naðr im nom., -nað im ac. ein). Dabei ist zu merken:

1) *burr* Sohn, *salr* Saal, *skriðr* Lauf, *sultr* Hunger haben im gen. sg. auch -s.

2) *fundr* Zusammenkunft, *sultr* Hunger, *kostr* Bedingung, *feldr* Mantel, sowie die auf -nuðr (-nnðr) haben im d. sg. -i.

3) *feldr* Mantel und *matr* Speise haben im nom. ac. pl. auch -ar, -a.

4) *kostr* Bedingung und *hlutr* Los, Teil können den ac. pl. auf *-u* bilden.

Anm. Bei *vinr* Freund und *munr, monr*, Sinn, Unterschied kann im nom. sg. das *-r* fehlen.

§ 154. Wie *bekkr* gehn die subst. mit umgelauteter kurzer oder auf *g, k* auslautender langer Wurzelsilbe, wie *pytr* Lärm, *veggr* Wand (§ 110) *peyr* Tauwetter (§ 7); *strengr* Strang, *mergr* Mark u. a. Dabei ist zu merken:

1) Einige, wie *glymr* Getöse, *belgr* Balg u. a. haben im g. sg. nur *-s*, andere, wie *hylr* Schlund, *pykkr* Verdruss u. a. nur *-jar*. Im d. sg. ist *-i* sehr selten.

2) *bór, býr* Dorf hat neben den regelmässigen *j*-Formen *bójar, býjar* u. s. w. mit Accentvertauschung im g. sg. *bjár*, g. pl. *bjá*, d. *bjám*, vgl. § 39.

Anm. Einige dieser Wörter, wie *sekkr* Sack u. a., flektiren auch wie reine *a*-Stämme: pl. *sekkar* etc.

b) Femin.

§ 155. Paradigmen: *ǫxl* Achsel, *skipun* Anordnung, *rǫst* Meile.

Sg. N.	ǫxl	skipun	rǫst
G.	axl-ar	skipan-ar	rast-ar
D.	ǫxl	skipun	rǫst-u
A.	ǫxl	skipun	rǫst-u
Pl. N. A.	axl-ir	skipan-ir	rast-ir
G.	axl-a	skipan-a	rast-a
D.	ǫxl-um	skipun-um	rǫst-um

Anm. Wegen der sg.-Formen vgl. § 150; über *skipun — skipanar* § 133 Anm.

§ 156. Hierzu ist zu bemerken:

1) Wie *ǫxl* gehen die meisten fem., besonders die auf *-un* und *-kunn*, z. B. *varkunn* Nachsicht u. s. w.

Anm. 1. Bei denen auf *-un* dringt *-an* durch Ausgleichung frühzeitig im ganzen sg. durch.

Anm. 2. Das hierhergehörige *tid* Zeit zeigt masc. Form im ac. *i þann tid* zu jener Zeit.

2) Die alte nom.-Endung des sg., *-r*, erscheint bei *Urðr* eine Norne, *nauð(r)* Notwendigkeit, *uðr, unnr* Welle,

§ 157—160. Fem. *i*-Stämme. *u*-Stämme.

brúdr Braut, Frau, *vættr* Wicht, Wesen (in Zusammensetzungen *-vitr*, wie *hjalmvitr* Walküre, wozu der nom. ac. pl. *-vitr* (konson. kl.).

Anm. Dazu gehört auch *vettergis*, *vettugi* nichts, ferner das Suffix *-vetna* (g. pl.) in *hotvetna* was auch immer, *horvetna* wo auch.

3) *brúdr* und *vættr* enden im d. sg. auf *-i*.

§ 157: Wie *rǫst* gehen eine Anzahl Wörter, von denen *rǫnd* Rand, *strǫnd* Strand, *mǫrk* Wald, *stǫng* Stange, *tǫng* Zange, *spǫng* Platte, im pl. auch kons. Formen (nach § 179) wie *rendr* etc. aufweisen, andere, z. B. *ǫnd* Atem, *hjǫrd* Herde, im pl. auch wie *ǫxl* flektiren. — *Tǫng* und *mǫrk* bilden den gen. sg. auch konsonantisch: *tengr*, *merkr*.

Anm. Der *i*-Umlaut bei den *i*-Stämmen ist entweder analogisch in allen Formen durchgeführt, wie bei *gestr* Gast, *dél* Thal, oder durchaus beseitigt, wie bei *stuldr* Diebstahl, *urt* Pflanze. Auch entstehen Doppelformen wie *hlumr*, *hlymr* Rudergriff, *bón*, *bœn* Bitte *sǫtt*, *sætt* Vertrag u. a.

IV. *u* - Stämme.

§ 158. Nur masculina, Paradigmen: *bǫlkr* Balken, *hjǫrtr* Hirsch.

			Pl.	
Sg. N.	bǫlk-r	hjǫrt-r	belk-ir	hirt-ir
G.	balk-ar	hjart-ar	balk-a	hjart-a
D.	belk-i, bǫlk	hirt-i	bǫlk-um	hjǫrt-um
A.	bǫlk	hjǫrt	bǫlk-u, belk-i	hjǫrt-u

Anm. Die urnord. Endungen sind: sg. nom. *-uR*, d. *-iu*, ac. *u*; der gen. *-ar* entspricht got. *-aus*, der nom. pl. got. *-jus*. Der ac. pl. auf *-i* ist nach Analogie der *i*-Stämme gebildet.

§ 159. So gehen viele Wörter, besonders die auf *ǫttr*, wie *hǫttr* Art; *spǫrr* Sperling geht auch wie ein *wa*-Stamm (§ 135), *áss* 1. Balken, 2. Gott. *vegr* Weg, *kvittr* Wortschwall auch nach der *a*-Declination, desgl. *ǫrr* (got. *airus*) Bote oft im pl. *Limr* Glied bildet den pl. auch nach der *ō*-Decl. als f.: *limar*, seltener nach der *a*-Decl.

§ 160. Im einzelnen ist zu merken:

1) Bei *sonr*, *sunr* Sohn (vgl. § 15 Anm.) kann im nom. sg. das *-r* fehlen; dagegen *ǫrn* Aar, *spónn* Span (vgl. § 23),

áss 1. Balken, 2. Gott, *knǫrr* (g. *knarrar*) Handelsschiff erklären sich nach § 96.
2) *vǫrđr* Wart und *liđr* Glied haben im g. sg. auch *-s*.
3) *vegr* Weg hat *-na* im g. pl. in Ausdrücken wie *mínna vegna* meinetwegen.

Anm. 1. Der Vokalwechsel der Wurzel hat zu Neubildungen wie nom. *kattr* neben *kǫttr* Katze, *sunr*, *sona* Sohn, Söhne (g. pl.), *árr* neben *ǫrr* Bote, geführt. *Tegr* Zehner (got. *tigus*) hat so die Nebenformen *togr*, *tugr*, *teyr*, *tigr* erhalten.

Anm. 2. Das nom. *-r* ist später zuweilen zum Stamme gezogen, vgl. *graptrar* für *graptar* (gen. von *grǫptr* Grab).

§ 161. Wie *hjǫrtr* (wofür die §§ 14 und 29 f. zu vergleichen sind) gehen: *fjǫrđr* Meerbusen, *kjǫlr* Kiel, *bjǫrn* Bär, *mjǫđr* Met, *skjǫldr* Schild, *Njǫrđr* Nerthus. — *verđr* Mahlzeit bildet entsprechend einen alten dat. *virđi*.

b) Konsonantische.

1. *n*-Stämme (schwache Declination).

§ 162. Diese zerfällt in drei Klassen: 1) *an*-Stämme, masc. und neutra, 2) *ōn*-, *ūn*-Stämme, fem. und einige masc., 3) *īn*-Stämme, nur fem.

1. *an*-Stämme.

§ 163. Von diesen haben die masc. im pl. die Flexion der *a*-Stämme angenommen. Nur wenige Spuren der ursprünglichen Flexion finden sich noch, s. § 166, 2) ff.

a) Masc.

164. Paradigmen: *hani* Hahn, *harpari* Harfner, *brytí* Haushälter, *pái* Pfau.

Sg.	N.	han-i	harpar-i	bryt-i	pá-i
	G. D. A.	han-a	harpar-a	bryt-ja	pá
Pl.	N.	han-ar	harpar-ar	bryt-jar	pá-r
	G.	han-a	harpar-a	bryt-ja	pá
	D.	hǫn-um	hǫrpur-um	bryt-jum	pó-m
	A.	han-a	harpar-a	bryt-ja	pá

Anm. Die Endungen des sg. im urnord. sind: nom. *-a*, g. d. *-an*. Auf letztere Form weist auch der ac. hin.

§ 165. Wie *hani* geht auch das f. *Skaði;* wie *harpari* die Wörter auf -*ari*, -*eri*, die aus der *a*-Decl. hierher übergetreten sind (got. -*areis*); wie *bryti* die *jan*-Stämme, besonders die auf -*ingi*, -*byggi*, -*nyti*, -*skeggi*, -*veri*, -*virki*, wie *erfingi*, *arfnyti* Erbe, *illvirki* Missethäter, sowie die auf *y* und *k* ausgehenden *an*-Stämme, wie *dreki* Drache (vgl. § 20, Anm. 1); nach *pái* kontrahirte wie *flói* sumpfige Stelle (d. pl. *flóm*), *búi* Bewohner, *lé* Sense (gen. *ljá*, vgl. § 34 ff.).

§ 166. Besonders zu merken ist noch:

1) Die Lehnwörter *herra* (auch *herri*) und *sira* Herr haben im nom. sg. -*a*.

2) *uxi*, *oxi* Ochs flektirt im pl. *yxn*, *øxn* (später auch neutrum!) g. *yxna*, *øxna*, d. *yxnum*, *øxnum*; später nach der *a*-Decl. *uxar* etc.

3) Indeclinirbare wie *samfeðra* Kinder desselben Vaters, -*mœðra* derselben Mutter, zeigen in dieser Form noch die alte Endung des nom. pl.

4) Poetische Wörter wie *gumi* Mann, *skati* Eminenz, *Goti* u. a. haben im g. pl. -*na* (wie *yxna*) und lassen dies *n* oft in die andern Casus eindringen: *gumnar*, *flotnar* Seeleute etc. Hierher gehört auch *ána-sótt* Altersschwäche (zu *ái* Urgrossvater).

Anm. 1. *moskvi* Maske hat im d. pl. *moskum* nach § 102, 2.
Anm. 2. Einige *jan*-Stämme: *aðili* Führer einer Sache vor Gericht, *skyti* Schütz, selten *bryti* Haushälter, *vili* Wille und die auf -*veri* gehn auch wie *hani*; die auf -*byggi* -bewohner, im pl. auch wie *wa*-Stämme (-*byggvar* etc.).

b) Neutra.

Sg. N. A.	hjart-a	Pl.	hjort-u
G.	hjart-a		hjart-na
D.	hjart-a		hjort-um

§ 167. Von den hierher gehörigen Wörtern haben *sima* Seil, *økla* Knöchel und *miðmunda* Mittelpunkt, auch masc. Formen: *simi* etc. *Hjón*, *hjún* (neben *hjú*) Ehegatten, Hausleute hat das -*n* im sg. und pl. durchgeführt, und zeigt noch die Nebenform *hjóna*, *hjúna* (auch nom. ac. pl.).

§ 168—172. Fem. ōn-, ūn- und īn-Stämme.

Anm. Der sg. ist als präpos. (i)hjá neben, bei, erhalten; dazu gehört auch das masc. hýi Diener.

2. ōn-, ūn-Stämme.

§ 168. Paradigmen: *gata* Strasse, *sløngra* Schleuder, *bylgja* Woge, *trúa* Glaube.

	Sg. N.	gat-a	sløng-va	bylg-ja	trú-a
	G. D. A.	got-u	sløng-u	bylg-ju	trú
	Pl. N. A.	got-ur	sløng-ur	bylg-jur	trú-r
	G.	gat-na	(?)	bylg-na	trú-na
	D.	got-um	sløng-um	bylg-jum	trú-m

Anm. Die urnord. Endungen sind: sg. nom. -ō, g. d. ac. -ūn; der nom. ac. pl. ist nach der ū-Decl. neu gebildet.

§ 169. Bei *sløngva* sind die Regeln von § 102, 2 zu beachten (ebenso *vǫlva* Weissagerin); bei *bylgja* und *kirkja* Kirche kommt § 111 in Betracht. Beachte den Ausfall des *j* vor *u* im g. pl.! Wie *trúa* kontrahiren nach § 34 ff. auch *skuggsjá*, gen. -*sjǫ́* Spiegel und *Gróa*.

Anm. *trúa* hat auch eine Nebenform *trú* die als ō-Stamm flektirt.

§ 170. Auch einige masc. wie *skytja* (neben *skyti*, *jan*-Stamm) Schütz, *hetja* Mutiger, *kempa* (neben *kappi*) Kämpfer, *rytta* Schuft (diese 3 auch f.), ferner Namen wie *Sifka*, *Sturla* a. a. gehen nach dieser Klasse.

§ 171. Besonders ist zu merken:

1) *frú* Frau hat im nom. keine Endung und geht später (wie *trú*) nach der ō-Klasse.

2) Wenn der Endung -*ju* ein anderer Konsonant als *g* oder *k* vorausgeht, endet der g. pl. auf -*ja* statt -*na*, z. B. bei *smiðja* Schmiede; bei den Wörtern auf -*sjá* bloss auf -*á*, z. B. *ásjá* Aussehen; *kona* Frau bildet im g. pl. *kvenna*, *kvinna* und *stjarna* Stern: *stjarna* (nach § 118).

Anm. Von den Wörtern auf -*sjá* können einige auch wie *ǫ́* (§ 141) flektiren, also gen. -*sjár*.

3. īn-Stämme.

§ 172. Diese kommen nur im sg. vor und haben in allen Casus die Endung -*i*, z. B. *elli* Alter (mit *i*-Umlaut des Wurzelvokals). Die meisten sind abstracta; besonders gehören hierher Bildungen auf -*andi*, -*endi*, -*indi*, -*yndi*, z. B. *hyggjandi* Verstand.

Anm. *frœdi* Verstand flektirt auch als neutr. wie *kvœdi* (§ 139).

§ 173. Zu merken ist:
1) Einige, wie *gərvi* Tracht, *gərsimi* Kostbarkeit, *rekendi* Fessel, *fiski* Fischfang, bilden den gen. auf -*ar*, resp. -*jar* (*fiskjar*, nach § 111), zuweilen auch *œfi* Zeitalter, *mildi* Milde. Andere wie *reidi* Zorn, *forvitni* Neugier etc. haben auch -*is*, besonders in Zusammensetzungen.

2) *gərvi*, *gərsimi* sowie *lygi* Lüge bilden einen pl. auf -*ar* nach der *ō*-Decl.: *gorvar*, *lygar* (so!), *rekendi* nach der konson. (§ 184 Anm. 2).

Anm. *Myki* Dung hat eine Nebenform *mykr*.

c) Uebrige konson. Stämme.

§ 174. Diese lassen sich einteilen in: 1) einsilbige m. und f., 2) Verwandtschaftswörter auf -*r*, m. und f., 3) *nd*-Stämme, fast nur m. (substantivirte participia präs.).

I. Einsilbige.

§ 175. Die meisten masc. flektiren im sg. wie *a*- oder *u*-Stämme, die fem. wie *ō*-Stämme. Die alten Formen erscheinen beim masc. nur noch im plural, beim fem. auch in dem g. sg. auf -*r*.

a) Masculina.

§ 176. Paradigmen: *fótr* Fuss, *nagl* Nagel, *madr*, *mannr* Mann.

Sg. N.	fót-r	nagl	mad-r, mann-r
G.	fót-ar	nagl-s	man(n)-z
D.	fɵt-i	nagl-i	mann-i
A.	fót	nagl	mann
Pl. N. A.	fɵt-r	negl	menn(-r), med-r
G.	fót-a	nagl-a	mann-a
D.	fót-um	nǫgl-um	mǫnn-um

§ 177—180. Einsilbige kons. Stämme, masc. und fem.

Anm. Die urnord. Endung des nom. ac. pl. war *-iʀ*, was den *i*-Umlaut der Wurzelsilbe erklärt.

§ 177. Wie *fótr* geht noch *fingr* Finger (gen. später *fingrs), vetr* Winter (vgl. § 25 und § 119) *mónuðr, mánaðr* Monat und Völkernamen im pl. wie *Vindr, Vindr, Eistr, Jamtr.*

Anm. 1. Die Völkernamen *Eistr* und *Vindr, Vindr* bilden auch den pl. auf *-ir* nach der *i-*, *Jamtr* auch auf *-ar* nach der *a*-Klasse.

Anm. 2. *fingr* geht selten auch als neutr. nach der *a*-Klasse.

§ 178. Zu bemerken ist:

1) Im nom. sg. und nom. ac. pl. haben *fingr* und *vetr* nach § 118 nur ein *-r;* wegen *nagl, negl* vgl. § 96, 6, wegen *maðr* §§ 72 und 96, 4.

2) *mánaðr, mónuðr* hat im g. sg. auch *-r*, im pl. geht es auch als *i-*, später auch als *u*-Stamm.

b) Fem.

§ 179. Paradigmen: *rǫng* Querband im Schiff, *mǫrk* Mark (Geld und Gewicht), *tǿ* Zehe, *kýr* Kuh.

Sg. N. rǫng   mǫrk   tǿ   ký-r
    G. rang-ar merk-r tá-r ký-r
    D. A. rǫng mǫrk   tǿ   kú
Pl. N. A. reng-r merk-r tǽ-r ký-r
    G. rang-a mark-a tá   kú-a
    D. rǫng-um mǫrk-um tǿ-m kú-m

Anm. Der gen. *merkr* beruht auf urnord. **markiʀ*.

Wie *rǫng* flektiren: *hind* Hinde, *dreif* Band, *brík* Tafel. *reik* Haarfurche, *spík* Fliesse, *rít* Schild, *rist* Rist, *brók* Hose, *nót* Netz u. a.; wie *mǫrk: kverk* Kehle (pl. auch *-ar) mjolk* Milch, *vík* Bucht, *ríp* Fels; wie *tǿ: fló* 1. Floh (pl. *flór)*, 2. Schicht, *ló* Regenvogel, *kló* Klaue, *ró* Eisenplatte; wie *kýr* mit nom. *-r* und *ʀ-*Umlaut (§ 20): *sýr* Sau, *ǽr* Mutterschaf (d. sg. *ǿ*).

Anm. Merke pl. *slagár* Schafe zum Schlachten.

§ 180. Folgendes ist zu bemerken:

1) *eik* Eiche, *tík* Hündin, *sǽ(i)ng* Bett, *tǫng* Zange, *ǫrk* Kiste, *nótt* Nacht, selten *mǫrk* Wald, *bók* Buche, bilden

§ 180—182. Einsilb. fem. kons. Stämme. r-Stämme.

den gen. sg. entweder auf -ar oder auf -r (mit i-Umlaut, wie mǫrk Mark), also gen. z. B. nátter und nǽtr.

2) rǫnd Rand, strǫnd Strand, grind Gitter, stǫng Stange, mǫrk Wald, sǽ(i)ng Bett, nótt Nacht haben im d. sg. auch -u.

3) flik Zipfel, greip Hand, sild Häring, skeið Schiff, galeið Gallione, tǫg Wurzelfaser, selten hǫnk Handhabe, können im pl. auch als ō-Stämme (-ar etc), skeið Schiff, spǫng Platte, tǫng Zange, selten ǫnd Ente, glóð glühende Kohle, kind Wesen, Familie, rǫnd, strǫnd, grind, stǫng, mǫrk Wald, auch wie i-Stämme (-ir etc.) flektiren.

4) Der d. sg. von hǫnd Hand ist hendi (u-Decl.); der nom. ac. pl. von kinn Wange, tǫnn Zahn: kinnr, kiðr, tenn(r) und teðr nach §§ 72 und 96. 4, von mús Maus, lús Laus, gǫ́s Gans, brún Braue: mýss etc., gǽss, brýnn nach § 96, 1; ertr Erbsen, gen. ertra erklärt sich nach § 118; hnot Nuss, pl. hnetr, hnetr (§ 20, Anm. 4) bildet g. pl. hnata, d. hnǫtum neben hnota, hnotum (Ablaut).

5) mjolk hat im gen. mjolkr ohne Umlaut.

6) kýr und sýr als Beinamen können im g. sg. sýrs, sýrar, súrar, im d. ac. kýr, sýr flektiren.

Anm. dyr(r) pl. Thür kommt alt im nom. ac. auch als neutr. vor. Später dringt der Umlaut auch im g. d. dyra, dyrum ein.

§ 181. ǫlpt Schwan hat folgende Formen, die sich daraus erklären, dass das Wort teils konsonantisch, teils als jō-Stamm, teils als i-Stamm flektirt (ahd. albiz):

Sg. N. ǫlpt,   elpt-r   Pl. elpt-r,   alpt-ir
G. elpt-r,   alpt-ar, elpt-ar   alpt-a,   elptr-a
D. ǫlpt,   elpt-i   ǫlpt-um, elptr-um
A. ǫlpt, elpt(-r), elpt-i   elpt-r,   alpt-ir

ll. r-Stämme.

§ 182. Paradigmen: faðir Vater, móðir Mutter.

Sg. N. faðir   móðir   Pl. feðr   mœðr
G. fǫður   móður   feðr-a mœðr-a
D. feðr, fǫður móður   feðr-um mœðr-um
A. fǫður   móður   feðr   mœðr

§ 183—185. *r*-Stämme. *nd*-Stämme. Adjectiva.

Anm. Der *i*-Umlaut im d. sg. erklärt sich durch einstiges *-i* der Endung (*faðri*); die urnordische Form des nom. pl. ist *-iR (dohtriR)*.

§ 183. Wie *faðir* geht noch *bróðir* Bruder, pl. *brǿðr*, wie *móðir* noch *dóttir* Tochter, pl. *dǿtr* (§ 119) und *systir* Schwester (aus urnord. *swestar*, g. **swistur*, vgl. § 21 und 102, 2).

Anm. 1. In Zusammensetzungen erscheint poetisch sg. nom. d. ac. *-feðr*, g. *-feðrs*, z. B. *valfǫðr* Walvater (= *Óðinn*).
Anm. 2. Wegen der plur.-Form *feðr* aus **feðrR*, vgl. § 118.

III. *nd*-Stämme.

§ 184. Diese subtantivirten part. präs. sind fast nur masc. und flektiren im sg. wie *n*-Stämme, im pl. wie einsilbige konsonantische. Paradigma: *gefandi* Geber.

Sg. N. gefand-i   Pl. gefend-r
    G. gefand-a   gefand-a
    D. gefand-a   gefǫnd-um
    A. gefand-a   gefend-r

Hierher gehören: *fjandi* Feind, pl. *fjandr*, *frǽndi* Verwandter, *búandi*, *bóndi* Bauer, pl. *búendr*, *bǿndr* u. a.

Anm. 1. Der *i*-Umlaut kann auch in den d. pl. dringen: *bǿndum*.
Anm. 2. *rekendi* Fessel (sg. nach *elli*, § 172), gewöhnlich f., geht im pl. nach dieser Klasse: *rekendr*.
Anm. 3. Starke sg.-Formen erscheinen noch in Zusammensetzungen wie *fianz-boð* Feindesbotschaft, *segjanz-saga* Hörensagen, *dugand-maðr* taugender Mann.

2. Kap. Adjectiva.

§ 185. Die meisten adjectiva können im Positiv und Superlativ sowohl stark wie schwach, d. h. als *n*-Stämme, declinirt werden. (Ueber letzteren Gebrauch vgl. die Bedeutungslehre!) Der Comparativ wird stets schwach flektirt. — Einige adjectiva flektiren nur stark, wie *allr* all, *miðr* mittlerer, *sjalfr* selbst, *sumr* irgend einer, *annarr* anderer; andere nur schwach, wie *andvaki* schlaflos (vgl. § 200) und alle Ordinalzahlen von 3 ab.

§ 186—188. Starke adj. Decl.: a- und ō-Stämme.

A. Starke Declination.

§ 186. Bei den adj. sind wie beim subst. *a-, wa-* und *ja*-Stämmen mit den dazu gehörigen fem. *ō-, wō-* und *jō*-Stämme zu unterscheiden. Die alten *i-* und *u*-Stämmen sind mit den *a-* und *ō*-Stämmen zusammengefallen (erstere sind noch am *i*-Umlaut des Wurzelvokals zu erkennen, z. B. *sekr* schuldig, zu d. Sache, die *u*-Stämme an Doppelformen wie *ǫngr, øngr* eng, got. *aggwus*).

§ 187. Ursprünglich flektirten die adj. wie die entsprechenden subst., aber durch den Einfluss der pronominaladj. haben sie eine Menge Pronominalformen angenommen. In folgender Tabelle sind die Endungen *cursir* gedruckt, die von der subst. Decl. abweichen.

	masc.	neutr.	fem.
Sg. N.	-r	-t	— (mit *u*-Uml.)
G.	-s		-*rar*
D.	-*um* (mit *u*-Uml.)	-*u* (mit *u*-Uml.)	-*ri*
A.	-*an*	-t	-*a*
	masc.	neutr.	fem.
Pl. N.	-*ir*	— (mit *u*-Uml.)	-ar
G.		-*ra*	
D.		-um (mit *u*-Uml.)	
A.	-*a*	— (mit *u*-Uml.)	-ar

Anm. 1. Man beachte den eigentümlichen dat. sg. des neutr., der ein alter instrumentalis ist.

Anm. 2. Endungslose nom. ac. sg. n. kommen als adverbia und subst. vor, z. B. *lít* wenig, *mjǫk* viel, *djúp* Tiefe.

a) *a-* und *ō*-Stämme.

§ 188. Paradigmen: *spakr* verständig, *gamall* alt, *grár* grau.

	masc.	neutr.	fem.
1) Sg. N.	spak-r	spak-t	spǫk
G.	spak-s		spak-rar
D.	spǫk-um	spǫk-u	spak-ri
A.	spak-an	spak-t	spak-a

§ 188—189. Starke adj. Decl.: a- und ō-Stämme.

	masc.	neutr.	fem.
Pl. N.	spak-ir	spǫk	spak-ar
G.		spak-ra	
D.		spǫk-um	
A.	spak-a	spǫk	spak-ar

2) Sg. N.	gamal-l	gamal-t	gǫmul
G.		gamal-s	gamal-lar
D.	gǫml-um	gǫml-u	gamal-li
A.	gaml-an	gamal-t	gaml-a
Pl. N.	gaml-ir	gǫmul	gaml-ar
G.		gamal-la	
D.		gǫml-um	
A.	gaml-a	gǫmul	gaml-ar

3) Sg. N.	grá-r(r)	grá-tt	grǫ́
G.		grá-s(s)	
D.	grǫ́-m	grǫ́	grá-r(r)i
A.	grá-n	grá-tt	grá
Pl. N.	grá-ir	grǫ́	grá-r
G.		grá-r(r)a	
D.		grǫ́-m	
A.	grá	grǫ́	grá-r

§ 189. Besondere Bemerkungen:

1) Für die Form des nom. sg. m. gelten dieselben Regeln wie für die subst. (vgl. § 96), daher also *kuđr*, *kumr* kund, *jafn* eben, *vænn* schön, *heill* gesund, *fagr* (gen. *fagr-s*) schön, *hvass* (dat. m. *hvǫssum*) scharf, *víss* (d. *vísum*) weise u. s. w.

2) Im nom. ac. sg. n. wird dem -*t* ein vorhergehendes -*đ*, -*d* und -*n* assimilirt, -*tt* geht dann nach Kons. und unbetontem Vokal in -*t* über. vgl. *blindr* — *blint* blind, *fœddr* — *fétt* geboren, *breiđr* — *breitt* breit, *harđr* — *hart* hart, *fastr* — *fast* fest, *hittr* — *hitt* gefunden, *kallađr* — *kallat* gerufen, *heiđinn* — *heiđit* heidnisch.

Merke besonders: *margr* — *mart* (später *margt*, *markt*) mancher, *heilagr* — *heilakt* heilig, *jafn* — *jam(n)t* eben,

§ 189 191. Starke adj. Decl: a- und ō-Stämme. 61

saðr, sannr — satt wahr, góðr — gott (und gótt) gut, und vgl. die §§ 72, 81 ff., 89, 93, 109, 118 ff.

3) Im gen. dat. sg. f. und gen. pl. gelten bei auslautenden -l, -n, -r, -s der Wurzel die in § 96 gegebenen Regeln für die Anfügung von -r, vgl. vǽnn — vǽnnar schön, linr — linrar mild (= gelind), jafn — jafnrar eben, saðr, sannr — saðrar, sannrar wahr, víss — víssar (später vísrar) weise, hvass — hvassar (sp. hvassrar) scharf, heill — heillar gesund, hollr — hollrar hold, bitr — bitrar bitter; heiðinn — heiðinnar heidnisch, heimill — heimillar verfügbar, ýmiss ýmissar (später ýmisrar) wechselnd.

§ 190. Nach gamall gehen die adj. und participia auf -all, -ull, -ill, -inn, -igr, -ugr, -agr, -iðr, z. B. fǫrull umherschweifend, pl. fǫrlir, lítill klein, pl. litlir (und lítlir), bundinn gebunden, máttigr mächtig, pl. máttkir (vgl. § 83), málugr gesprächig, pl. málgir, heilagr heilig, pl. helgir (vgl. § 44), nøkkviðr nackt, pl. nøkþir, nøktir (vgl. § 81 Anm.), valiðr gewählt, pl. valdir; sodann auch ýmiss, ýmiss wechselnd.

§ 191. Dabei gelten folgende Regeln:

1) Bei den participien auf -aðr, wie kallaðr gerufen, bei heimill, heimull verfügbar, auch bei andern adj. auf -l wie vesall elend, unterbleibt die Synkope; später auch bei denen auf -g und oft bei ýmiss (pl. ýmissir und ýmsir, ymsir, zuweilen ymsi!).

2) Bei den adj. und part. auf -iðr ist die Synkope im gen. dat. sg. f. und gen. pl. schon alt, später wird sie vollständig durchgeführt: nøkkviðr — nøkþir, nøktr nackt. valiðr — valdr gewählt (zu velja). Dies ist stets der Fall bei -d und -t im Wurzelauslaut: gladdr erfreut (zu gleðja), hvattr geschärft (zu hretja).

3) Die adj. auf -inn haben im ac. sg. m. die Form des nom., z. B. kristinn christlich; lítill klein und mikill gross haben im ac. sg. m. lítinn, mikinn, im nom. ac. sg. n. lítit, mikit.

4) Neben *ýfrinn* überschüssig steht ohne -*f*-: *ýrinn, órinn,* pl. *ýrnir* etc.

§ 192. Wie *grár* (wegen *grárr, grátt* vgl. § 117) gehn auch adj. mit andern Vokalen, z. B. *trúr* treu, *hlýr* lau u. a.

Anm. Formen wie *gráan, gráum* sind spätere Bildungen. vgl. § 34 f.

b) *wa-, wō-* Stämme.

§ 193. Paradigmen: *fǫlr* bleich, *hór* hoch.

	masc.	neutr.	fem.
1) Sg. N.	fǫl-r	fǫl-t	fǫl
G.		fǫl-s	fǫl-rar
D.	fǫl-um	fǫl-u	fǫl-ri
A.	fǫl-van	fǫl-t	fǫl-va
Pl. N.	fǫl-vir	fǫl	fǫl-var
G.		fǫl-ra	
D.		fǫl-um	
A.	fǫl-va	fǫl	fǫl-var
2) Sg. N.	há-r(r)	há-tt	hǫ́
G.		há-s(s)	há-r(r)ar
D.	hǫ́-(fu)m	hǫ́(-fu)	há-r(r)i
A.	há-fan	há-tt	há-fa
Pl. N.	há-fir	hǫ́	há-far
G.		há-r(r)a	
D.		hǫ́-(fu)m	
A.	há-fa	hǫ́	há-far

Anm. Wegen der alten Form *hór(r)*, für die später *hár(r)* eintritt, vgl. § 33 Anm.; wegen des Uebergangs von -*r*- in -*f*- § 78.

§ 194. Wie *fǫlr* flektiren u. a. *tryggr* treu, *þrǫngr* eng, *rǫskr* rasch, *ǫrr* rasch, freigebig, *þykkr, þjokkr, þjǫkkr* dick (vgl. § 30 f.), *gorr, gǫrr, gerr* bereit (alter *u*-, resp. *ja*-Stamm), *frǽr, frjór* fruchtbar, *mǽr, mjór, mjár* schmal, ebenso *slǽr* etc. stumpf (vgl. die §§ 32 Anm. 2 und 39 Anm.); wie *hár* auch *frór, frár* hurtig.

Anm. 1. Später dringt das -*v*- durch Ausgleichung auch in Formen wie *jǫlvum* ein. *Hárr* flektirt später auch wie *grárr* (§ 188).

§ 195—197. Starke adj. Decl.: *ja-* u. *jō-*Stämme. Schw. Decl.

Anm. 2. Wegen der Kons.-Verdoppelungen *hátt, hárrar* etc. vgl. § 117. — Der nom. *hǫss* grau (pl. m. *hǫsvir*) erklärt sich nach § 96, 1.

Anm. 3. Später gehen eine Anzahl dieser Stämme, wie *hár, frár, þykkr, myrkr* dunkel in die Flexion der *a-*Stämme (also ohne -*r*-) über; *myrkr* sowie *dyggr* treu, *hryggr* betrübt, flektiren auch nach der folgenden Klasse.

c) *ja-* und *jō-*Stämme.

§ 195. Paradigma: *sekr* schuldig.

	masc.	neutr.	fem.
Sg. N.	sek-r	sek-t	sek
G.	sek-s		sek-rar
D.	sek-jum	sek-ju	sek-ri
A.	sek-jan	sek-t	sek-ja
Pl. N.	sek-ir	sek	sek-jar
G.		sek-ra	
D.		sek-jum	
A.	sek-ja	sek	sek-jar

§ 196. Von kurzsilbigen geht wie *sekr* nur *miðr* mittlerer, von langsilbigen *nýr(r)* neu (vgl. *grárr!*) sowie mehrere auf -*g* und -*k*, wie *frægr* berühmt, *slǿgr* schlau, *gengr* gangbar, *ríkr* mächtig, *fátǿkr* armselig, *þekkr* angenehm, *sterkr, styrkr* stark u. a. Die meisten davon flektiren auch wie *a-*Stämme.

B. Schwache Declination.

§ 197. Zwei Arten von adjectiven sind hier zu unterscheiden:

a) Im Positiv und Superlativ flektiren die eigentlichen adjectiva im m. und n. sg. nach den *an-*Stämmen, im f. sg. nach den *ōn-*Stämmen; die eigentümlichen Pluralformen sind communia.

b) Die part. präs. in adjectivischer Function und die Comparative flektiren im f. sg. und im ganzen plur. wie *īn-*Stämme.

§ 198—201. Schwache adj. Declination.

a) Positiv und Superlativ.

§ 198. Als Beispiele können dienen: *spaki* der Verständige, *grái* der Graue.

	m.	n.	f.	m.	n.	f.
Sg. N.	spak-i	spak-a	spak-a	grá-i	grá	grá
G. D. A.		spak-a		spǫk-u	grá	grǫ́
Pl. N. G. A.		spǫk-u			grǫ́	
D.		spǫk-um			grǫ́-m	

Anm. Nom. ac. pl. hatten ursprünglich die Endung -*ūn*; -*u* wird später auch im dat. pl. durchgeführt.

§ 199. So flektiren nicht bloss die *a*-Stämme, bei denen die oben § 190 f. besprochene Synkope zu beachten ist (*gamli, máttki, helgi* etc.), sondern auch *wa*-Stämme wie *fǫlvi, ja*-Stämme wie *seki,* f. *sekja*.

§ 200. Viele, meist zusammengesetzte, adjectiva sind indeclinabel mit der steten Endung -*a*, woneben in alter Zeit auch oft nach der nom. sg. m. auf -*i* vorkommt, z. B. *andvaki, -a* schlaflos, *frumvaxta* ausgewachsen, u. s. w. (Hier entspricht der nom. pl. den got. schw. Formen auf -*ans*.)

b) Comparative und part. präs.

§ 201. Paradigmen: *spakari* weiser, *gefandi* gebend.

		m.	n.	f.
Sg.	N.	spakar-i	spakar-a	spakar-i
	G. D. A.		spakar-a	spakar-i
Pl. N. G. A.			spakar-i	
	D.		spǫkur-um	
Sg.	N.	gefand-i	gefand-a	gefand-i
	G. D. A.		gefand-a	gefand-i
Pl. N. G. A.			gefand-i	
	D.		gefǫnd-um	

Anm. Im späteren isl. geht der dat. pl. auch auf -*i* aus (= n. g. ac.).

Ueber die Bildung des Comparativs und Superlativs s. die Wortbildungslehre!

3. Kap. Zahlwörter.

a) Kardinalzahlen.

§ 202. Die ersten vier Zahlwörter sind declinirbar und flektiren folgendermassen:

		m.	n.	f.
1.	Sg. N.	ein-n	ei-tt	ein
	G.	ein-s		ein-nar
	D.	ein-um	ein-u	ein-ni
	A.	ein-n	ei-tt	ein-a
	Pl. N.	ein-ir	ein	ein-ar
	G.		ein-na	
	D.		ein-um	
	A.	ein-a	ein	ein-ar
2.	N.	tvei-r	tvau	tvǽ-r
	G.		tvegg-ja	
	D.		tvei-m(r)	
	A.	tvá	tvau	tvǽ-r
3.	N.	þrí-r	þrj-ú	þrj-ár
	G.		þrigg-ja	
	D.		þri-m(r), þrem(r)	
	A.	þrjá	þrj-ú	þrj-ár
4.	N.	fjór-ir	fjogur, fjugur	fjór-ar
	G.		fjogur-ra, fjugur-ra	
	D.		fjór-um	
	A.	fjór-a	fjogur, fjugur	fjór-ar

§ 203. Hierzu ist zu bemerken:

1) Wegen der Assimilation im n. *citt* (aus *eint) vgl. § 89, wegen *einnar* etc. (aus *einraʀ) § 96, wegen des ac. sg. m. *einn* § 59. Der plur. von *einn* bedeutet „irgend ein" oder „allein". In letzterer Bedeutung flektirt es auch schwach *(eini* u. s. w.).

§ 203—206. Kardinalzahlen. Ordinalzahlen.

2) Wegen des f. *tvǽr* (aus **tuáu*) vgl. § 20, wegen des gen. *tveggja, þriggja* § 110. wegen der dat.-Endung von 2 und 3 § 96, 5, wegen des acc. m. *trá* § 104, 2 und 40. Neben *tvau* (mit bewahrter Endung des n.: *-u!*) steht selten *tvá*.
3) Wegen des Accentwechsels in *þrjár, þrjú* (mit bewahrter neutr. Endung) und *þrjá* vgl. § 36.
4) Wegen *fjugur* vgl. § 30, wegen des *-g-* § 124, 5, wegen des Accentwechsels (*fjórir* etc.) § 36.

§ 204. Neben *tveir* steht in der Bedeutung „beide" ein altes compositum: *báđir*, das so flektirt:

	m.	n.	f.
N.	báđ-ir	bǽđ-i, báđ-i	báđ-ar
G.		begg-ja, báđ-ra	
D.		bǫ́đ-um	
A.	báđ-a	bǽđ-i, báđ-i	báđ-ar

Anm. Es ist dies eigentlich eine Zusammensetzung aus dem Zahlwort **bai* und dem bestimmten Artikel *þeir*, der in unbetonter Stellung verkürzt wurde (vgl. § 46); ersteres erscheint noch in dem gen. *beggja = tveggja*.

§ 205. Die Zahlen 5—20 sind indeclinabel, die Zahlen 30—110 werden mit dem *u*-Stamm *tigr* etc. (§ 160 Anm. 1) „Zehner" gebildet, z. B. *þrír tigir* 30. — *Hundrađ* bedeutet meist „120" und flektirt wie ein neutraler *a*-Stamm, z. B. *tvau hundruđ* „240"; *þús(h)und* bedeutet meist „1200" und flektirt als fem. *i*-Stamm, z. B. *tvǽr þús(h)undir* „2400", und hat einen neutralen *a*-Stamm *þúshundrad* als Nebenform.

b) Ordinalzahlen.

§ 206. „Der erste" heisst *fyrstr*, das als *a*-Stamm, oder *fyrsti*, das als *an*-Stamm flektirt; „der zweite" oder „der andere" flektirt so:

	m.	n.	f.
Sg. N.	annar-r	anna-t	ǫnnur
G.	annar-s		annar-rar
D.	ǫđr-um	ǫđr-u	annar-ri
A.	anna-n	anna-t	ađr-a

§ 206—208. Ordinalzahlen. Persönl. Pronomina. 67

Pl. N. aðr-ir ǫnnur aðr-ar
G. annar-ra
D. ǫðr-um
A. aðr-a ǫnnur aðr-ar

Anm. Beachte den Ausfall des -r- im ac. sg. m. annan sowie im nom. ac. sg. n. annat! Wegen des Wechsels von -nn- und -ð- (got. anþar!) vgl. § 72 und 94, wegen des n. annat § 211 Anm., wegen des ac. sg. m. annan ib.

§ 207. Die übrigen Ordinalzahlen auf -ði, -di oder -ti flektiren als an-Stämme, nur þriði „der dritte" als jan-Stamm (fem. þridja).

Alle andern Zahlworte s. unter „Wortbildung!"

4. Kap. Pronomina.

1. Persönliche.

a) Ungeschlechtige und reflexivum.

1. person. 2. person. 3. reflexivum.

§ 208. Sg. N. ek þú —
G. mín þín sín
D. mér þér sér
A. mik þik sik
Du. N. vit it —
G. okkar ykkar
D. A. okkr ykkr } = Sg.
Pl. N. vér ér —
G. vár yð(v)ar
D. A. oss, ǫss yðr } = Sg.

Anm. 1. Für ek, mik, þik und sik treten später auch ey, miy, þig und sig auf; ebenso für vit, it auch vid, id, vgl. § 82.

Anm. 2. Durch Anlehnung an die auf -ð auslautenden Verbalformen entstehen später die Formen þit, þér für it, ér (komiðér).

Anm. 3. In der Poesie wird ek in der verkürzten Form -k, -g dem Verbum angehängt (vgl. § 50, 2), z. B. mæltak ich sprach, sjákk ich sei, fréttag ich fragte. Treten die Negationspartikeln -a, -at hinzu.

§ 208—210. Persönliche und possessive Pron.

so steht nach haupttoniger Silbe -k, sonst -g: sékka ich sehe nicht, þorega ich wage nicht. Das -k kann auch zweimal stehen: mákak ich kann nicht.

Anm. 4. þú kann mit oder ohne Verkürzung, resp. Synkope des Vokals, enklitisch an Verbalformen antreten, wobei der Konsonant nach § 80, 75, 1 und 100 als ð, d oder t erscheint, z. B. hyrðu höre du, kennd(u) kenne du, estu bist du. Tu steht auch nach den Conjunctionen at dass und þótt (þó at) obgleich: attu, þóttu. — Die Negation at kann zwischen verb und pronomen eingeschoben werden: gaftattu gabst du nicht.

Anm. 5. mér, mik werden in alter Poesie unterschiedslos als -m und -mk dem verb angehängt, z. B. létum liessen mir, rǫkumk trieben mich, leið erumk leid sind mir. Dabei stehen statt der 3 pers. sg. die Pluralformen: gǫfumk er gab mir. Durch Verwechslung mit den Mediopassivformen entstehen später Bildungen wie -umz, -umzt, -umist, -unst.

b) Geschlechtige.

§ 209. Von dem geschlechtigen Personalpronomen hann er, kommt nur das masc. und fem. sg. vor. Das neutrum sowie der plural werden von dem Demonstrativpronomen sá der (§ 213) gebildet.

	m.	f.
Sg. N.	han-n	hon
G.	han-s	hen-nar
D.	hon-um	hen-ni
A.	han-n	han-a

Anm. Alte Nebenformen des dat. m. sind: hónom, hǫnom, hǫnum (vgl. § 23), des nom. f.: hón, acc. hána; eine jüngere Form des nom. f. ist hun. — Ueber den Vokalwechsel vgl. § 44.

2. Possessiva.

§ 210. Diese sind: minn mein, þinn dein, sinn sein (reflex.); okkarr unser beider, ykkarr euer beider; várr unser, yð(v)arr euer. — þinn und sinn flektiren genau wie minn. Die Formen sind:

	m.	n.	f.
Sg. N.	min-n	mi-tt	mín
G.	mín-s		min-nar
D.	min-um	min-u	min-ni
A.	min-n	mi-tt	min-a

§ 210—212. Possessivpronomina.

	m.	n.	f.
Pl. N.	mín-ir	mín	mín-ar
G.		mín-na	
D.		mín-um	
A.	mín-a	mín	mín-ar

Anm. Formen mit *i* statt *í* kommen in alter Zeit vor, ebenso Verwechslung von *nn* und *n* durch Ausgleichung. — Urnord. sind der nom. sg. f. *minu* und der ac. sg. m. *mininu* belegt.

§ 211. *okkarr* und *ykkarr* flektiren (abgesehen von dem wechselnd auftretenden inl. *v*) wie *yd(v)arr* (vgl. § 21). Die Formen des letzteren sind:

	m.	n.	f.
Sg. N.	yd(v)ar-r	yd(v)a(r)-t	ydur
G.		yd(v)ar-s	yd(v)ar-rar
D.	ydr-um	ydr-u	yd(v)ar-ri
A.	yd(v)a(r)-n	yd(v)a(r)-t	ydr-a
Pl. N.	ydr-ir	ydur	ydr-ar
G.		yd(v)ar-ra	
D.		ydr-um	
A.	ydr-a	ydur	ydr-ar

Anm. Der Schwund des -*r*- in *ydran* und *ydvat* erklärt sich durch die Schwachtonigkeit der Silbe, der fakultative des -*v*- durch Ausgleichung.

§ 212. Das poss. pron. der 1 pers. plur. hat mehrere Formen, die mit *vá-*, *ó-* und *oss-* nebeneinander anlauten. Die letzteren kommen fast nur in alten Gedichten vor, die ersteren verdrängen allmälig die *ó*-Formen.

	m.	n.
Sg. N.	vár-r	vár-t
G.	vár-s	
D.	ór-um, oss-um, vǫr-um	ór-u, oss-u, vǫr-u
A.	vár-n	vár-t
Pl. N.	ór-ir, oss-ir, vár-ir	ór, vǫr
G.	vár-ra	
D.	ór-um, osś-um, vǫr-um	
A.	ór-a, oss-a, vár-a	ór, vǫr

§ 212 214. Possessiv- und Demonstrativpronomina.

f.
Sg. N. ór, vǫ́r
G. vár-rar
D. vár-ri
A. ór-a, oss-a, vár-a
Pl. N. ór-ar, oss-ar, vár-ar
G. vár-ra
D. ór-um, oss-um, vǫ́r-um
A. ór-ar, oss-ar, vár-ar

Anm. *várr* gehört zu demselben Stamme wie *vér* wir; *ór-* und *oss-* dagegen zu dem von *oss* uns, ersterer mit, letzterer ohne grammt. Wechsel *(unzara : unsara,* vgl. § 124).

3. Demonstrativa.

§ 213. Das einfache pron. dem. *sá* der, flektirt folgendermassen, seine Formen aus den Stämmen *sa-* und *þa-* bildend:

	m.	n.	f.
Sg. N.	sá	þat	sú
G.		þess	þeir(r)ar
D.	þeim	því	þeir(r)i
A.	þann	þat	þá
Pl. N.	þeir	þau	þær
G.		þeir(r)a	
D.		þeim	
A.	þá	þau	þær

Anm. Alte Formen des dat. sg. n. sind *þvé, þí* (das *v* ist analogisch dem interrog. *hví*). — Die *rr*-Formen überwiegen später die *r*-Formen, vgl. § 117. — Häufig steht *þes, þan* statt *þess, þann*, und im Anlaut oft *d-* statt *þ-*, vgl. § 80 Anm. — Ueber *sá* vgl. § 40.

§ 214. Das aus dem einfachen dem. prom. und den Partikeln *-si* und *-a* zusammengesetzte pron. *sjá, þessi* dieser, flektirt in den ältesten Quellen so (jüngere Formen sind eingeklammert, die später herrschenden mit einem † versehen):

§ 214—216. Demonstrativpronomina.

	m.	n.
Sg. N.	sjá († þessi, þessir, þessur)	þetta
G.		þessa
D.	† þessum (þe(i)ma)	þvísa, † þessu
A.	þenna	þetta
Pl. N.	þessir	† þessi (þessur)
G.		þessa († þessa(r)ra)
D.		† þessum (þe(i)ma)
A.	þessa	† þessi (þessur)

f.

Sg. N. sjá († þessi, þessur)
G. þessar († þessa(r)rar)
D. þessa († þessa(r)ri)
A. þessa
Pl. N. þessar
G. þessa († þessa(r)ra)
D. † þessum (þe(i)ma)
A. þessar

Anm. 1. Aeltere Formen erscheinen noch auf jüngeren Runeninschriften, z. B. sg. nom. m. *sasi*, f. *susi*, n. *þatsi, þita*, ac. m. *þansi, þana*, f. *þasi*, dat. m. *þaimsi*, pl. nom. n. *þausi*, etc.

Anm. 2. Neben den *ss*-Formen stehen auch solche mit einfachem *s*, vgl. § 120, und *rs*, vgl. § 91 (umgekehrte Schreibung).

§ 215. Ein anderes dem. pron. ist *hinn* jener, das wie *minn* flektirt, aber stets kurzes *i* hat; später wird es auch als Artikel vor dem Adjectiv gebraucht, und hat dann im sg. n. die Form *hit* statt *hitt*, und im nom. ac. sg. m. oft *hin* statt *hinn*.

Anm. *hinn* jener steckt auch im adj. *hin(n)eg* hierher, dort (aus *hinveg), vgl. § 120.

§ 216. Als Artikel wird das pron. *enn, inn* gebraucht, das wie *hinn* flektirt und die entsprechenden Formen *et, it; en, in* hat. Während *enn* vor dem adj. steht, wird es dem subst. nachgesetzt, und verschmilzt allmälig mit demselben (wovon die Eddalieder schon einige Beispiele zeigen). Dabei sind folgende Regeln zu beachten:

§ 216—217. Angehängter Artikel.

1) Der anlautende Vokal des Artikels schwindet stets nach den Endungen -*a*, -*u* und -*i* (doch vgl. 4).

2) Nach flexivischem *r* schwindet der Anlaut des Pronomens ausser im nom. sg., wenn dem *r* ein Vokal vorhergeht und die Artikelform einfaches *n* hat, z. B. *sýr-in* die Sau.

3) Im dat. pl. schwindet das -*m* des Nomens vor der verkürzten Artikelform -*num*, z. B. *borđu-num* den Tischen.

4) Nach betontem Vokal kommt im dat. sg. der Artikel mit und ohne Vokal vor: *ę́-nni* und *ę́-inni*, dem Flusse.

5) Im dat. sg. der masc. und im ac. sg. fem. kommen Formen mit und ohne inneres -*i*- vor, z. B. d. *ulf(i)num* dem Wolfe, *streng(i)num* dem Strange, ac. *sól(i)na* die Sonne.

6) Beim nom. pl. der kons. Stämme steht bald synkopirter Artikel: *kverkr-nar* die Kehle, *mýss-nar* die Mäuse, bald unsynkopirter: *menn-inir* die Männer, *negl-inir* die Nägel.

Beispiele: zu 1): *boga-ns* des Bogens, *gǫtu-na* die Gasse (ac.), *borđi-nu* dem Tische; zu 2): *laugar-nar* die Bäder (nom.), aber *fjǫđr-ina* die Feder (ac.), *dagr-inn* der Tag, *móđir-in* die Mutter, *fađir-inn* der Vater.

§ 217. Paradigmen: m. *hani-nn* der Hahn, *draumr-inn* der Traum; f. *gata-n* die Gasse, *bygđ-in* die Wohnstätte; n. *aug-at* das Auge, *fat-it* das Gefäss, *epli-t* der Apfel.

	m.		f.	
Sg. N.	hani-nn	draumr-inn	gata-n	bygđ-in
G.	hana-ns	draums-ins	gǫtu-nnar	bygđar-innar
D.	hana-num	draum(i)-num	gǫtu-nni	bygđ-inni
A.	hana-nn	draum-inn	gǫtu-na	bygđ-ina
Pl. N.	hanar-nir	draumar-nir	gǫtur-nar	bygđir-nar
G.	hana-nna	drauma-nna	gatna-nna	bygđa-nna
D.	hǫnu-num	draumu-num	gǫtu-num	bygđu-num
A.	hana-na	drauma-na	gǫtur-nar	bygđir-nar

	n.		
Sg. N.	auga-t	fat-it	epli-t
G.	auga-ns	fats-ins	eplis-ins
D.	auga-nu	fati-nu	epli-nu
A.	auga-t	fat-it	epli-t

§ 217—219. Artikel. Relativa. Interrogativa.

Pl. N. augu-n fǫt-in epli-n
G. augna-nna fata-nna epla-nna
D. augu-num fǫtu-num eplu-num
A. augu-n fǫt-in epli-n

Wie *bygdin* bildet man auch *ǫ́-in* der Fluss, wie *fatit* auch *tré-it* der Baum.

Anm. 1. Zuweilen kommen im nom. ac. pl. des Artikels vor dem adj. auch Formen wie *enu*, *hinu*, gen. pl. *ennu*, *hinnu* vor, die ihre Endung dem folgenden schw. adj. entlehnen. z. B. *enu beztu menn*, die besten Männer.

Anm. 2. Neubildungen sind: im gen. sg. m. und n. seltener im f., wird bisweilen nur der Artikel (im n. auch *-ins!*) flektirt. während das subst. die acc.-Form hat: *smid-ins* des Schmiedes, *nafn-ins* (so!) des Namens, *skir-innar* der Taufe; oder es tritt im m. die gen.-Endung *-s* au den acc.: *dag-inn-s* des Tages, woraus durch Uebertragung auch beim n. *tré-inn-s* des Baumes. — Auch treten im nom. und acc. m. Ausgleichungen ein: nom. *svein-inn* der Knabe, acc. *sveinn-inn* den Knaben (statt und neben *sveinn-inn* und *svein-inn*) etc.

4. Relativa.

§ 218. Da ein eigentliches Relativpron. im german. nicht existirt, werden statt dessen meist die Partikeln *sem*, *es* (bisweilen *en*), später *er*, und die Conjunction *at* gebraucht, seltener die Interrogativpron. *hvat* was, *hverr (hvarr)* wer, *hvílíkr* welcher.

Anm. *es* wird oft als *-s* einem vorhergehenden Pronomen oder andern Satzteil, zu dem es gehört, enklitisch angehängt: *sás* derjenige welcher, *þanns* denjenigen welchen, *hvars*, dort wo, *þegars* sobald als, *hvárts*, *hvárz* ob.

5. Interrogativa.

§ 219. Diese sind:

1) Das defective einfache Fragepronomen „wer", „was", das nur im sg. m. und n. vorkommt, im m. nur im gen. und dat.:

	m.	n.
Sg. N.	—	hvat
G.	hvess	hvess
D.	hveim	hví
A.	—	hvat

§ 219—220. Interrogativpronomina. Indefinita.

Die fehlenden Formen werden aus dem folgenden genommen.

2) Alt *hvaðarr*, später stets durch Ausgleichung *hvárr* „welcher von beiden" (vgl. § 106), das wie ein st. adj. flektirt:

	m.	n.	f.
Sg. N.	hvaðar-r, hvár-r	hvár-t	hvǫr
G.		hvár-s	hvár-rar
D.	hvǫr-um	hvǫr-u	hvár-ri
A.	hvaðar-n, hvár-n	hvár-t	hvár-a
Pl. N.	hvár-ir	hvǫr	hvár-ar
G.		hvár-ra	
D.		hvǫr-um	
A.	hvár-a	hvǫr	hvár-ar

Anm. 1. Hierzu gehört der d. sg. n. *þópóru* nichts destoweniger (aus *þó-að-hóru, -hvǫru*, § 23).

3) *Hverr* „welcher von mehreren", das ebenfalls wie ein st. adj. (*ja*-Stamm) flektirt, hat nur im acc. eine Abweichung, indem die Prosa statt des alten poetischen ac. sg. m. *hverjan* stets *hvern* hat.

	m.	n.	f.
Sg. N.	hver-r	hver-t	hver
G.		hver-s	hver-rar
D.	hver-jum	hver-ju	hver-ri
A.	hver-jan, hver-n	hver-t	hver-ja
Pl. N.	hver-ir	hver	hver-jar
G.		hver-ra	
D.		hver-jum	
A.	hver-ja	hver	hver-jar

Anm. 2. Der ac. sg. f. heisst selten auch (schw.) *hverju*.

4) *Hvílíkr* „wie beschaffen" flektirt als st. adj.

6. Indefinita.

§ 220. Als unbestimmte pron. mit der Bedeutung „irgend einer" kommen vor: *einnhverr* oder *einshverr, nakkvarr, sumr, einn* und *neinn* (negativ): *eitthvat* nur sub-

§ 220—221. Pronomina indefinita.

stantivisch im nom. ac. sg. des neutrums. Dazu ist folgendes zu bemerken:
1) m. *Einnhverr*, f. *einhver*, n. *eitthvert* wird nur in der ältesten Zeit beiderseitig flektirt, später bleibt *ein-* (wofür auch *eins-*) unverändert.
2) Zu dem pron. *nekkverr*, *nøkkverr* oder *nekkvarr*, *nøkkvarr* (aus *ne veit ek hverr, hvarr*) tritt das neutr. *nekkvat*, *nøkkvat* (subst.) oder *nakkvat* (auch adj., aus *ne veit ek hvat*), die vermischt folgendes Paradigma in der älteren Sprache ergeben:

	m.	n.	f.
Sg. N.	nakkvar-r	nakkva(r)-t	nǫkkur
G.		nakkvar-s	nakkvar-rar
D.	nǫkkur-um	nǫkkur-u	nakkvar-ri
A.	nakkvar-n	nakkva(r)-t	nakkvar-a
Pl. N.	nakkvar-ir	nǫkkur	nakkvar-ar
G.		nakkvar-ra	
D.		nǫkkur-um	
A.	nakkvar-a	nǫkkur	nakkvar-ar

Früh tritt daneben *nǫkkvorr*, f. *nǫkkvor*, n. *nǫkkvot* auf, woraus sich das spätere gewöhnliche Paradigma *nǫkkurr*, f. *nǫkkur*, n. *nǫkkut* entwickelt, das folgendermassen flektirt:

	m.	n.	f.
Sg. N.	nǫkkur-r	nǫkku(r)-t	nǫkkur
G.		nǫkkur-s	nǫkkur-rar
D.	nǫkkur-um	nǫkkur-u	nǫkkur-ri
A.	nǫkku(r)-n	nǫkku(r)-t	nǫkkur-a
Pl. N.	nǫkkur-ir	nǫkkur	nǫkkur-ar
G.		nǫkkur-ra	
D.		nǫkkur-um	
A.	nǫkkur-a	nǫkkur	nǫkkur-ar

Anm. Alte Nebenformen sind: *nekkri*, *nøkkri* im d. sg. n.

3) *sumr* flektirt adjektivisch, *neinn* wie *einn* (s. § 202).

§ 221. Die negativen indef. pronomina sind: m. f. *engi* (aus *einn-gi*), n. *ekki* (aus *eitt-gi*) keiner, *manngi*

§ 221. Pronomina indefinita.

niemand, *vett-ki*, *vætt-ki* nichts, *hvár-gi* keiner von beiden.

1) *en-gi* hat gewöhnlich folgende Formen:

	m.	n.	f.
Sg. N.	engi	ekki	engi
G.	enski-s, enki-s		engr-ar
D.	eng-um, øng-um	eng-u, øng-u	eng-ri
A.	engi, eng-an	ekki	eng-a
Pl. N.	eng-ir	engi	eng-ar
G.		eng-ra	
D.		eng-um, øng-um	
A.	eng-a	engi	eng-ar

Von den Dativformen aus verbreitet sich jedoch schon früh der *u*-Umlaut auch auf andere Formen, mit Ausnahme von *engi*, *ekki* und *enskis*, *enkis* (also: *øngan* neben *engan* u. s. w.); vor Endungen die mit *a* oder *i* beginnen, tritt dann oft ein unorganisches *v*: *øngvar*, *øngvir* u. s. w.

Anm. Aeltere Formen zeigen noch die Entstehung des Pronomens aus flectirtem *einn* und dem Negationssuffix -*gi*, indem statt *e* oft noch der Diphthong *ei* auftritt und das innere -*i*- noch nicht synkopirt ist. Wichtigere Nebenformen sind (die neuen besternt): sg. nom. m. *eingi*, *einginn, f. *eingi*, *eingin n. *etke*; gen. f. *einegrar*, *ingvarrar; dat. n. *einoge*, f. *einegre*, *ingvarri; pl. nom. m. *eineger*, f. *einegar*, n. *eingin; g. *einegra*, *ingvarra, d. *einegom*.

2) *Mann-gi* wird meist von Dichtern gebraucht und flektirt nur singularisch:

Sg. N. manngi
G. manzki-s
D. mannigi
A. manngi

3) *vætki* (eigentlich „kein Wicht", „kein Wesen"), oder verkürzt: *vettki*, assimilirt: *vekki* (s. § 92), flektirt so:

Sg. N. A. vætki, etc.
G. vettugis (nach § 168)
D. vettugi

Anm. Das zugehörige *ey-vit* (aus *ei vætt) kommt nur adverbial in der Bedeutung „nicht" vor, auch im g. *eyvitar*, d. *eyvitu*.

§ 222. **Andere unbest. pronomina** sind: *hvatki, hvatvetna (vetna* g. pl. von *vættr* Wicht), *hvat* „was auch immer", *hvergi* „wer auch immer" (von mehreren), *hvárgi* id. (von zweien). Die beiden ersteren kommen nur im sg. vor und flektiren so:

1) Sg. N. A. hvatki   hvat-(hvet-, hot-)vetna
    G. hvesski-s   hversvetna
    D. hvígi   hvívetna

Anm. Ueber *hot* für *hvat* vgl. § 22. *hresskis* ist alt und selten.

2) *Hvergi* flektirt:

	m.	n.	f.
Sg. N.	hvergi	hver(t)ki	hvergi
G.	hver(s)ki-s		hverig-rar
D.	hveriungi, hverig-um	herig-u	hverig-ri, hverrigi
A.	hverngi, hvern(i)g-an	hver(t)ki	hverig-a
Pl. N.	hverigi-r	hver(i)gi	hverig-ar, hverigi
G.	hverig-ra		
D.	hverjungi, hverig-um		
A.	hverig-a	hver(i)gi	hverig-ar, hverigi

3) *Hvárgi* flektirt:

	m.	n.	f.
Sg. N.	hvárgi	hvár(t)ki	hvǫrgi
G.	hvár(s)ki-s		hvárrig-rar
D.	hvǫrungi, hvár(i)g-um	hvǫrugi, hvár(i)gu	hvárigri
A.	hvárngi, hvár(ni)gan	hvár(t)ki	hvár(i)ga
Pl. N.	hvár(i)gi-r	hvárgi	hvár(i)g-ar
G.	hvárig-ra		
D.	hvǫrungi, hvár(i)g-um		
A.	hvár(i)g-a	hvárgi	hvár(i)g-ar

§ 223. „Jeder" heisst *hverr* (von mehreren), *hvárr, hvárr-tveggi* oder *-tveggja* — auch *tveggja hvárr* — wenn von zweien die Rede ist. *Hverr sér* heisst „jeder für sich", *annarr hverr* „jeder zweite". Bei der Flexion bleibt *tveggja* und *sér* unverändert; in *hvárr tveggi* flektirt das erste Glied regelmässig, das zweite entweder als schw.

Adjectiv (§ 198) oder wie die Comparative und part. praes. (§ 201), letzteres besonders im nom. sg. f. und nom. ac. pl. n. Die Flexion dieses Compositums ist also:

m. n.
Sg. N. hvárrtveggi hvárttveggja
G. hvárstveggja
D. hvórumtveggja hvórutveggja
A. hvárntveggja hvárttveggja
Pl. N. hvárirtveggju hvórtveggju u. -tveggi
G. hvárratveggju
D. hvórumtveggjum
A. hváratveggju hvórtveggju u. -tveggi

f.
Sg. N. hvórtveggja u. -tveggi
G. hvárrartveggju
D. hvárritveggju
A. hváratveggju
Pl. N. hvárartveggju
G. hvárratveggju
D. hvórumtveggjum
A. hvárartveggju

Anm. Die ursprünglicheren Formen: Nom. sg. m. *hvadarr tveggi*, ac. *hvadarntveggja* sind alt und selten. Eine spätere Form des nom. pl. m. ist *hvárutveggju* (beide schw.).

§ 224. Schliesslich seien noch genannt: *bádir* „beide" (§ 204), *madr* man, *annarr hvárr* und *annarr tveggja* (letzteres bleibt unverändert) oder *annarrtveggi* (wie *hvárrtveggi*) „einer von zweien". Der Plural bedeutet: „die einen von 2 Parteien".

2. Abschnitt: **Conjugation.**

1. Kap. **Allgemeines.**

§ 225. Das aisl. Verbum hat folgende Formen:

1) Zwei genera, activum und medio-passivum, das letztere als speziell skandinavische Bildung mit reflexiver oder passiver Bedeutung und entstanden durch

Anhängung der Personalpronomina der ersten und dritten Person *(mik* mich, *mér* mir, *sik, sér* sich) an die entsprechenden activen Formen.

2) Zwei tempora, praesens und praeteritum (perfect), letzteres das allgemeine tempus der Vergangenheit.

3) Drei modi, indicativ, conjunctiv oder optativ, und imperativ, der jedoch nur im praesens vorkommt und die 2. Person sg. und pl., sowie eine 1. Person pl. bildet.

4) Zwei numeri, singular und plural.

5) Vier verbalnomina: infinitiv des praesens, infinitiv des praeteritums (nur bei einer Anzahl Verben), participium praesentis mit activer, und participium praeteriti mit passiver Bedeutung.

§ 226. Die verba werden nach der Art der Bildung ihres praeteritums in 3 Klassen eingeteilt: starke, schwache, und gemischte. In eine vierte Klasse können die verba *sein* und *wollen* gestellt werden, die verschiedene Eigentümlichkeiten aufweisen.

a) Starke verba.

§ 227. Diese bilden ihr praeteritum ohne Zusatz am Ende, bloss durch Ablaut oder Reduplication, ihr part. praet. auf *-inn.* Wir haben also:

1) Ablautende verba, z. B. *fara* fahren, *fór* fuhr, *farinn* gefahren.

2) Reduplicirende verba, z. B. *róa* rudern, *rera* ruderte, *róinn* gerudert. Bei den meisten dieser 2. Klasse ist jedoch die ursprüngliche Reduplication nicht mehr erkennbar, und sie gleichen daher nunmehr den ablautenden, z. B. *falla* fallen, *fell* fiel (got. *faifall), fallinn* gefallen.

b) Schwache verba.

§ 228. Diese bilden ihr praeteritum durch die Endung *-da, -þa, -da* oder *-ta,* und entsprechend das part. praet. auf *-dr, -þr, -dr* oder *-tr,* z. B. *føra* führen, *fǿrða* führte. *fǿrdr* geführt; *vekja* wecken, *vakþa, vakþr*; *selja* verkaufen, *selda, seldr*; *flytja* fortschaffen, *flutta fluttr*. Sie sind meistens abgeleitete verba und zerfallen nach den Ableitungssuffixen wieder in 3 Klassen: *ja-, ō-* und *ai*-Stämme. Weiteres s. unten.

c) Gemischte verba.

§ 229. Diese sind starke verba, die ihr praesens verloren haben und statt dessen das praeteritum in praesensbedeutung gebrauchen, wozu sie dann ein neues schwaches praet. und part. praet. bilden, z. B. *veit* weiss, *vissa* wusste, *vitaðr* gewusst. — Gelegentlich bilden auch andre als diese, praeterito-praesentia genannten, verba starke und schwache Formen nebeneinander.

Anm. Ueber *sein* und *wollen* s. unten § 278 f.

2. Kap. Tempusbildung.

a) Starke verba.

I. Ablautende verba.

§ 230. Die ablautenden verba bilden ihre tempus-Stämme durch den § 61 ff. besprochenen regelmässigen Wechsel des Wurzelvokals, und zerfallen darnach in 6 Klassen. Folgende Formen sind für die Flexion des Verbums bestimmend: 1) praesens, 2) 1. und 3. Person des sing. ind. praet., 3) plur. ind. und der ganze opt. praet., 4) part. praet. — Im folgenden ist als „a verbo" der Ablautsklassen stets der inf., die 1. Pers. sg. und pl. ind. praet., sowie das part. praet. angegeben.

Anm. Die ursprüngliche Einfachheit des Vokalsystems der st. verba ist im nordischen vielfach durch Umlaut, Brechung, Contraction, Quantitätsveränderungen und die Auslautsgesetze gestört worden.

Erste Klasse.

§ 231. Verba der ersten Ablautsreihe: *i — ei (é) — i — i*, z. B. *grípa* greifen, *greip, gripum, gripinn*, und mit *é* in der zweiten Form bei wurzelauslautendem *g* (vgl. § 33): *stíga* steigen, *sté, stigum, stiginn.*

Anm. 1. Wie *gripa* gehen noch: *klípa* kneipen; *drífa* treiben, *hrífa* greifen, *klífa* klimmen, *rífa* reissen, *svífa* schweben, *þrífa* ergreifen; *bíta* beissen, *dríta* scheissen, *hníta* stossen, *líta* sehn, *ríta* ritzen, *ríta* schreiben (= reissen), *skíta* scheissen, *slíta* zerreissen (= schleissen); *kvíða* sich ängstigen, *líða* gehn, *ríða* reiten, *ríða* drehn (= engl. *writhe*), *síða* zaubern, *skríða* schreiten, *sníða* schneiden, *svíða* sengen (auch schw.); *físa* pēdere, *rísa* sich erheben (e. *rise*): *gína* gähnen, *hrína* schreien, berühren, *hvína* kreischen, *skína* scheinen, glänzen.

Anm. 2. Wie *stíga* gehn noch: *hníga* sich neigen, *míga* mingere, *síga* sinken; daneben kommen aber sehr häufig die **Neubildungen** *steig* etc. vor.

Anm. 3. *Svífa, síða, líða, sníða, svíða, gína* bilden ihr praet. auch schwach: *svífða, sídda* etc.

§ 232. Besonderheiten sind noch: von *bíða* warten heisst das part. *beðinn (a-*Umlaut!); mit *i*-Suffix im Praesens-Stamme erscheint *blíkja* blinken; mit *j-* und *v-*Formen ebendort *svíkja, svíkva* betrügen, part. prät. *svikinn* und *svikvinn* (seltener *sýkva, sýkinn*), und *víkja* oder *víkva* weichen, part. *vikinn* (seltener *ýkva, ykvinn*). Die andern Formen sind regelmässig ohne *j* oder *v: sveik, svikum,* u. s. w.; ihr präsens bilden diese *j-* und *v-*Stämme auch nach Art der langsilbigen *ja*-Stämme, also 1. sg. *sýk(v)i,* 2. 3. *sýk(v)ir,* neben *svík, svíkr.*

Anm. Von einzelnen st. Verben erscheinen nur noch Reste: *snýr* es schneit, *snifinn* beschneit (poet.); *hnipinn* beklommen (*hnípa* ist selbst schwach), *vísinn* verwest, verwelkt, *þiðinn* geschmolzen (*þíða* schwach), *ðhlifinn* verwogen (*hlífa* hüten schw.), *tiginn* ausgezeichnet, vornehm (*tjá* = g. *teihan* zeigen ist schw.), *lé* ich leihe, *lénn* geliehen (*ljá* ist schw.).

Zweite Klasse.

§ 233. Die verba der zweiten Ablautsreihe zerfallen nach dem Präsensvokal, resp. -diphthongen in 3 Abteilungen: 1) mit *jó* im präsens, 2) mit *jú,* 3) mit *ú.* Die andern Vokale sind: *au (ó) — u — o,* z. B. *fljóta* fliessen, *flaut, flutum, flotinn; krjúpa* kriechen, *kraup; súpa,* saufen; und mit *ó* in der 2. Form bei wurzelauslautendem *g: ljúga* lügen. *ló, lugum, loginn.*

§ 234. Der Wechsel von *jó* und *jú* beruht nach § 16 darauf, ob die Wurzel auf einen Dental oder einen Labial und Guttural ausgeht; *ú* im Präsensstamme ist eine andere Ablauts-Form. Wegen des *ó* im prät. vgl. § 33!

Anm. 1. Wie *fljóta* gehn mit Dental: *brjóta* zerbrechen, *gjóta* giessen, *hljóta* bekommen (zu Los), *hrjóta* schnarchen, stieben, *ljósta* schlagen, *njóta* geniessen, *skjóta* schiessen, *þjóta* tosen, *þrjóta* aufhören; *bjóda* bieten, *hrjóda* reuten, *rjóda* röten. *sjóda* sieden; *gjósa* sprudeln, *hnjósa* niesen.

Anm. 2. Wie *krjúpa* gehn: *drjúpa* triefen, *kljúfa* spalten, *rjúfa* zerbrechen; *fjúka* stieben, *rjúka* rauchen. *strjúka* streichen.

Anm. 3. Wie *súpa* gehn: *lúta* sich beugen, *stúpa* hervorragen, *dúfa* niederdrücken (part. „erlahmt"); dann mit *jú*-Formen daneben: *lúka*, *ljúka* verschliessen.

Anm. 4. Wie *ljúga* gehn: *smjúga* sich schmiegen, und mit Doppelformen: *sjúga*, *súga* saugen, *fljúga fljúga* fliegen; daneben stehen dann die Neubildungen *laug* etc. (vgl. *steig* neben *sté!*).

§ 235. Besondere Abweichungen zeigen zwei verba mit auslautendem *s* und zwei *ja*-Stämme: *frjósa* frieren, *kjósa* wählen; *flýja* fliehen, *spýja* speien. Neben den Formen *frusum*, *frosinn* etc. der beiden ersteren erscheinen die alten (nach § 20 und 27 zu erklärenden) Formen mit grammatischem Wechsel *frørum*, *frørinn*, später *frerum*, *frerinn* (vgl. § 20 Anm. 4), wonach ein sg. *frøra*, *frera* nach Analogie des redupl. *rera*, *rørum* (von *róa* rundern) neben *fraus* gebildet wird. — *flýja* hat alt im sg. prät. *fló* (aus *flauh*), pl. *flugum* mit gramm. Wechsel, *spýja*: *spjó*, *spjóm*.

Anm. 1. *flýja* flektirt meist schwach: *flýda*, *flý(i)dr*, woneben *fleja*, *flóda*, *fléda*, *flóidr*, *fléidr*; *spýja* hat auch schw.: *spúda*, *spút* n.

Anm. 2. Reste starker verba sind: von biegen: *bugum*, *boginn*, von *hnjóda* schlagen: *hnaud*, *hnodit* n., von *hrjósa* schaudern: 3 sg. *hrýss*, praet. *hraus*; *toginn* gezogen (zum schw. v. *tjóa* helfen), *hrodinn* gefärbt, *lodinn* harig, *rotinn* verfault, *snodinn* dünnharig.

Dritte Klasse.

§ 236. Die verba der 3. Ablautsreihe zerfallen in 2 Unterabteilungen: a) die verba mit Nasal und Konsonant im Wurzelauslaut, und b) die verba die auf *l*- und

§ 236—237. Tempusbildung. Ablautende verba.

r-Verbindungen ausgehn. Einzelne, durch besondere Lautgesetze veränderte verba lassen sich jedoch in keiner dieser beiden Abteilungen mehr unterbringen.

§ 237. Klasse III a. Die auf geminirtes *m, n* oder auf *m, n* und Kons. ausgehenden verba mit den Vokalen *i — a — u — u* (vgl. § 14 f.), z. B. *spinna* spinnen, *spann, spunnum, spunninn; binda* binden, *batt, bundum, bundinn; springa* zerspringen, *sprakk, sprungum, sprunginn* (vgl. § 88).

Anm. 1. Wie *spinna* gehn: *rinna* ausführen, *finna* finden, *brinna* brennen, *rinna* rennen, *svimma* schwimmen (daneben *svima, symja* nach Kl. IV); wie *binda* mit *tt* aus *nt, nd* im prät.: *brinda* stossen, *vinda* winden; wie *springa: stinga* stechen. Gewöhnlich stehen jedoch statt *brinna* und *rinna* die schwachen verba *brenna* und *renna*.

Anm. 2. Die älteren plur. prät.- und part-Formen von *vinna, vinda* und *svimma* sind: *unnum, undum, undinn; summum* (vgl. § 102). Neben *funnum, funninn* finden sich mit grammat. Wechsel die Formen *fundum fundinn*.

§ 238. Klasse III b. Die auf *l-* und *r*-Verbindungen ausgehenden verba mit den Vokalen *e (ja) — a — u — o,* z. B. *snerta* berühren, *snart, snurtum, snortinn; bjarga* bergen (vgl. § 29), *barg, burgum, borginn*.

Anm. 1. Wie *snerta* gehen: *svelta* hungern, sterben, *velta* wälzen; *verpa* werfen; *serda* Unzucht treiben, *verda* werden; *hverfa* sich wenden, *sverfa* feilen; *svel(j)ga* verschlingen (vgl. § 111); *hella* treffen, *svella* schwellen, *vella* sieden; *þverra* abnehmen; ferner eine Anzahl verba, die ursprünglich zur vorigen Abteilung gehörten, aber ihr *n, m* (nach § 88) dem folgenden Konsonanten assimilirt und die Vokale *i* und *u* dabei in *e, o* verwandelt haben (vgl. § 25) — mit Ausnahme des analogisch neugebildeten plur. prät. auf *u* —: *detta* niederfallen, *kretta* mucken, *spretta* springen; *skreppa* gleiten, *sleppa* gleiten lassen; *drekka* trinken (aber part. *drukkinn*, vgl. § 25 Anm.); endlich mit *r* vor dem *e: bresta* bersten. — Wie *bjarga: gjalda* gelten, *gjalla* gellen, *skjalla* klatschen, *skjalfa* zittern, *hjalpa* helfen (auch schw.; prät. auch neugebildet *hjalp* neben *halp*). *gnesta* krachen geht wie *bresta*.

Anm. 2. Wenn dem Wurzelvokal ein *v* vorhergeht, muss dies lautgesetzlich vor *u* und *o* schwinden (§ 102): *urdum* wurden, part. *ordinn; hverfa: hurfum, horfinn*. Später wird es jedoch oft analogisch wiederhergestellt: *vurdum, hvorfinn*.

Anm. 3. Neben *sordinn* (von *serda*) steht die Form *strodinn*; neben *skroppinn* das Adjectiv *skorpinn* eingeschrumpft.

§ 239—240. Tempusbildung. Ablautende verba.

§ 239. Als Besonderheiten sind noch zu merken:
1) Die verba der 1. Abteilung mit *v*-Suffix im präsens,
z. B. *slyngva*, *slyngja* schleudern, bei denen die *u*-Umlautsgesetze (§ 21) sowie die Palatalisirungsgesetze (§ 111) zur Anwendung kommen. Die Formen sind: *slyngva*, *slyngja*, *slǫng*, *slungum*, *slunginn*.

Anm. 1. Ebenso gehn: *syngva*, *synga*, *syngja* singen, *þryngva*, *þryngja* drängen; *gyggva* verzagen, *tyggva* kauen (auch schw.). — Das präs. von *þryngva* hat neben *y* auch *e*: *þrengr*; nach solchen Formen sind die inf. *þrengva*, *þrengja* und *slengva* neugebildet.

2) Die verba auf ursprüngliches *inkw* zeigen Assimilation des *n*, Vokaltrübung und *v*-Umlaut: *søkkva* sinken, *sǫkk*, *sukkum*, *sokkinn* (vgl. § 25 und 88).

Anm. 2. Ebenso: *hrøkkva* weichen, *kløkkva* stöhnen, *støkkva* springen. — Der plur. prät. ist eine analogische Neubildung statt *sokkum*.

3) Das verb *bregda* ans Licht ziehn geht: *brá* (aus *brah*, *brag*, vgl. § 107, 2), *brugdum*; *brugdinn*; besondere Präsensformen haben: *hnøggva*, *hnøgga* stossen. *hnǫgg*, *hnugginn* und *sporna* anstossen, *sparn*, *spurnum*.

Anm. 3. Neben *bregda* findet sich auch ein (gewöhnlich schw.) *brigda* rügen, Anspruch machen; zu *hnǫggva* heisst die 3. sg. präs. *hnyggr*. *Sporna* geht auch schw. und hat neben sich die schw. Nebenform *spyrna*.

Anm. 4. Reste sind: *bolginn* geschwollen, *brugginn* gebraut, *holfinn* gewölbt (*holfa* ist schw.), *kroppinn* geschrumpft (*kreppa* ist schw.), *roskinn* gewachsen, *storkinn* erstarrt.

Vierte Klasse.

§ 240. Verben der vierten Ablautsreihe: *e* (*o*) — *a* — *ǫ* — *o*, z. B. *bera* tragen, *bar*, *bǫrum*, *borinn*; *troda* treten, *trad*, *trǫdum*, *trodinn*. Ueber *ǫ* vgl. § 21 Anm. 1.

Anm. 1. So gehn: *skera* schneiden, *stela* stehlen, *fela* verbergen (part. *folginn* mit grammat. Wechsel), *nema* nehmen (pl. prät. *nómum* vgl. § 23, part. *numinn*), *refa* (part. nach § 102 *ofinn*, pl. prät. nach § 23 *ófum* (neu: *vǫfum*), wonach *óf* neben *vaf* im sg.); *troda* hat auch ein schw. prät. *tradda*, part. *traddr*.

Anm. 2. Zu dem schw. *støkkva* löschen giebt es ein st. part. *slokinn*.

§ 241. Besondere Abweichungen zeigen: *svima* (auch schw. nach der ō-Klasse) *symja* schwimmen, *svam*, *sómum (svǫ́mum), suminn*, das auch als *svimma* nach Kl. III flektirt; *koma* kommen, *kvam, kom, kómum (kvǫ́mum), kominn*; *sofa* schlafen. *svaf, sófum (svǫ́fum), sofinn*. Vgl. die in Anm. 1 citirten §§!

Fünfte Klasse.

§ 242. Verba der fünften Ablautsreihe: *e (i) — a — ǫ — e*, z. B. *gefa* geben, *gaf, gǫ́fum, gefinn*; oder mit *ja*-Suffix im Präsens: *sitja* sitzen, *sat, sǫ́tum, setinn*.

Anm. 1. So gehn noch: *drepa* erschlagen; *feta* den Weg finden, *freta* pēdere (auch schw.), *geta* bekommen, *meta* abschätzen, *eta, éta* essen (prät. *át*); *leka* leck sein, *reka* treiben; *lesa* lesen; *vega* aufheben, wiegen, wägen; *trega* betrüben geht gewöhnlich schw., prät. *tregda* betranerte; *vega* töten hat im sg. prät. *rá* (aus *rah, *vag*), *kredu* sagen im pl. prät. *kódum* neben *kvǫ́dum* (§ 23).

Anm. 2. Wie *sitja* gehn: *bidja* bitten, *liggja* liegen und *þiggja* empfangen, die ihr *g* jedoch nur im präsens verdoppeln (vgl. § 114) und dasselbe im sg. prät. abwerfen: *lá, þá* (vgl. § 107, 2).

Anm. 3. Die verba *veja* und *sofa* sind aus dieser in die vorige Klasse übergetreten.

§ 243. Besondere Abweichungen zeigen: *fregna* (auch schw.) fragen, das sein *n* nur als Präsenssuffix hat: *frá, frǫ́gum, freginn*; *vesa* sein mit grammat. Wechsel: *vas, vǫ́rum, verit* n., und mit späterer Ausgleichung: *vera, var*; das contrahirte *sjá* sehen: *sá, sóm (sǫ́m), sénn* (vgl. § 34 ff.), *rokkva* dunkeln (vgl. § 115), part. *rokkvit* n.

Anm. Zu dem schw. *hvika* wanken gehört das st. prät. *hvak*; zu dem schw. *já* versprechen das st. part. *jáinn*.

Sechste Klasse.

§ 244. Verba der sechsten Ablautsreihe: *a (e) — ó — ó — a (e)*, z. B. *fara* fahren, *fór, fórum, farinn*; oder mit *e* im part. nach § 20 Anm. 1: *taka* nehmen, *tók, tókum, tekinn*; oder mit *ja*-Suffix im Präsens: *hefja* heben: *hóf, hófum, hafinn*.

Anm. Wie *fara* gehn: *ala* ernähren, *gala* singen, *kala* frieren, *mala* mahlen; *grafa* graben, *skafa* schaben; *hlada* anfladen, *vada* waten

86 § 245—247. Tempusbildung. Ablautende u. redupl. verba.

(prät. *vód* und *óð*); *vaxa* wachsen (prät. *óx*, pl. *óxum* und *vxum*); wie *taka: aka* fahren, *skaka* schütteln; *draga* ziehn (prät. *dró*); wie *hefja* (part. prät. meist schw.): *kefja* niederdrücken (auch schw.), *skepja* schaffen (part. prät. schw.), *sverja* schwören (prät. *svór* und *sór* oder schw., part. *svarinn* und *sorinn*).

§ 245. Besondere Abweichungen zeigen: 1) das im Präs. mit *n*-Infix gebildete *standa* stehn: *stóð*, *stóðum*, *staðinn*; 2) die contrahirten verba mit grammat. Wechsel *flá* schinden, *fló*, *flógum*, *fleginn* (ebenso: *klá* reiben, *slá* schlagen, *þvá* waschen mit prät. *þvó* und *þó*); endlich 3) die *ja*-Stämme: *deyja* sterben: *dó*, *dóm*, *dáinn* (ebenso *geyja* bellen); *hlæja* lachen, *hló*, *hlógum*, *hleginn*.

Anm. 1. *aka* geht auch schw.; *slá* bildet analog *sá* (§ 247) auch *slera*, *slera* etc. im prät.

Anm. 2. Isolirte Formen sind: prät. *hnóf* schnitt ab; von dem schw. *gnaga* nagen die 3 sg. ind. präs. *gneyr*; part. prät. *feginn* froh, *vakinn* wach (zu dem schw. *vaka*).

II. Reduplicirende verba.

§ 246. Die reduplicirenden verba zerfallen in 2 Klassen, nämlich 1) in solche, bei denen die Reduplication im präteritum noch erhalten ist, und 2) solche, bei denen sie durch Contractionen zerstört ist. Der ersteren gehören nur wenige verba an, der zweiten die meisten; und hier können wir wieder nach der Beschaffenheit des Wurzelvokals 6 Klassen unterscheiden, da sich die Vokale 1) *a*, 2) *á*, 3) *ó*, 4) *ei*, 5) *au* und 6) *ú* finden. — Das part. hat meist den Präsensvokal.

1. Hauptklasse: nicht contrahirte.

247. Bei diesen Verben besteht die Reduplication in der Vorsetzung des (resp. der) anlautenden Konsonanten mit dem Vokal *e* und *o*, der sg. des prät. lautet auf -*a* aus und wird schwach flektirt; das Particip ermangelt der Reduplication. So geht z. B. *róa* rudern, prät. *rera*, *rorum*, part. *róinn*; *sá* säen, *sera*, *sorum*, *sáinn*. — Etwas abweichend (wegen des Inlauts) ist die Bildung von *snúa* wenden, *snera* und — analog darnach — *gnúa* schaben, *gnera*; *gróa* keimen endlich geht wie *róa*: *grera*.

§ 248–249. Tempusbildung. Reduplicirende verba. 87

Anm. 1. Im pl. tritt oft Ausgleichung der e- und e-Formen (vgl. § 21) ein: *sera* und *serum* etc. Letzteres kann natürlich auch nach § 20 Anm. 4 erklärt werden!
Anm. 2. Das der 6. Ablautsklasse (vgl. § 245) angehörende *slá* bildet auch nach *sá* ein prät. *slera* neben *sló*; *sá* geht auch schwach; von *snúa* findet sich auch ein schw. part. prät. *snúdr* — Von *hnúa* zerreiben findet sich nur die 3. sg. prät. *bnere*. Wegen *frera* vgl. § 235.

2. Hauptklasse: contrahirte.

§ 248. Die verba der 1. Klasse haben im Präsens *a*, im Particip *a*, resp. *e, i*, im Prät. *e (i)*, z. B. *falla* fallen, *fell, fellum, fallinn*. — Hierher gehört auch ein verb mit *á* (contrahirt nach § 17 aus *an*), nämlich *fá* bekommen, *fekk, fingum, fengum, fanginn, finginn, fenginn* (vgl. unten zu *hanga*).

Anm. 1. Wie *falla* gehn: *falda* den Kopf bedecken, *halda* halten (prät. *felt, helt), blanda* mischen, *blett*; wie *já*, ausser im präsens: *hanga* hängen, *hekk, hengum, hanginn* (mit gramm. Wechsel), *ganga, gekk, gingum, gengum, ginginn, genginn*. Wegen der kons. Veränderungen vgl. § 73, wegen der vokal. (*sleginn*; *blett* aus *blint*) § 20 Anm. 1 und § 25. Ueber den Wechsel von *e* und *i* im prät. vgl. § 14. Formen wie *fengum, fanginn* sind natürlich Neubildungen nach *fekk, fallinn* u. a.
Anm. 2. Die Nebenform des conj. präs.: *fangi* ist gebildet wie *hangi*; *hanga* geht schw. immer im präs. ind., oft im prät., selten *falda*. — Eine isolirte Form ist *aldinn* alt.

§ 249. Die Verba mit den Vokalen *á* (ausser *fá*) und *ó* sowie dem Diphthongen *ei* bilden das prät. gleichförmig mit *é*, z. B. *blása* blasen, *blés, blésum, blásinn; blóta* opfern, *blét, blétum, blótinn; leika* spielen, *lék, lékum, leikinn*. Nur *sveipa*, fegen, wickeln, hat im prät. *sveip*.

Anm. 1. Wie *blása* gehn: *gráta* weinen, *hváta* durchbohren (prät. unbelegt, part. später *hvátat), láta* lassen, *ráda* raten, herrschen; wie *blóta* noch *sóa* feierlich töten (prät. unbelegt), samt dem isolirten part. *flókinn* verworren; wie *leika: heita* heissen, und das isolirte part. *eikinn* rasend.
Anm. 2. Seltnere Nebenformen sind: unbetont *lata* st. *láta;* prät. *greit, reid, leit (lit,* pl. *litum), heit, heitum.*
Anm. 3. *blóta* und *sóa* gehn auch schwach; letzteres hat eine schw. Nebenform *seja*. — In der Bedeutung „heissen, genannt werden" geht *heita* im präs. ind. nach Art der langsilb. *ja*-Stämme, also 1. sg. *heiti*.

88 § 250—251. Tempusbildung. Redupl. u. schwache verba.

§ 250. Die verba mit *au* und *ú* in der Wurzel bilden das prät. auf *jó, ju*, z. B. *ausa* schöpfen, *jós, jósum, jusum, ausinn; búa* wohnen, *bjó, bjuggum, bjoggum, bjeggum, búinn*. — Hierher auch: *hǫgg(v)a* hauen, *hjó, hjuggum* etc., *hǫgg(v)inn*.

Anm. 1. Wie *ausa* gehn: *auka* vermehren (auch schw.) und *hlaupa* laufen.

Anm. 2. Von dem hierher gehörigen *bauta* schlagen sind nur präs. ind. und part. prät. in compositis belegt, später erscheint prät. *bautada;* isolirt steht das part. *audinn* vom Schicksal bestimmt.

b) Schwache verba.

§ 251. Die drei Klassen der schwachen verba (§ 228) stimmen im allgemeinen überein in der Bildung ihres Präteritums und Participiums, wobei bloss das dentale Suffix je nach dem Stamm- oder Wurzelauslaut des Verbums wechselt. Nach der Art der Stammbildung zerfallen sie in 3 Klassen:

1) *ja*-Stämme (mit Umlaut des Wurzelvokals im inf.), die entweder a) kurzsilbige sind, wie *velja* wählen, oder b) langsilbige, wie *déma* urteilen (got. *dômjan*), mit Schwund des *j* (vgl. § 103, 2). Bei ersteren tritt der ursprüngliche Vokal im prät. auf -*da* und part. auf -*dr* oder -*idr* meistens wieder hervor: *valda, val(i)dr*, die 1. pers. sg. ind. präs. hat keine Endung: *vel*. — Bei letzteren bleibt der Umlaut auch in den prät. Formen: *démda, démdr*, die 1. sg. endet auf -*i*: *démi*.

2) *ō*-Stämme, die das zu *a* geschwächte *ō* (vgl. got. *salbōn*) als Suffix in den prät. Formen aufweisen: *kalla*, rufen, *kallada, kalladr;* die 1. sg. endet auf -*a: kalla*.

3) *ai*-Stämme, die das prät. gleich den *ja*-Stämmen, das part. prät. meist gleich den *ō*-Stämmen bilden: *duga* taugen, *dugda, dugat* n.; die 1. sg. endet auf -*i: dugi*.

Anm. Das -*ai*- dieser Stämme erscheint z. B. im got. *haban*, 2 sg. *habais*, ahd. *habēs*.

§ 252—255. Tempusbildung. Schwache verba.

1. Klasse: *ja*-Stämme.

a) kurzsilbige.

§ 252. Bei diesen kommt ausser dem Umlaut im Präsensstamme die verschiedene Gestaltung der Präteritalendung in Betracht. Während nämlich prät. und part. prät. gewöhnlich mit -*ð*- gebildet werden, findet sich daneben auch *d*, *þ* und *t*. Statt *ð* tritt

1) -*d* ein, wenn die Wurzel auf *d* auslautet (vgl. § 74), z. B. *gleðja* erfreuen, *gladda*, *gladdr*; später auch nach *l*, *n* und *m*, wo in älterer Zeit (ausser bei *selja* verkaufen) *ð* herrscht, z. B. *telja* erzählen, *talda*, *talda*, *taliðr*, *taldr*; *venja* gewöhnen, *vanda*, *vanda*, *vaniðr*, *vandr*; *temja* zähmen, *tamda*, *tamda*, *tamiðr*, *tamdr* (vgl. § 75);

2) -*þ*, wenn die Wurzel auf die Tenuis *k* oder *p* ausgeht, z. B. *vek(k)ja* wecken, *vakþa*, *vakiðr*, *vakþr*, wofür später auch *t* eintritt: *vakta*, *vaktr* (§ 81);

3) -*t*, ausser im letztgenannten Falle, wenn die Wurzel auf *t* oder *s* ausgeht, z. B. *flytja* fortschaffen, *flutta*, *fluttr*; *bysja* strömen, *busta*, **bustr* (vgl. § 95 und 100).

§ 253. Hierher gehören nach § 7 auch verba mit langem Wurzelvokal, wie z. B. *lýja* zerquetschen (part. prät. auch st.: *lúinn*), *lúða*, *lú(i)ðr*; *æja* weiden, *áða*, *á(i)ðr*. Vier derselben haben im prät. Formen mit und ohne Umlaut: *frýja* absprechen, *frýða* (selten *frúða*), *frý(i)ðr*; *gnýja* tosen, *gnúða* (selten *gnýða*); *hlýja* schirmen, *hlúða* (selten *hlóða*, vgl. § 21), n. *hlú(i)t*; *knýja* schlagen, *knýða*, *knúða*, *knú(i)ðr*, *knúi(i)dr*. — Zu got. *siujan* nähen, gehört das prät. *séða*, part. *séðr*, *séðr* (vgl. oben *hlýja*).

§ 254. Im prät. und part. behalten den Umlaut (durch Ausgleichung) bei: *selja* verkaufen, *selda*, *seldr* und *setja* setzen, *setta*, *settr*. Vgl. § 75 Anm.

§ 255. Im präsens gehen teilweise nach Art der langsilbigen: *fyrva* ebben, 3 sg. *fyrvir*, prät. *furði*; *melja*, *melva* zermalmen, präs. *mel* und *melvi*; *smyrja*, *smyrva* schmieren: *smyr* und *smyrvi*; *rekja* zum Fliessen bringen hat die Nebenform *vek(k)va*.

§ 256. Besonders zu merken sind noch die Formen *heyja* ausführen (präs. *hey*), *háða, há(i)ðr*; ebenso *þreyja* sich sehnen, das später inf. und präs. *þrá* bildet.

§ 257. Ueber das part. prät. ist noch zu merken: 1) *hyggja* meinen *(hygg, hugða, hugðr)* bildet das n nach der ō-Klasse: *hugat*.

2) Die unsynkopirten (älteren) Formen auf *-iðr* erscheinen nie bei verben auf *-ð* oder *-t* (z. B. *gleðja — glaððr, flytja — fluttr)*; auch bei den andern ist meist schon früh die Synkope eingetreten. Statt *-ið* tritt zu Anfang des 13. Jahrhunderts nach Analogie der starken verba *-in* ein im nom. sg. m. und f., gen. sg. m. und n., nom. ac. pl. n., sowie im gen. d. sg. f., ac. sg. m. und gen. pl., z. B. von *velja* wähleu: *valinn, valin, valins, valinnar* etc.

Anm. Den Anstoss dazu gab die gleiche Neutralform, z. B. *ralit = malit* gemahlen.

b) langsilbige.

§ 258. Bei diesen bleibt der Umlaut in den Formen des Präteritums, z. B. *férða, férðr*. Die Endung desselben beginnt auch gewöhnlich mit *-ð*, doch tritt dafür

1) *-d* ein, wenn die Wurzel auf altes *ll, nn* sowie auf *d* und *ð* ausgeht, z. B. *fella* fällen: *felda, feldr; kenna* kennen: *kenda, kendr; senda* senden: *senda, sendr; þýða* deuten: *þýdda, þýddr; hirða* bewachen hat *hirda* und *hirða*. — Später geschieht dies auch nach sonstigem *l* und *n*, z. B. in *sigla* segeln: *siglda, siglda; nefna* nennen: *nefnda, nefnda;* wiederum später nach *mb, m, lf* und *ng*, z. B. *kemba* kämmen: *kembda, kembda; dóma* urteilen: *dómda, dómda; skelfa* schütteln: *skelfda, skelfda; slongva* schleudern: *slongda, slongda*. Vgl. § 75!

Anm. *Skemma* sich schämen hat neben *skemda* auch *skamda*, das auf got. *skaman* beruht.

2) *-þ*, wenn das verb auf *k* und *p* ausgeht, z. B. *sokkva* senken: *sokþa; ópa* rufen: *ópþa*. Dafür tritt aber um 1200 schon *-t* ein. Vgl. § 81!

§ 259—262. Tempusbildung. Schwache verba.

3) -t nach t und s, z. B. *mǿta* begegnen: *mǿtta*; *lypta* aufheben: *lypta*; *hvessa* schärfen: *hvesta*. — So auch spät *hirta* statt *hirda, hirða*. Vgl. § 95 und 100!

§ 259. Doppelkonsonanz wird nach § 119 vor der Endung vereinfacht, z. B. *deggva* betauen: *dogda*; *kenna* kennen: *kendr*; ebenso wird nach Kons. *dd* und *tt* zu *d* und *t*, z. B. *senda, lypta* (vgl. § 118).

Anm. *henta* passen, *enda* enden, *eﬂa* in Stand setzen, können auch nach der ō-Klasse gehn: *hentaða* etc.

§ 260. Eine Anzahl verba bilden ihre prät.-Formen mit -t, obwohl sie auf *l* und *n* ausgehn, z. B. *villa* irre führen: *vilta, viltr*; *ræna* rauben: *rænta*. Wegen der Erklärung s. § 76!

Anm. 1. So gehn: *hella* giessen, *spilla* verwüsten, *stilla* beruhigen, *héla* sich bereifen (später mit *d*) *vela, véla* 1. sich beschäftigen, 2. betrügen, *mæla* sprechen (aber *m.* messen hat *d, ð!*), *stæla* stählen, *féla* höhnen (auch mit *d, ð*), *sýsla* verrichten, *vixla* wechseln, *exla* vermehren (bei diesen dreien kann *l* in den prät.-Formen nach § 109, a) schwinden); *nenna* wagen, *senna* zanken, *spenna* spannen, *ginna* bezaubern, *inna* ausführen, *minna* erinnern, *minnask* sich küssen, *þynna* dünn machen, *væpna* bewaffnen. Von diesen sind einige (wie *þynna*) erst durch Analogie in diese Klasse geraten.

Anm. 2. *sýsla, vixla, exla* gehn auch nach der ō-Klasse.

§ 261. Im inf. haben die verba auf *g* und *k* nach § 111 *ja*, z. B. *syrgja* trauern, *drekkja* ertränken. Schwankend ist es in *leig(j)a* mieten und *steik(j)a* braten. — Neben *-ja* erscheint *-va* in *byggva, byggja* wohnen, präs. *byggvi, byggi*, prät. *bygða*, ebenso in *hryggja* betrüben, *skyggja* beschatten, *styggja* erschrecken, *tryggja* beruhigen, *þrǫngja* drängen, *þriskja, þryskva* (mit *u*-Umlaut) dreschen, präs. *þryskvi, þriski*.

§ 262. Einige verba auf *k* hatten bereits urgermanisch in den ohne Mittelvokal gebildeten prät.-Formen *ht* (vgl. § 122) das nach § 87 zu *tt*, resp. *t* (§ 118) assimilirt wird. Hierher gehören: *sǿkja* suchen: *sótta sóttr*; *yrkja* machen: *orta, ortr* (später *orkta*), *þykkja* dünken: *þótta, þóttr*.

§ 263—266. Tempusbildung. Schwache verba.

Anm. Sampykkja einwilligen hat dagegen -þykþa, -þykta; þekkja gewahr werden (= denken) hat nur in der Poesie þátta (= dachte), sonst þekþa, þekta.

§ 263. Das verbum gorra machen (got. garwjan, d. gerben) hat mancherlei Formen: inf. gǫr(v)a, ger(v)a, gjǫr(v)a, präs. gǫrri etc., prät. gorða etc., part. gǫrr, gørr, gerr, gjǫrr (= gar). — Das Präsens flektirt: sg. 1. gǫr(v)i etc., 2. 3. gǫr(v)ir, pl. 1. gǫrum etc., 2. gǫr(v)ið, 3. gǫr(v)a. Ebenso geht smyrra, smyrja schmieren.

Anm. Die e-Formen sind nur poetisch. Wegen der Umlautserscheinungen etc. vgl. § 24 und § 30 f.

2. Klasse: ō-Stämme.

§ 264. Diese äusserst zahlreiche Klasse bildet das präs. auf -a, das prät. auf -aða, der part. auf -aðr, z. B. kalla rufen, kallaða, kallaðr. Hierher gehören besonders die verba auf -na mit inchoativer und passiver Bedeutung. wie rakna erwachen, aber auch viele Ableitungen von ja-, jō- und i-Stämmen, wie herja verheren: herjaða.

Anm. 1. Die letztern sind wohl von den eigentlichen ja-Stämmen wie berja schlagen, zu unterscheiden, bei denen -j- Verbalsuffix ist!

Anm. 2. flóa fluten und óask sich fürchten können das prät. auch nach der 3. Kl.: flóða, óðask bilden; synja verweigern später auch nach der ja-Kl.: synda, synda.

§ 265. Einige contrahirte verba auf -á bilden nach § 34 das Präsens auf -á, das prät. auf -áða, das part. auf -áðr, z. B. fá malen: fáða, fáðr.

Anm. So gehn noch: spá prophezeien, má abnutzen, strá streuen. þjá quälen u. a.

3. Klasse: ai-Stämme.

§ 266. Zu dieser gehört nur eine geringe Anzahl von Verben, die ihr prät. nach denselben Regeln wie die ja-Stämme (§ 252 und 258) auf -da, -þa, -ða, -ta, ihr part. prät. meist auf -aðr, seltener -ðr, -tr, bilden. Die 1. pers. sg. ind. präs. geht auf -i aus, der Wurzelvokal hat jedoch nur selten i-Umlaut, z. B. duga taugen: präs. dugi, prät.

§ 267—269. Tempusbildung. Schwache verba.

dugda, part. n. *dugat*. Wir können 4 Abteilungen unterscheiden.

a) uncontrahirte mit part. auf -*adr*.

§ 267. So gehen z. B. mit den bekannten Veränderungen des Dentals: *una* zufrieden sein: *unda*, *unda*; *skolla* schlenkern: *skolda*; *loda* anhaften: *lodda*; *vaka* wachen; *vakþa*, *vakta*; *brosa* lächeln: *brosta*; das part. kommt nur neutral als -*at* vor (*trúadr* gläubig ist adj.).

Anm. 1. Wie *duga* geht: *trúa* glauben, *holfa*, *hvalfa* gewölbt sein, part. st. *holfinn*, schw. n. *holfat*; *lifa* leben, das auch ein part. *lifdr* und *lifinn* „lebendig" bildet; *lafa* schlenkern; *rara* ahnen (unpersönlich); *stara* starren, *þora* wagen (part. selten *þort*), *ugga* fürchten, *grúfa* sich beugen: *mara* mit dem Steven im Wasser liegen, *stúra* betrübt sein. Die letzten 4 sind jedoch im part. nicht belegt. *spara* sparen hat gewöhnlich im part. *sparr*, n. *sparat* und *spart*.

Anm. 2. Wie *una* gehen: *gana* fortstürzen (später auch nach der ö-Klasse); *sama*, *sóma* geziemen (part. nur *samat*); *luma* loslassen, nur imp. *lumi!*); *þola* dulden (part. auch *þolt*).

Anm. 3. Wie *skolla* geht nur: *tolla* anhängen; wie *raka*: *gapa* gähnen, *drúpa* sich neigen, *gnapa* sich beugen, *flaka* gähnen, von denen die letzten 3 im part. nicht belegt sind; *húka* hocken hat ein st. part. *hokinn* (2. Abl.-Reihe), *blaka* flattern geht im präs. auch der ā-Klasse. — Wie *brosa* geht noch: *þrasa* schnauben (ohne part.).

b) uncontrahirte mit part. auf -*dr*.

§ 268. Auch hier erscheint im part. nur die Neutralform -*t*. Beispiele: *horfa* umkehren: *horfda*, *horft*; *skorta* mangeln: *skorta*, *skort*; *þola* dulden: *þolda*, *þolda*, *þolt* (und *þolat*).

Anm. Wie *skorta* gehn: *glotta* grinsen (ohne part.); *játta* bejahen und *spara* sparen gehn auch nach der ö-Klasse.

c) contrahirte.

§ 269. Diese haben im prät. -*da*, im part. -*dr*, selten -*inn*. Beispiele: *gá* achten: präs. *gái*, prät. *gáda*, part. *gádr*. Ebenso gehn: *já* versprechen, *ná* bekommen.

Anm. *já* bildet sein präsens auch als *já* nach der ó-Klasse (§ 265) und hat selten im part. *jáinn*; *ná* hat im m. des part. die Form *nádr*, im n. *náit*.

§ 270—272. Tempusbildung. Schwache u. gemischte verba.

d) unregelmässige.

§ 270. Mit Umlautsformen und Vokalveränderungen erscheinen:

inf.	präs.	prät.	part.
bægja quälen:	*bági*	*bágda*	—
hafa haben:	*hefi*	*hafða*	*hafðr*
kaupa kaufen:	*kaupi*	*keypta*	*keyptr*
segja sagen:	*segi*	*sagða*	*sagðr*
þegja schweigen:	*þegi*	*þagða*	*þag(a)t* n.
ljá leihen:	*lé*	*léða*	*léðr*
tjá zeigen:	*té, tjá(i)*	*téða, tjáða*	*téðr, tjáðr*

Anm. 1. Alte poetische Nebenformen sind: von *hafa* das part. n. *hafat*; von *segja* das part. *sagaðr*. — Zu *tjá* gehört das adj. *tíginn* (eigentlich st. part.).

Anm. 2. Von *kligja* sich ekeln erscheint nur der inf. und das präs. *kligi*.

§ 271. Die präs. Formen von *hafa* und *segja* (ebenso *þegja*) lauten im ind.:

Sg. 1. *hefi*   *segi*
    2. 3. *hefir*   *segir*
Pl. 1. *hǫfum*   *segjum*
    2. *hafið*   *segið*
    3. *hafa*   *segja*

Anm. Alte Nebenformen sind: 1. sg. *hef, seg*, 2. *hefr, segr*.

c) Gemischte verba.

1. Präterito-präsentia.

§ 272. Dies sind ursprünglich starke verba, deren präsens verloren gegangen ist, und deren Präteritum (perfect) präsentische Bedeutung angenommen hat (wie gr. οἶδα weiss, lat. *memini* erinnere mich). Sie haben dann ein neues schwaches präteritum und einen neuen infinitiv, der sich dem plur. präs. anschliesst, gebildet. Bei einigen treten im ind. pl. des präsens früh die wirklichen präs. Endungen neben den alten präteritalen auf, so dass die 2. und 3. Person auf -*uð*, -*u* oder auf -*ið*, -*a* ausgeht.

§ 273—275. Tempusbildung. Präterito-präsentia.

§ 273. Erste Ablautsreihe:
1) *vita* wissen; präs. ind. 1. sg. *veit*, 2. *veizt*, pl. *vitum;* prät. *vissa;* part. präs. *vitandi*, prät. *vitadr*. — *Vetka* weiss nicht (aus *veit ek a*, vgl. § 44); adj. *viss* sicher (eigentlich „gewusst", altes part. prät.). *viss* weise.
2) *eiga* besitzen; präs. ind. 1. sg. *á* (aus *aih*), 2. *átt*, pl. *eigum* etc. oder mit Präsensendungen *-id*, *-a;* prät. ind. *átta*, conj. *ætta;* part. *eigandi*, *áttr*. — Adj. *eigiun* eigen (altes part. prät.).

§ 274. Dritte Ablautsreihe:
a) Mit Doppelnasal:
1. *unna* lieben (= g-önnen); präs: *ann*, *ant*, pl. *un- num* etc. oder mit Präsensendungen *unnum*, *-id*, *-a;* prät. ind. *unna* (aus *unpa*), conj. *ynna;* part. *unnandi*, *unn(a)t* n.
2. *kunna* können geht gerade so; adj. *kudr*, *kunnr* kund (altes part.).

b) Mit *r* und Kons.:
3. *þurfa* bedürfen, präs. ind. *þarf*, *þarft*, pl. *þurfum;* prät. ind. *þurfta*, conj. *þyrfta;* part. *þurfandi*, *þurft* n.

Anm. *þurfa*, *þurfta* mit *u* st. *o* (das im norweg. vorkommt) sind Ausgleichungen nach den vorhergehenden verben.

§ 275. Vierte Ablautsreihe:
1) *muna* sich erinnern; präs. *man*, *mant*, pl. *munum* etc., woneben mit Präsensendungen sehr häufig *-id*, *-a;* prät. ind. *munda*, *munda*, conj. *mynda*, *mynda;* part. *munandi*, *munat* n.

2) *mono*, *munu* werden; präs. ind. *mon*, *mun*, 2. *munt*, *munn*, pl. *monom*, *munum*, conj. *muna*, *myna;* prät. ind. *munda*, *monda*, *mynda*, *menda*.

Anm. 1. *mono*, *munu* ist ein inf. prät., vgl. unter „Endungen".

3) *skolo*, *skulu* sollen; präs. ind. *skal*, 2. *skalt*, *skall*, pl. *skolom*, *skulum*, conj. *skula*, *skyla;* prät. *skylda*, seltener *skulda;* part. *skulandi*, adj. *skyldr* schuldig.

Anm 2. Auch hier haben wir einen inf. prät. Der Umlaut im ind. prät. beider verba stammt aus dem conj.

§ 276. Fünfte Ablautsreihe:

1) *mega* können, vermögen: präs. ind. *má* (aus **mah*, **mag*), *mátt*, pl. *megum* (auch mit Präsensendungen); prät. ind. *mátta* (aus **mahta*), conj. *mǽtta*; part. *megandi*, *mátt* oder (selten) *megat*.

2) *knǫ́ttu* können (zu engl. *know*) geht nach der Analogie von *mega*: *knǫ́* etc., ermangelt aber des part. prät., und besitzt nur einen inf. prät. (wie *munu*, *skulu*). Selten lautet das prät. *knáða* statt *knátta*.

2. *valda* walten.

§ 277. Dieses geht im präsens *(veld* etc.*)* und part. prät. stark *(valdit* n.*)*, bildet aber ein schw. prät. *olla* (aus **wolþa*), später *olda*, und mit Wiedereinführung des *v-*: *rolla*, *rolda*, wozu dann auch ein part. prät. *roldit*, *ollat* vorkommt.

d) Die verba *sein* und *wollen*.

1. *vesa*, *vera* sein.

§ 278. Dieses starke verbum hat eigentümliche alte Formen im Präsens (die älteren stehen voran):

	Ind.		Conj.	
Sg. 1.	em	Pl. erum	Sg. 1. sjá, sé	Pl. sém
2.	est, ert	eruð, erut	2. sér	séð, sét
3.	es, er	eru	3. sé	sé

Das prät. ist *vas*, *vǫrum*, conj. *væri*, vgl. § 243, imp. *ves*, part. *vesandi*, *verit* n. — Später werden die auf grammat. Wechsel beruhenden *r*-Formen überall durchgeführt.

Anm. 1. Das präsens ist von einer Wurzel *es* gebildet (vgl. lat. *es-t*, *s-um*, *s-im*) Selten und alt sind 2. sg. *es*, *er*, 3. sg. *ves*. — In alten Dichtungen können die verkürzten Formen *-s*, *-rum*, *-rud*, *-ru* statt *es*, *erum* etc. enklitisch angehängt werden, vgl. § 50, 2.

Anm. 2. Seltene conj. Formen sind *verir* und *vesi*, *veri* in der 2. 3. sg., *séim*, *séið* *(séit)*, *séi* im pl.

2. Das verbum *vilja* wollen.

§ 279. Von diesem verbum kam im Präsens ursprünglich nur ein Optativ (Conjunctiv) mit Indicativbedeutung vor, von dem auch das nord. noch Spuren bewahrt; dazu ist dann ein neuer Ind. gebildet worden:

Sg. 1. vil   Pl. viljum
    2. vill, vilt   vilið, vilit
    3. vill   vilja

Conj. *vilja, vilir* etc.; das prät. lautet *vilda*, das part. *viljandi, viljat* n.

Anm. Die (dichterische) 1. sg. ind. *vilja* ist = got. *wiljau*, *vill* steht für *vilʀ* nach § 96, 2.

3. Kap. Die Endungen.

I. Activum.

§ 280. Vor der Besprechung der einzelnen Endungen seien hier 6 paradigmata zur Uebersicht und Einübung gegeben, nämlich für die st. conj. *skjóta* schiessen und *falla* fallen (§§ 233 f. und 248), für die schw. die *ja*-Stämme *krefja* verlangen, *dǿma* urteilen (§§ 252 und 258), der *ō*-Stamm *elska* lieben (§ 264) und der *ai*-Stamm *vaka* wachen (§ 266 f.).

Präsens.

Indicativ.

Sg. 1.	skýt	fell	kref	dǿm-i	elsk-a	vak-i
2. 3.	skýt-r	fell-r	kref-r	dǿm-ir	elsk-ar	vak-ir
Pl. 1.	skjót-um	foll-um	kref-jum	dǿm-um	elsk-um	vǫk-um
2.	skjót-ið	fall-ið	kref-ið	dǿm-ið	elsk-ið	vak-ið
3.	skjót-a	fall-a	kref-ja	dǿm-a	elsk-a	vak-a

Conjunctiv.

Sg. 1.	skjót-a	fall-a	kref-ja	dǿm-a	elsk-a	vak-a
2.	skjót-ir	fall-ir	kref-ir	dǿm-ir	elsk-ir	vak-ir
3.	skjót-i	fall-i	kref-i	dǿm-i	elsk-i	vak-i
Pl. 1.	skjót-im	fall-im	kref-im	dǿm-im	elsk-im	vak-im
2.	skjót-ið	fall-ið	kref-ið	dǿm-ið	elsk-ið	vak-ið
3.	skjót-i	fall-i	kref-i	dǿm-i	elsk-i	vak-i

§ 280. Verbalendungen.

Imperativ.

Sg. 2. skjót   fall   kref   dóm   elsk-a   vak-(i)
Pl. 1. (= ind.
    2. (

Infinitiv.

skjót-a   fall-a   kref-ja   dóm-a   elsk-a   vak-a

Participium.

skjót-andi fall-andi kref-jandi dóm-andi elsk-andi vak-andi

Präteritum.

Indicativ.

Sg.
1. skaut   fell   kraf-ða   dóm-ða   elsk-aða   vak-þa
2. skauz-t fell-t kraf-ðir   dóm-ðir   elsk-aðir   vak-þir
3. skaut   fell   kraf-ði   dóm-ði   elsk-aði   vak-þi

Pl.
1. skut-um fell-um krǫf-ðum dóm-ðum elsk-uðum vǫk-þum
2. skut-uð fell-uð krǫf-ðuð dóm-ðuð elsk-uðuð vǫk-þuð
3. skut-u   fell-u   krǫf-ðu   dóm-ðu   elsk-uðu   vǫk-þu

Conjunctiv.

Sg.
1. skyt-a   fell-a   kref-ða   dóm-ða   elsk-aða   vek-þa
2. skyt-ir fell-ir kref-ðir dóm-ðir elsk-aðir vek-þir
3. skyt-i   fell-i   kref-ði   dóm-ði   elsk-aði   vek-þi

Pl.
1. skyt-im fell-im kref-ðim dóm-ðim elsk-aðim vek-þim
2. skyt-ið fell-ið kref-ðið dóm-ðið elsk-aðið vek-þið
3. skyt-i   fell-i   kref-ði   dóm-ði   elsk-aði   vek-þi

Participium.

skot-inn fall-inn kraf-(i)ðr dóm-ðr elsk-aðr n. vakat

Bemerkungen zu den Endungen.

a) Infinitiv.

§ 281. Derselbe endet auf *-a* (aus *-an*, resp. *-ōn*), das mit vorhergehendem *á* zusammengezogen wird: *slá* schlagen (aus *slahun*), *spá* prophezeien, bei vorhergehendem Palatalvokal den Accent auf sich zieht: *ljá* leihen, *sjá* sehen (vgl. § 36).

Anm. Das *-a* bleibt jedoch unbetont in *sia* seihen etc., vgl. § 37.

§ 282. Die 3 verba prät.-präs. *skulu* sollen, *munu* werden und *knǫttu* können haben einen inf. prät., der dieselbe Form hat wie die 3. pers. pl. ind. präs. Ein solcher wird auch in der Poesie, seltener in der Prosa, von einer Anzahl anderer verba gebildet, so besonders *vildu* zu *vilja* wollen, *urðu* zu *verða* werden. Poetische Formen sind: *mǽltu* sprechen *(mǽla)*, *skiptu* schalten *(skipta)*, *sendu* senden *(senda)*, *bendu* beugen *(benda)*, *fóru* fahren *(fara)*, *stóðu* stehen *(standa)*, *vǫ́ru* sein *(vesa)*, *kunnu* können *(kunna)*, *mǫ́ttu* können *(mega)*, *mistu* verlieren *(missa)* u. s. w.

Anm. Den Anstoss zu dieser Neubildung gaben einerseits die Uebereinstimmung des inf. präs. mit der 3. pl. ind. präs. *(fara)*, andererseits Sätze wie: *ek sá þá fóru* (= *þá fara* oder *þeir fóru*) ich sah [dass] sie fuhren.

b) Indicativ.

1. Präsens.

§ 283. Die Endungen der verschiedenen Verbalklassen sind:

	1. starke.	2. kurzs. *ja*-St.	3. langs. *ja*- und *ai*-St.	4. ō-St.
Sg. 1. Pers.	—	—	-i	-a
2. 3. „	-r	-r	-ir	-ar
Pl. 1. „	-um	-jum	-um	-um
2. „	-ið	-ið	-ið	-ið
3. „	-a	-ja	-a	-a

§ 284. Diese Endungen beeinflussen den Wurzelvokal resp. -diphthongen folgendermassen:

1) Die Endung *-r* der 2. und 3. pers. sg. bewirkt *i*-Umlaut bei den starken Verben der 2. und 6. Klasse sowie bei den reduplicirenden, z. B. *súpa* saufen: *sýpr*, *krjúpa* kriechen: *krýpr* (vgl. § 103, 2); *taka* nehmen: *tekr*; *hlaupa* laufen: *hleypr*, *hǫggva* hauen: *høggr*, *búa* wohnen: *býr*,

§ 284—285. Verbalendungen: Ind. präs.

ganga gehn: gengr, gráta weinen: grætr, blóta opfern: blótr; entsprechend haben die verba der 3. Klasse mit Brechung e: bjarga: bergr, hjalpa: helpr. Die verba der 4. Klasse mit o als Wurzelvokal haben ø (resp. e nach § 20 Anm. 4): kømr, trøðr, søfr. Merke endlich hnøggva stossen (§ 239, 3): hnyggr.

Anm. 1. Bei den Verben der 3. bis 5. Ablautsreihe ist der urgermanische i-Umlaut durch Ausgleichung nach dem pl. etc. geschwunden, z. B. brestr birst, nemr nimmt, gefr giebt u. s. w. — Statt bergr etc. sollte es natürlich eigentlich *birgr heissen, vgl. § 14, 1. — Ebenso fehlt der i-Umlaut durchaus in der 2. pers. pl. (helpið, fallið) durch den Einfluss der 1. und 3.

2) Bei denselben Verben ist der i-Umlaut durch Ausgleichung nach der 2. und 3. Person auch in die erste gedrungen; sýp, tek, hleyp etc., die ursprünglich die Endung -u hatte (ahd. faru).

3) Die Vokale a und á der starken verba sowie der ai- und ō-Stämme erleiden in der 1. Pers. pl. u-Umlaut, z. B. fǫrum wir fahren, blǿsum blasen, gǫpum gähnen, kǫllum rufen.

Anm. 2. Dagegen bleibt e, z. B. in berum, durch Ausgleichung!

4) Bei den ja-Stämmen ist der i-Umlaut überall durchgeführt, bei den ai-Stämmen nur bei segja und þegja (vgl. § 271) ganz, bei hafa nur im sg. (vgl. ib.).

§ 285. Ueber die Endungen selbst ist zu merken:
1) Die 1. sg. nimmt bisweilen die Endung der 3. an, besonders bei vesa, vera sein, hafa haben, segja sagen.

Anm. 1. Dichterisch ist oft die 1. sg. der 1. pl. gleich: þjónum ich diene, hyggjum denke; bei den ō-Stämmen tritt in der Poesie zuweilen -i statt -a ein, wenn das pron. angehängt wird, z. B. kalligak rufe ich nicht, ætlig denk ich (vgl. § 82).

2) Wenn die Endung -r der 2. und 3. sg. mit auslautendem l, r, n, s der Wurzel zusammentrifft, so kommen die Regeln von § 96 zur Anwendung, vgl. gala singen: gell und gelr, skilja scheiden: skill und skilr (selten skil), hylja hüllen: hylr (selten hyl), falla fallen: fellr; skína glänzen:

§ 285—286. Verbalendungen: Ind. präs.

skín(n), *venja* gewöhnen: *venr*, *fregna* fragen: *fregn*, *brenna* brennen: *bredr* und *brennr* (alt *brenn*), *finna* finden: *fidr* und *finnr*; *fara* fahren: *ferr* (selten *fer*), *þverra* abnehmen: *þverr*; *frjósa* frieren: *frýs(s)*, *lesa* lesen: *les(s)*, *vaxa* wachsen: *vex*.

Anm. 2. Die Endung der 3. pers. war ursprünglich *-þ* oder *-d*, hat aber früh die Form der 2. (*-r* = *-R* = *-z*) angenommen, wie im englischen. Die alte Form erscheint noch in dem häufigen *þykki (þikki) mér, þér* scheint mir, dir (aus *þykkid þér*, vgl. § 120).

3) In der 1. pl. fehlt das *-m* oft vor den pronomina *vit (mit)* wir zwei, und *vér (mér)* wir, z. B. *bindu vit, vér* binden wir.

4) In der 2. pl. fehlt das *-d* der Endung *-id* vor den pron. *þit* ihr zwei, *þér* ihr, und auch sonst oft vor *þ-*, z. B. *bindi dit, dér, dá* bindet ihr, sie. — Statt *-d* findet sich auch *-t*, das später häufiger als *-d* wird.

5) Bei den contrahirten Verben gelten die §§ 34 ff., z. B. im sg. der 4. Klasse: *spá* prophezeihen: *spá, spár*; im pl. der 1.: *fá* bekommen: *fǫm*, 3. pers. *fá*; *tjóa* ausreichen: *tjóm*; *sjá* sehen: *sjóm, séd, sjá*; *róa* rudern: *róm*; *snúa* wenden: *snúm*; im pl. der 2.: *gnýja* tosen: *gný(i)d*; *æja* weiden: *æ(i)d*; *gá* achten: *gǫm, gá*; *trúa* glauben: *trúm*; im pl. der 4. *spá*: *spǫm, spá*; *knía* diskutiren: *kníd*, u. s. w.

Beachte den Wechsel von *já* und *é* bei *sjá* sehen: sg. *sé, sér*; *ljá* leihen: *lé*, *tjá* zeigen: *té* (vgl. § 270).

Anm. 3. Später werden analogisch die uncontrahirten Formen wieder hergestellt: *jáum, séid* u. a.

§ 286. Auslautendes *j* und *v* der Wurzel schwindet nach § 102 und 103 im Auslaut, vor Konsonanten, sowie vor palatalen, resp. gutturalen Vokalen, vgl. *hefja* heben: *hef, hefr, hefid*; *hǫggva* hauen: *hǫgg, hǫggr, hǫggum*.

NB. Vgl. noch wegen besonderer Unregelmässigkeiten die §§ 232, 239, 255, 261, 263, 271, 278 f.

2. Präteritum.
1) Starkes.

§ 287. Die 1. und 3. pers. sg. haben keine Endung, die 2. hat -t; die Pluralendungen sind: 1. pers. -um, 2. -ud, -ut, 3. -u (aus -un).

§ 288. Besondere Abweichungen sind:
1) In der 1. sg. kommt bei Dichtern auch die Pluralendung -um vor (vgl. § 285 Anm. 1).

2) In der 2. sg. wird das -t nach langen Vokalen gedehnt: bjótt wohntest, von búa (vgl. § 117). Endet die Wurzel auf -t, so wird dies vor dem -t der Endung in z verwandelt (das letzte -t kann auch abfallen), z. B. lét liess, 2. lézt oder léz; oft ist dann die 2. auch der 1. und 3. Pers. gleich: helt hieltest (halda); dies ist stets der Fall bei auslautendem -st: laust schlug, schlugst (von ljósta). — Bei auslautendem -d ist die Endung -tt, -dt, später -zt, z. B. 1. bad bat (von bidja), 2. batt, badt, bazt; wenn ein Konsonant vorhergeht, wird -tt nach § 118 vereinfacht: 1. vard ward, 2. vart. — Vor þú fehlt die Endung -t oft, z. B. gekk þú gingst du (von ganga).

Anm. Die Endung war bei t-Auslaut ursprünglich -st, vgl. das alte und seltene reist weisst; das z erklärt sich durch Einfügung des Wurzelauslauts: lé-t-st = lézt.

3) In der 1. und 2. pl. fehlt das -m und -d oft vor folgendem Pronomen, wie im Präsens (§ 285, 3), z. B. fóru vér fuhren wir, tóku þér nahmt ihr.

§ 289. Die Contractionsregeln kommen in Betracht in Formen wie spjóm spjóu, spjó von spyja speien (2. Ablautsreihe), sóm (sǫm), sǫd, sǫ von sjá sehen, dóm, dód, ló von deyja sterben (6. Ablautsreihe, ebenso: geyja bellen).

Anm. Auch hier treten später Formen wie sáum etc. auf.

2) Schwaches.

§ 290. Die Endungen des schwachen Präteritums, dem sich auch die replicirenden verba wie rera (§ 247) angeschlossen haben, sind im präsens und präteritum gleichmässig wie folgt:

§ 290—292. Verbalendungen: Ind. prät. Conjunctiv.

Sg. 1. Pers. -a   Pl. -um
   2. „   -ir   -uð, -ut   mit
   3. „   -i   -u u-Umlaut

Sie haben also im pl. dieselben Formen wie die starken verba.

Anm. 1. Wegen der Anfügung des dentalen Präteritalsuffixes vgl. § 252—270. Die urnord. Form der 1. sg. ist -ō, der 3. sg. -ē.

Anm. 2. Statt -a kann in der Poesie die 1. pers. sg. auch -i haben, wenn ek darauf folgt, z. B. vildigak wollte ich nicht, þordig wagte ich (vgl. § 285 Anm. 1).

c) Conjunctiv (Optativ).

§ 291. Derselbe hat im präsens und präteritum der st. und schw. verba dieselben Formen, nämlich:

Sg. 1. Pers. -a   Pl. -im
   2. „   -ir   -ið, -it
   3. „   -i   -i (aus -in)

Der einzige Unterschied ist nur, dass bei den starken und reduplicirenden Verben sowie bei den ai-Stämmen im prät. Umlaut eintritt, aber nicht im Präsens. Man beachte jedoch, dass einige kurzsilbige ja-Stämme auch im ind. prät. i-Umlaut haben (vgl. § 254), sowie dass einige langsilbige ja-Stämme — die in der Regel den Umlaut ganz durchführen — im ind. prät. keinen Umlaut zeigen (§ 262).

Anm. 1. Im prät. entspricht nämlich das i einem german. ī, im präsens einem german. ai (vgl. § 46 ff.).

Anm. 2. Der Umlaut fehlt im präs. der verba präteritopräsentia, ausser bei skyla neben skula solle, und myna, mœna neben muna, mona werde. Im prät. kommt auch munda würde und (doch selten) kunna neben den umgelauteten Formen vor.

§ 292. Besondere Abweichungen sind:

1) In der ersten sing. tritt später die Endung der 3. Person auf, früher in der Poesie bei angehängtem ek, z. B. myndigak (vgl. § 290 Anm. 2); alt und dichterisch ist das Einsetzen der 1. pl. (vgl. § 285 Anm. 1).

2) Später werden die Indicativformen auch für den Conj. im pl. angewandt, und zwar im präsens nur bei der 1. Person, im prät. auch bei den andern.

§ 293. Die verba contracta zeigen auch hier besondere Formen, z. B. *sjá* ich sehe, *sér*, *sé* u. s. w.

d) Imperativ.

§ 294. Der imp. hat im sg. nur eine zweite Person, im pl. nur eine erste und zweite. Die beiden letzteren sind den entsprechenden Indicativformen gleich, für erstere gelten folgende Regeln:

1) Die starken verba und die schwachen *ja*-Stämme haben keine Endung: *kom* komm, *slá* schlag, *vel* wähle, *dóm* richte (von *velja* und *dóma*). Bei den verba der 3.—5. Ablautsreihe fehlt der urgerm. *i*-Umlaut (z. B. *gef* gieb); wenn die st. Verbalwurzel auf *-nd*, *-ng* ausgeht, tritt dafür, wie im sg. ind. prät., *-tt* und *-kk* ein, z. B. *binda: bitt* (prät. *batt*) binde, *stikk* stich, zu *stinga* (prät. *stakk*), vgl. § 73 und 88.

2) Bei den verba mit langem Vokal tritt nach § 117 oft Dehnung des auslautenden *t* ein: *blótt* opfere (neben *blót*), *grátt (grát)* weine.

3) Bei den *ja*-Stämmen bleibt ausl. *-nd* und *-ng* unverändert, weil hier ursprünglich die Endung *-i* folgte: *send* sende (got. *sandei*), *spreng* sprenge. Diese ist noch erhalten vor dem Negationssuffix *-at*, z. B. *hyggjat* denke nicht, *kveljat* quäle nicht.

4) Die *ō*-Stämme haben *-a*: *kalla* rufe.

5) Die *ai*-Stämme haben meist keine Endung, z. B. *seg* sage. Jedoch kommt in älterer Zeit bei einigen die Endung *-i* vor (vgl. got. *-ai*), die sie aber später, mit Annahme von *þegi* schweig, aufgeben: *dugi* taug, *gapi* gähne, *lumi* lass los, *trúi* glaube, *uggi* fürchte, *uni* sei zufrieden, *vaki* wach.

e) Participium.

§ 295. Das part. präsens hat die Endung *-andi*, welche wie ein subst. nach § 184 oder wie ein adj. nach § 201 flektirt, z. B. *bindandi* bindend, *veljandi* wählend.

§ 296—299. Verbalendungen: Participium. Medio-passiv. 105

Endet das Verb im inf. auf -*á*, wie z. B. *slá* schlagen, so geht das -*a*- der Endung darin auf: *slándi, sjándi*.

§ 296. Das part. prät. geht bei den st. Verben auf -*inn* aus: *bundinn* gebunden (bei *sjá* sehen bemerke die Contraction: *sénn!*), bei den schwachen verschieden: teils auf -*aðr, -iðr*, teils auf -*ðr, -dr, -þr, -tr*, entsprechend dem prät. (vgl. §§ 252 ff., 257 ff. und 264 ff.). Die Flexion ist dieselbe wie beim adj., st. und schw.

Anm. Einige schw. verba haben neben schw. auch st. part., z. B. *húka* hocken: *hokinn* (s. § 267 Aum. 3).

§ 297. Die kurzsilbigen *ja*-Stämme bilden schon früh ein part. prät. auf -*inn* statt -*iðr*, eine Analogiebildung, welche durch die gleiche Form des Neutrums bei diesen und den starken Verben hervorgerufen wurde: statt *valiðr* trat *valinn* ein, weil das n. *valit* = n. *malit* gemahlen, war.

Anm. Participia ohne Dentalsuffixe kommen von *gǫrva* machen und *spara* sparen vor: *gǫrr* (= *gar*) und *sparr*; anderseits solche mit Dental bei st. Verben, woraus dann adj. wurden: *kaldr* kalt, zu *kala*; *dauðr* tot, zu *deyja*; *skarðr* vermindert, zu *skera* schneiden.

§ 298. Das part. prät. wird mit *hafa* oder *vera* zur Bildung eines umschriebenen Perfects und Plusquamperfects verwendet, z. B. *ek hafa, hafða kallat*, ich habe, hatte gerufen, *ek em genginn* ich bin gegangen.

II. Medio-passiv.

§ 299. Die Activformen erhalten reflexive oder passive Bedeutung durch Anfügung von -*mk* (aus *mik*), -*m* (aus *mér*) in der 1. sg., von -*sk* (aus *sik*), -*s* (aus *sér*) in der 1. pl. sowie in der 2. und 3. Person. Dabei gelten folgende Regeln:

1) In der 1. pers. sg. aller tempora und modi lautet die Endung bei allen Verben -*umk*, bei den *ja*-Stämmen -*jumk*.

Anm. 1. Hierin steckt die alte Endung der 1. sg. ind. -*u*, resp. -*ōm*.

2) Bei den starken Verben tritt auch in der 1. pers. sg. ind. die Ablautsform des Plurals ein, z. B. *lukumk* wurde

§ 299—301. Verbalendungen: Medio-passiv.

geschlossen, *bundumk* wurde gebunden (eigentlich 3. pl. = *luku mik!*).

3) Vor *-sk* schwindet *r*, z. B. *kallask* wirst gerufen, geht *d* und *t* in *t* über (nach §§ 88 und 100), z. B. *binzk* wirst gebunden, *kvazk* sprachst (akt. *kvað*), entwickelt sich *t* hinter *ll*, *nn* (nach § 112), z. B. *felzk* fielst, *fanzk* fand sich, wird geminata gemäss § 119 vereinfacht, z. B. *feksk* bekam (akt. *fekk*).

Anm. 2. Eine alte med.-pass. Form ist *heiti* heisse, werde genannt (= **haitai*), vgl. § 249 Anm. 3.

§ 300. Frühzeitig treten jedoch folgende Aenderungen ein:

1) Die Endung *-sk* wird bald durch *-zk* ersetzt, das ursprünglich nur nach Dentalen stand; *-sk* bleibt jedoch nach *m*, *l* und *r*, z. B. *spyrjumsk*, *spyrsk* (von *spyrja* fragen).

2) Die Endungen der 1. sg. und pl. ind. werden früh mit einander verwechselt: *lúkumk*, *lúkumsk*, wofür noch vor 1300 *lúkumz* im sg., seit 1350 auch im pl. herrschend wird.

Anm. Um 1800 werden die Formen auf *-k* und *-sk* durch solche auf *-z* und *-zt* ersetzt, z. B. *lúkumz(t)*, *lýkz(t)*. Zur selben Zeit kann auch die 1. sg. (ausser im sl. prät.) die Form der 2. 3. sg. annehmen, was im Conj. anfängt und stets häufiger wird.

§ 301. Zur Veranschaulichung der Bildung seien die verba *lúka* schliessen und *kalla* nennen hier durchconjugirt. Die älteren Formen stehen voran.

Präsens.

Infinitiv.

lúk-ask, -azk, -az(t)   kall-ask *etc.*

Participium.

lúk-andisk, -iz(k), -iz(t)   kall-andisk *etc.*

Indicativ.

Sg. 1. lúk-umk, -umz(t)   koll-umk *etc.*
2. 3. lýk-sk, -z(k), -z(t)   kall-ask *etc.*
Pl. 1. lúk-umsk, -umk, -umz(t) koll-umsk *etc.*
2. lúk-izk, -iz(t)   kall-izk *etc.*
3. lúk-ask *etc.* (= *inf.*) kall-ask *etc.* (= *inf.*).

§ 301—302. Verbalendungen: Medio-passiv.

Conjunctiv.
Sg. 1. = ind.   koll-umk etc.
2. 3. lúk-isk, -iz(k), -iz(t)   kall-isk etc.
Pl. 1. lúk-im(s)k, -imz(t),-umz(t)   kall-im(s)k etc.,koll-umz(t)
2. lúk-izk etc.   kall-izk etc.
3. lúk-isk etc.   kall-isk etc.

Imperativ.
Sg. 2. lúk-sk, -z(k), -z(t)   kall-ask etc.
Pl. 1. 3. = ind.   = ind.

Präteritum.
Indicativ.
Sg. 1. luk-umk, -umz(t)   koll-udumk etc.
2. lauk-zk, -z(t)   kall-adisk, -iz(k), -iz(t)
3. lauk-sk, -zk, -z(t)   (= 2. pers.)
Pl. 1. luk-umsk etc. (= präs.)   koll-udumsk etc.
2. luk-uzk, -uz(t)   koll-uduzk etc.
3. luk-usk, -uz(k), -uz(t)   koll-udusk etc.

Conjunctiv.
Sg. 1. lyk-umk etc. (= präs.)   koll-udumk etc.
2. 3. lyk-isk etc. (= präs.)   kall-adisk etc.
Pl. 1. lyk-imsk etc. (= präs.),   kall-adimsk etc.
lyk-umz etc. (= ind.)
2. lyk-izk etc. (= präs.),   kall-adizk etc.
lyk-uz etc. (= ind.)
3. lyk-isk etc. (= präs.),   kall-adisk etc.
lyk-uz etc. (= ind.)

Participium (n.).
lok-iz(k), -iz(t)   kall-az(k), -az(t)

§ 302. Ein umschriebenes Passiv wird durch *vesa, vera* (später bisweilen *verða)* mit dem part. prät. gebildet, z. B. *ek em (verð) kallaðr* ich werde gerufen, *ek hefi verit k.* ich bin gerufen worden, *ek hafða v. k.* ich war gerufen worden, *ek mon hafa v. k.* ich werde gerufen worden sein u. s. w. (vgl. § 298).

II. Bildungslehre.

§ 303. Die Bildung der meisten Wörter beruht entweder auf Zusammensetzung, z. B. *blóð-ormr* Blutschlange (Schwert), oder auf Ableitung mittels Suffixes, z. B. *blóð-ugr* blutig. Die erstere kann wieder primär sein, wenn nämlich zwei einfache Wörter mit einander verbunden werden, wie in dem angeführten Beispiel, oder aber secundär, wenn einer der beiden Teile bereits zusammengesetzt ist, z. B. *ó-minnis-veig* Vergessenheitstrank, *hǫfuð-ú-vinr* Hauptfeind (decomposita). Ebenso kann die Ableitung primär sein, wenn das Wort direct von einer Wurzel gebildet ist, wie z. B. *barn* Kind zu *bera* tragen, oder secundär, wenn Ableitung von einem fertigen Worte vorliegt, wie in *suðr-ǿnn* südlich.

Anm. 1. Ableitungen können oft wie Zusammensetzungen aussehen, sind aber sehr wohl von diesen zu unterscheiden. So ist z. B. *barn-leysi* Kinderlosigkeit eigentlich kein Compositum — denn ein Wort *leysi* giebt es nicht — sondern eine Ableitung von dem adj. *barnlauss* u. ä.

Anm. 2. Eine Anzahl Wörter sind nicht durch Ableitung gebildet, sondern ursprüngliche Wurzeln, z. B. *fótr* Fuss, *af* ab, und so die meisten Präpositionen und Partikeln.

A. Zusammensetzung.

I. Nominalcomposita.

1. Substantiva.

§ 304. Die Nominalcomposita, d. h. solche Zusammensetzungen, deren zweiter Teil ein Nomen oder Pronomen ist, lassen sich nach der Art ihrer Bildung in zwei Hauptklassen: echte und unechte unterscheiden. Letztere nennt man auch Zusammenrückungen, weil sie ursprünglich zwei selbstständige Wörter sind, die unter einen Hauptaccent zusammengefasst werden, wie *Sigurðarkviða* Sigurdslied, *Breiði-fjǫrðr* der breite Fjord.

§ 305—306. Zusammensetzung.

§ 305. Die echten oder eigentlichen composita zerfallen wieder in vier Unterabteilungen, nämlich:
1) solche, wo das 1. Glied der Stamm eines Nomens oder Pronomens ist, z. B. *bog-maðr* Bogenschütze.
2) solche, wo das 1. Glied ein Verbalstamm ist, z. B. *sendi-maðr* Gesandter,
4) solche, wo das 1. Glied ein unflektirbares Wort ist, das nur in Zusammensetzungen erscheint, z. B. *ú-kunnr* unbekannt.
4) solche, wo das 1. Glied ein adverbiales Wort ist, das auch ausserhalb der Zusammensetzung vorkommt, z. B. *af-ráð* Abgabe.

a) Echte.

Erste Abteilung.

§ 306. Hier erscheint das erste Glied meist in seiner Stammform, d. h. ohne Themavokal, z. B.

1) bei subst. erstem Glied: *dag-ferð* Tagereise, *hǫr-þráðr* Flachsfaden, *nið-gjǫld* pl. Verwandtenbusse, *jarð-hús* Erdhaus, *dǫgg-fall* Taufall, *ben-logi* „Wundenlohe" (= Schwert), *beð-mál* Bettgespräch, *brúð-laup, brul-laup* Brautlauf, *bjarn-fell* Bärenfell, *vil-bjǫrg* ersehnte Hilfe, *hjart-verk* Herzweh, *bryn-hosa* Beinschiene, *tann-garðr* Zahnreihe, *nátt-ból* Nachtquartier, *fjand-flokkr* Feindeschar;

b) bei adjectivischem: *van-heilsa* schwache Gesundheit, *hǫs-kollr* Graukopf, *mið-pallr* Mittelbank, *ný-lýsi* Neulicht;

c) bei pronominalem: *sum-staðar* an einigen Orten (adverb.), *sjálf-vili* eigner Wille;

d) bei Zahlwörtern: *ein-vald* Alleinherrschaft, *tví-mánaðr* Doppelmonat, *þri-deili* Drittel, *fer-fótingr* Vierfüssler.

Anm. 1. Man beachte das Fehlen des *u*-Umlauts in *jarð-, bjarn-* und *tann-*, des *-j-* in *bryn-* (zu *brynja* Panzer)!

Anm. 2. Vor Vokal ist das *-w-* und *-j-* erhalten in *Bǫðv-ildr* Baduhild, *Herj-ólfr, Brynj-ólfr* u. ä. Namen.

§ 307. Bei den **langsilbigen** *ja-* und *jō-*Stämmen, sowie den *īn-*Stämmen erscheint jedoch *-i-* in der Fuge, z. B. *endi-mark* Grenze (zu *endir* m.). *engi-vǫxtr* Wiesenwuchs, *mȳri-snípa* Sumpfschnepfe, *fróði-maðr* Gelehrter; *villi-bráð* Wildbret (zu *villr*, got. *wilþeis*).

§ 308. Eine eigene Besprechung verdienen die Zusammensetzungen mit den masc. *-dómr*, *-leikr* oder *-leiki* und *-skapr*, weil bei diesen der zweite Konsonant zur Bedeutung eines **Suffixes** herabgesunken ist, z. B. *konung-dómr* Königswürde, *vís-dómr* Weisheit, *kǽr-leikr*, *-leiki* Liebe, *stór-leikr* Grösse; *dreng-skapr* Mannhaftigkeit, *blíð-skapr* Fröhlichkeit.

Anm. 1. *Dómr* und *leikr* sind als besondere Wörter erhalten, weshalb sie auch noch in ihrer **vollen Bedeutung** componirt erscheinen, vgl. *konungs-dómr* Königsgericht, *barn-leikr* Kinderspiel. *-skapr* (zu *skepja* § 244 Anm.) ist kein eigenes Wort mehr.

Anm. 2. Wie *leikr* hat auch *dagr* Tag in der Zusammensetzung eine schw. Form neben sich, z. B. *ein-dagi* Termin. — Andere Formen, die nur als zweite Compositionsteile auftreten, s. unter „Ableitung".

Zweite Abteilung.

§ 309. Wenn das **erste Glied** ein **verbum** ist, so steht es gewöhnlich in der **Stammform** ohne Bindevokal, z. B. *sker-diskr* Teller zum Schneiden, *blás-pípa* Flötepfeife; nur bei den *ja-*Stämmen erscheint *-i-* in der Fuge: *brenni-járn* Brenneisen, *lendi-stǫð* Landungsplatz.

Anm. Ursprünglich liegen hier **Nominalstämme** zu Grunde, die verba zur Seite hatten (vgl. *les* Lesung neben *lesa*), und nach solchen Mustern erfolgten dann Neubildungen.

Dritte Abteilung.

§ 310. Eine Anzahl Wörter erscheinen nur als **Präfixe** in Zusammensetzungen. Beispiele sind in alphabetischer Folge (bei den mit * bezeichneten kommt der zweite Teil **nur in compositis** vor):

afar-orð übermütiges Wort; *al-hugi* voller Ernst; *and-fang* Empfang; *au-virði* Elender; *aur-vasi* kindischer Alter; *fjǫl-skyld* vielfache Verpflichtung; *for-faðir* Vorfahr, *for-bœn* Verwünschung; *frum-burðr* Erstgeburt, *frum-hlaup*

§ 310—313. Zusammensetzung.

Angriff; *g-ranni Nachbar; gagn-sǫk Verteidigungsgrund; id-gjǫld pl. Erstattung; mis-verk Uebelthat, mis-munr Unterschied; *miss-eri Halbjahr; of-át Schwelgerei; sam-fǫr Verkehr; st-vaf Umwicklung des Ganzen (vgl. Sinngrün); tor-féri Schwierigkeit; ú-, ó-fridr Unfriede, ú-dǿd Unthat; *var-fúsa Widerwille, *var-kunn Entschuldigung, Nachsicht; ve-fang Nichteinstimmigkeit des Gerichts; ør-lǫg Schicksal, ør-héfi Wildniss.

Anm. Eine Anzahl dieser Präfixe sind indeclinable Partikeln, wie si-, tor-, ú-, andere dagegen waren ursprünglich adjectiva, wie aud- (vgl. altsächs. ôdi leicht), fjǫl- (got. filu viel), mis- (got. adv. missō wechselseitig). — Das adj. vanr fehlend, mangelnd, ist auch als erster Compositionsteil fast Präfix geworden, vgl. van-mǫttr Kraftlosigkeit, van-rétti Unrecht.

Vierte Abteilung.

§ 311. Diese zahlreiche Klasse umfasst Bildungen wie á-sjón Aussehn, af-gerd Unthat, fram-gangr Erfolg, sundr-grein Zwietracht, vel-ferd Wohlsein etc.

b) Unechte.

§ 312. Die unechten composita bestehen entweder aus einem gen. sg. oder pl. und subst., oder aus einem schwachen adj. und subst., und sind eigentlich bloss Zusammenrückungen zweier getrennter Wörter, z. B.: dags-brún Tagesanbruch, augna-bragd Augenblick; hvíta-vádir weisse Kleider.

Anm. Besondere Formen des gen. zeigen: der fem. i-Stamm hjǫlp Hülfe in hjǫlps-madr Hülfe, der f. ōn-Stamm eisa Feuer in eisur-jála Riesin, und die m. nd-Stämme, z. B. sjánz-vitni Augenzeugenaussage, segjanz-saga Hörensagen, fjanz-bod Feindesbotschaft. — fǫr Fahrt, Reise erscheint in Zusammensetzungen stets als fǫru-, z. B. fǫru-nautr Begleiter (gleichsam gen. von einem schw. f. *fǫra); die Wörter auf -semi (f.) nehmen oft -s an, z. B. frǿnd-semi-s-tala Verwandtschaftsberechnung.

2. Adjectiva und Participia.

§ 313. Hier kommen ebenfalls echte und unechte composita vor. für welche dieselben Regeln wie für die substantiva gelten, z. B.:

1. a) *barn-lauss* kinderlos, *herði-breiðr* breit in den Schultern *(herðar)*; *fólk-líðandi* völkerdurchwandernd, *mein-blandinn* mit Schädlichem vermischt;
b) *all-ríkr* sehr mächtig, *villi-férr* schwer zu finden (vom Wege); *arm-skapaðr* unglücklich, *fǫl-litaðr* blassfarbig;
c) *ein-fǿrr* im Stande allein zu fahren, *tví-breiðr* doppeltbreit, *þrí-nǽttr [1]) 3 Nächte alt, *fer-fǿttr vierfüssig;
d) *sjálf-viljandi* freiwillig, *sjálf-sáinn* selbst gesät.

2. *hendi-langr* hülfreich (zu *henda* ergreifen).

3. *afar-fagr* überaus schön; *al-vitr* allwissend, *al-heill* ganz gesund; *and-styggr* abscheulich, *and-vanr* entblösst; *auð-fǿrr* leicht fahrbar, *auð-sóttr* leicht zu bekommen; *fjǫl-nýtr* vielnützend; *for-spár* voraussehend, *for-fríðr* ausgezeichnet, *for-veði, *-veðjaðr* verwirkt; *frum-ungr* blutjung; *g-nógr* reichlich, genug, *g-ǫrr* bereit; *gagn-fǿrr* durchdringend; *id-gnógr* reichlich; *mis-haldinn* beeinträchtigt, *mis-jafn* ungleich, *mis-djúpr* verschieden tief; *of-mikill* zu gross; *sam-eiginn* gemein, *sam-fallinn* passend; *sí-mǫlugr* stets redend, *sí-hlǽjandi* stets lachend; *tor-fǿrr* schwer passirbar; *ú-kuðr* unbekannt; *var-gefinn* unglücklich vermählt; *ør-lítill* sehr klein, *ør-vitr* wahnsinnig.

Anm. Beachte den Unterschied zwischen *al-* „vollkommen" und *all-* „sehr"!

4. *á-gjarn* habsüchtig, *af-gamall* abgelebt, *fram-víss* die Zukunft kennend, *sundr-borinn* von verschiedener Herkunft, *vel-spár* prophetisch.

5. Unechte: *lífs-hvatr* lebenslustig, *bráða-lauss* ohne Fleischnahrung; mit dat.: *hugum-stórr* hochherzig.

§ 314. Die adjectiva *líkr*, *fastr* und *-samr* erscheinen in der Composition zu Suffixen abgeschwächt (ersteres dann als *-ligr*), z. B. *konung-ligr* königlich, *heilag-ligr* heilig, *frǽgi-ligr* berühmt, *annar-ligr* andrer, fremd, *afar-ligr* ausserordentlich; *geð-fastr* zuverlässig, *á-*, *sam-fastr* verbunden; *frið-samr* friedsam.

---

[1]) Wegen des * vgl. § 310.

§ 315—319. Zusammensetzung. 113

Anm. 1. *likr* ist erhalten in *g-líkr*, *sam-líkr* gleich, *ó-líkr* ungleich, sowie in Pronominalbildungen (s. § 320); die — schon alte — Verkürzung des *i* sowie die Erweichung des *-k-* beruht wohl auf Anschluss an die adj. auf *-igr*.

Anm. 2. *-samr* ist blosses Suffix geworden; es gehört zu *sǿmr* passend.

3. Zahlwörter.

§ 315. Die declinirbaren Zahlen 1—4 sowie „beide" s. in § 202 ff. Die Wörter 5—10 sind einfache, unveränderliche Bildungen: 5 *fimm*, 6 *sex*, 7 *sjau*, 8 *átta*, 9 *níu*, 10 *tíu*.

Anm. Zu *sex* vgl. § 99, zu *sjau* (aus *siðun?*) § 29, 104, 2 und 105, zu *átta* § 42, 1, § 60, 2 und 87; *fimm* ist Neubildung noch *fimmti* fünfte (vgl. § 109, d).

§ 316. Die übrigen Zahlen sind Zusammensetzungen, und zwar 11 *ellifu* und 12 *tolf* von 1 und 2 mit einem Stamme *-lif*, die von 13—20 mit einer Form der Zahl 10: 13 *þrettán*, 14 *fjog(u)rtán*, *fjug(u)rtán*, *fjórtán*, 15 *fim(m)tán*, 16 *sextán*, 17 *sjaut(j)án*, 18 *át(t)ján*, 19 *nítján*, 20 *tvítján*.

Anm. Ueber *þrettán* vgl. § 44 und 117, über *fim(m)tán* § 109, d.

§ 317. Die Zahlen 20—110 werden durch Zusammensetzung der einfachen mit dem m. pl. von *tigr* Zehner (vgl. § 160 Anm. 1) gebildet: 20 *tuttugu* (unflektirt, neben *trítján*), 30 *þrír tigir*, 40 *fjórir tigir*, 50 *fimm tigir* u. s. w. 110 *ellifu tigir*. — Später treten dafür unflektirt: *þrjátigi*, *fjǫrutigi* etc. ein, noch später *þrjátíu*, *fjǫrutíu* u. s. w.

Anm. In *tuttugu* (vgl. § 117) und *tolf* stecken alte Duale.

§ 318. Die Zahlen wie 21—29 werden durch *ok* verbunden, wobei die kleinere vor- und nachstehen kann: *einn ok tuttugu* oder *tutt. ok einn*.

Anm. Ueber *Hundrað* = 120 (selten = 100, wofür *tíu tigir*) und *þúsund* vgl. § 205.

§ 319. Multiplicativa werden mit *-faldr* „fältig", „-fach" gebildet, wie *ein-*, *tví-*, *þrí-*, *fer-faldr*; merke ferner Zahlwörter auf *-togr* und *-rǿðr* die „10 Jahre alt" bedeuten, z. B. *tvítogr* 20jährig, ebenso *þrí-*, *fer-* etc. *-togr*, *sjautogr* und *-rǿðr* 70jährig, *áttrǿðr* 80jährig, *ní-rǿðr* oder *-togr*

90jährig, *tíródr* 100jährig, *tolfródr* 120jährig. — Merke: *halffertøgr* 35jährig u. ä. Andere Zahlen s. unter „Ableitung".

4. Pronomina.

§ 320. Die componirten pronomina (vgl. § 208 ff.) sind alle, mit Ausnahme von *s-líkr* solcher, einfache Zusammenrückungen, entweder von zwei selbstständigen Wörter, wie *n-einn* kein, *hvi-líkr* wie beschaffen, welcher (eigentlich „wem gleich"), *því-líkr* so beschaffen, *einn-hverr, hvárr-, annarr-tveggja, -tveggi, hvat-vetna, bá-ðir*, oder von einem selbstständigen Worte mit einem Suffix, wie *en-gi, ek-ki, hver-gi; þes-si, þat-na* gerade das, *þér-na* gerade dir; *sá-s* derjenige welcher (§ 50), oder schliesslich aus einem ganzen Satze: *nekkverr, -varr* aus **ne veit ek hverr, hvarr*.

5. Adverbia.

§ 321. Ebenso sind die zusammengesetzten adverbia teils Zusammenrückungen von zwei selbstständigen Wörtern, wie *afar-vel* überaus wohl, *n-ei* nein (= nie, § 32 Anm. 2), *ey-vit* nicht (§ 221, 3 Anm.), *hvers-u(g), hvess-u(g)* wie (aus *hvers-veg, vgl. § 91), oder von einem selbstständigen Worte mit Suffix, z. B. *hér-na* eben hier, *nú-na* jetzt; *ei-gi* nicht, *aldri-gi* niemals, oder aus 3 Worten, wie *þ-ey-gi* doch nicht (aus *þó-*), *þó-þ-óru* nichtsdestoweniger (s. § 219 Anm. 1), teils Ableitungen von compositis, wie *grimm-lig-a* grimmig. S. darüber unter „Ableitung".

Anm. Wortgruppen wie *til fulls* vollständig, *med ǫllu* ganz, oder Casusformen wie *and-streymi-s* gegen den Strom, *há-stǫf-um* laut, werden auch adverbial gebraucht.

6. Präpositionen.

§ 322. Dasselbe gilt von den zusammengesetzten Präpositionen, z. B. *un fram* vorbei, *fyrir útan* ausserhalb, *í mót* gegen; *ǫðru-megum* auf der andern Seite; *á-samt* zusammen mit, *gagn-vart* gegen, *ná-munda* nahe bei. Weiteres s. unter „Ableitung".

7. Conjunctionen.

§ 323. Von Zusammensetzungen sind hier zu merken: *e-da* oder, *me-dan* während *si-dan* seit (vgl. § 80 und 120), *þó-at*, *þótt* obgleich (vgl. § 50, 2 und 117). *bæ-di* sowohl (§ 204), *hvár(t)-ki* weder (§ 222, 3).

II. Verbalcomposita.

§ 324. Ursprünglich ist beim verbum nur die Zusammensetzungen mit Partikeln und einigen in der Verbalcomposition zu solchen herabgesunkenen Adjectiven, z. B. *for-drífa* verderben, *fyrir-*, *of-bjóða* verbieten, *g-æta* achten, hüten; *al-*, *full-gera* vollführen, *jafn-bjóða* gewachsen sein, *sam-blanda* mischen, *mis-fara* misshandeln. Andere Bildungen derart sind offenbar bloss Ableitungen von zusammengesetzten subst. und adj., z. B. *and-svara* antworten, *auð-virða* herabsetzen, *auð-sýna* zeigen, *ór-kynnask* entarten, *frum-tigna* auszeichnen, *sí-byrða* langschiffslegen, *tor-tryggja* misstrauen, *ú-rœkja* vernachlässigen. *van-virða* entehren, *ve-sæla* elend machen. *or-kumla* verstümmeln.

Anm. In der älteren Poesie ist *of (um)* eine trennbare Partikel (s. unten § 326).

§ 325. Verbalcomposita. deren erster Teil ein Substantiv oder ein anderes als die eben genannten Adjective ist. sind blosse Zusammenrückungen oder Ableitungen von nominalcompositis, z. B. *hand-hǫggva* die Hand abhauen, *her-bergja* beherbergen, *kross-festa* kreuzigen, *hvít-fyssa* weissschäumen, *kunn-gera* bekannt machen.

§ 326. Blosse Zusammenrückungen sind endlich auch die mit trennbaren Partikeln (Präpositionen und adverbia), hauptsächlich: *á, af, aptr, at, frá, fram, gagn, heim, hjá, inn, með, niðr, saman, sundr, til, undir, ör, upp, út, við* und *yfir*, oder wieder selbst componirten wie: *upp-á, í-gegnum* zusammengesetzten verba, wie *á-eggja* antreiben. *af-láta* ablassen, *aptr-reka* zurücktreiben, da hier (wie im deutschen) die Partikel oft von ihrem verbum getrennt erscheint: *lætr af* etc.

Anm. 1. In der älteren Poesie gehören hierher auch die Zusammensetzungen mit *of (um)*.

Anm. 2. Die Verstärkungspartikel *-na* kann auch an Verbalformen antreten, z. B. *var-na, spurt-na* gefragt.

B. Ableitung.

I. Nominale.

1. Substantiva.

a) Masculina.

§ 327. Die wichtigsten vokalischen Suffixe[1]) sind:

*1. *-a*, bildet u. a. wurzelhafte, meist poetische, nomiua agentis, z. B. *brjót-r* Brecher, bes. componirte, wie *brjóst-drekk-r* Säugling.

*2. *-ja*, denominativa, die eine Zugehörigkeit ausdrücken: *hirð-i-r* Hirt *(hjǫrð)*, *pyrn-i-r* Dornbusch, bes. poetische nom. ag. von langsilb. *ja*-Stämmen: *geym-i-r* Hüter, *seyð-i-r* Feuer (= Sieder).

3. *-na*, concr. und abstr.: *vag-n* Wagen *(veya)*, *svef-n* Schlaf *(sofa)*.

4. *-ina*, *-ana*, Personen und Sachen: *drótt-in-n* König, *Óð-in-n, ar-in-n* Herd, *him-in-n* Himmel; *apta-n-n* Abend.

5. *-una*, pers. und abstr.: *jǫt-un-n* Riese, *morg-un-n* Morgen (auch *myrg-in-n*).

6. *-ma*, concr. und abstr.: *hjál-m-r* Helm, *sau-m-r* Saum (e. *sew)*, *drau-m-r* Traum (trügen), *dó-m-r* Urteil.

7. *-ra*, desgl.: *ak-r* Acker *(aka)*, *haf-r* Bock (lat. *caper*), *ang-r* Kummer.

8. *-ara*, concr.: *ham-ar-r* Hammer, *jað-ar-r* Rand.

Anm. 1. Namen wie *Gunn-arr* enthalten im 2. Glied ursprünglich *herr* Heer.

9. *-ura*, Personen, Tiere, Sachen: *jǫf-ur-r* Fürst (= Eber), *þið-ur-r* Auerhahn, *fjǫt-ur-r* Fessel.

10. *-tra, -þra, -dra, -dra* (idg. *-tro*, vgl. § 123 f.), Namen von Werkzeugen: *ar-ðr* Pflug *(erja)*, andern Concreten:

---

[1]) Die am häufigsten vorkommenden sind besternt, die zahlreichsten Bildungen gesperrt gedruckt.

§ 327. Ableitung. Substantiva: Masc. 117

hrú-dr Wundkruste, *mel-dr* Mehl, *apal-dr* Apfelbaum, Abstracten: *les-tr* Lesen, *ró-dr* Rudern, *gal-dr* Zauberlied.

11. -*stra*, einige Wörter: *blóm-str* Blume, *bak-str* Backen, Teig.

12. -*la*, concreta: *kar-l* Mann, Kerl, *fug-l* Vogel, *stó-l-l* Stuhl (zu *stehn*).

13. -*ala*, Dinge: *þum-al-l* Daumen, *kaḍ-al-l* Seil.

*14. -*ila*, nom. ag.: *bið-il-l* Werber *(biðja)*, mit *i*-Verlust: *þræ-l-l* Sklave, Tiere: *sney-il-l* Schnecke, Pflanzen: *þist-il-l*, Geräte: *byg-il-l* Bügel, *gyrð-il-l* Gürtel, Wege: *vað-il-l* Furt, *fer-il-l* Reise (auch Reisender).

*15. -*ula*, Tiere: *íy-ul-l* Igel, Pflanzen: *þǫng-ul-l* Tang, Naturgegenstände: *ǫx-ul-l* Achsel, *jǫk-ul-l* Eiszapfen, Gletscher *(jaki)*, Geräte: *sǫð-ul-l* Sattel, Gebäude: *stǫp-ul-l* Turm, collectiva: *rið-ul-l* Schar.

Anm. 2. Einige Worte haben Doppelformen mit -*all* und -*ull*: *á-vit-all*, -*ull* Zeichen u. a.

16. -*ta*, -*da*, -*ða*, Personen, Sachen, abstr.: *hap-t-r* Gefangner, *bran-d-r* Feuerbrand, *mó-ð-r* Erregung (= Mut).

17. -*unda*, in *hǫf-und-r* Richter, Urheber, *vís-und-r* Bison.

18. -*ka*, Tiere: *hau-k-r* Habicht, *mað-k-r* Made.

19. -*(i)ga*, coll. Verwandtschaftsbez.: *feð-ga-r* pl. Vater und Sohn.

*20. -*inga*, denom. Personenbez.: *spek-ing-r*, Weiser, *hild-ing-r* Krieger, mit bedauernder oder verächtlicher Bedeutung: *vesl-ing-r* Armer *(ve-sall)*, *nið-ing-r* Elender, Bastarde: *blend-ing-r* Halbmensch, Bewohner: *Íslend-ing-r*, Tiere nach dem Alter: *sumr-ing-r* Sommerling, auch andre: *meis-ing-r* Meise, Schiffe: *sex-æer-ing-r* Sechsruderer, *byrd-ing-r* Lastschiff, Münzen: *penn-ing-r* Pfennig.

*21. -*unga*, Personen nach Eigenschaft und Rang, Abkömmlinge: *kon-ung-r* König, *skǫr-ung-r* Held *(skari* Schar), *ǫtt-ung-r* Verwandter *(ætt* Geschlecht), *systr-ung-r* Vetter, *horn-ung-r* Bastard, *ná-ung-r* Nachbar, Familien,

118 § 327—328. Ableitung. Substantiva: Masc.

Dynastien: *Vǫls-ung-ar* pl., Tiere: *grid-ung-r* Stier, Masse: *þum-l-ung-r* Däumling, Zoll.

*22. *-linga*, Abstammung: *Yng-ling-ar (Yngvi)*, deminutiva: *gǽs-ling-r* Gänschen, *kjúk-ling-r* Küken.

*23. *-i*, Völker und Bewohner: *Dan-i-r* Dänen, *Sygn-i-r* Einwohner von Sogn, concr. zu Verben: *reyk-r* Rauch, verbalabstr.: *skrið-r* Schritt, *bug-r* Biegung, *þyt-r* Lärm *(þjóta)*, *sult-r* Hunger, *hlym-r* Getöse.

*24. *-ti*, *-ði*, *-di*, Personen: *ges-t-r* Gast, concreta: *sta-ð-r* Stätte, verbalabstr.: *bur-ð-r* Geburt, *stul-d-r* Diebstahl, *fun-d-r* Finden.

*25. *-ōðu*, (§ 153, z. T. *i*-Stämme) verbalabstr. von *ai-* und *ō-*Verben: *un-að-r* Wonne *(una)*, *fagn-að-r* Freude, auch denominale: *vin-að-r* Freundschaft, poet. nom. agentis: *mjǫt-uð-r* Schöpfer, *vind-uð-r* Schlange (= Winder).

*26. *-nōðu*, verbalabstr.: *lif-nað-r* Leben, *bú-nað-r* Haushalt; denominale: *þjóf-nað-r* Diebstahl.

*27. *-tu*, *-ðu*, *-du*, Personen: *vǫr-ð-r* Wart *(vara)*, sächl. concr. und abstr.: *fjǫr-ð-r* Meerbusen, *þrǽ-ð-r* Faden (= Draht), *þǽt-t-r* Docht, bes. von adj. und Verben: *rét-t-r* Recht, *vǫx-t-r* Wuchs, *dau-ð-r* Tod *(deyja* sterben*)*.

§ 328. Die wichtigsten konsonant. Suffixe sind:

1. *-an*, bildet wurzelhafte nom. ag.: *brek-i* Woge (= Brecher), *mat-gjaf-i* Brotherr (= Speisegeber), *sprot-i* Sprössling, denominale Personenbezeichnungen: *g-rann-i* Nachbar, *rún-i* Freund, *goð-i* Priester, substantivirte adjectiva: *helg-i* Heilige, bildet Namen für Körperteile: *hnakk-i* Nacken, *nafl-i* Nabel, für Gegenstände von der Form des Grundworts: *odd-i* Dreieck *(odd-r* Spitze), *geir-i* keilförmiges Stück, Zustände: *hit-i* Hitze, *brun-i* Brand, *ag-i* Schreck, *þokk-i* Liebe, auch von adj.: *hǫfg-i* Schwere, *djarf-i* Kühnheit, *van-i* Gewohnheit.

2. *-jan*, denom. nom. ag.: *arf-nyt-i* Erbe, *skyt-i* Schütz, Eigenschaftsbezeichnungen von adj.: *verm-i* Wärme, *prýð-i* Stolz.

§ 328—329. Ableitung. Substantiva: Masc. und Fem.

*3. *-arjan*, denom. nom. ag.: *hlaup-ari* Läufer, *fisk-ari* Fischer.

4. *-unan*, denom. Personenbez.: *arf-uni* Erbe.

*5. *-ingjan*, denom. und verbale Personenbez.: *œtt-ingi* Verwandter, *let-ingi* Faulpelz, *heyr-ingi* Höriger.

Anm. Einige Wörter auf *-ingi* entsprechen gotischen auf *-gaggja*, z. B. *for-ingi* Vorsteher, *mór-ingi* Söldner u. a.

6. *-man*, sächl. concr. und abstr.: *bló-mi* Blume, *tí-mi* Zeit, *rod-mi* Röte.

7. *-lan*, in *geis-li* Strahl (*geirr*), *au(vi)s-li* Schade.

8. *-aldan*, Schimpfworte für Pers., von adj.: *glóp-aldi* Tölpel (*glópr*), von Verben: *him-aldi* Zauderer (*híma*).

9. *-san*, Kurznamen: *Grim-si*, denom. Tiernamen: *ber-si* Bär, *gas-si* Ganser, abstracta: *of-si* Uebermut, *van-si* Mangel, Schande.

*10. *-tan*, *-dan*, *-đan*, abstr.: *gró-di* Wachstum, *dau-di* Tod, *fjøl-di* Menge, *kul-di* Kälte, *þót-ti* Meinung (*þykkja*), *þors-ti* Durst; wenige concr.: *fas-ti* Feuer, *g-neis-ti* Funke.

11. *-der*, Verwandtschaftsbezeichnung: *fa-dir* Vater, *bró-dir* Bruder.

12. *-(a)ndan*, subst. part. präs. (alte nom. ag.): *frœn-di* Verwandter, *fjá-ndi* Feind, *bú-andi*, *bó-ndi* Bauer.

b) Feminina.

§ 329. Die hauptsächlichsten vokalischen Endungen sind:

1. *-ō*, bildet u. a. subst. zu verben: *gjøf* Gabe, *før* Fahrt, *søg* Sage.

2. *-jō*, weibl. Personen und Tiere: *þý* Dienerin, *gýg-r* Riesin, *ylg-r* Wölfin, sächl. concreta: *ey* Insel (*ǫ́*), abstr.: *nyt* Nutzen, *hild-r* Kampf.

*3. *-nō*, (in die *i*-Decl. übergetreten), verbalabstr.: *hǫf-n* Habe, *óg-n* Schrecken, *naut-n* Benutzung.

4. *-unjō*, Namen: *Sig-yn*, *Fjǫrg-yn*.

5. *-dō*, *-tō*, sächl. concr. und abstr.: *mol-d* Erde, *skǫn-d* Schande (Scham), *rǫs-t* Meile (= Rast).

120 § 329—330. Ableitung. Substantiva: Fem.

*6. -ipō, -idō (vgl. § 74, 81 und 100) abstr. von adj.: *fegr-ð* Schönheit, *dýp-þ* Tiefe, *víd-d* Weite, *frið-sem-d* Friedsamkeit, von Verben: *fylg-ð* Begleitung, *rók-þ* Liebe, *leyn-d* Geheimnis, *reis-t* Erhebung.

7. -(i)*ja*, sächl. concr.: *lau-g* Waschwasser, Bad, coll.: *móð-gu-r* Mutter und Tochter.

*8. -ingō, weibl. Personen: *dróttn-ing* Königin, *kerl-ing* Alte, ferner verbalabstr. von den langsilb. ja-Stämmen: *send-ing* Sendung, *lækn-ing* Heilung.

9. -*ningō*, abstr. von st. Verben: *rit-ning* Schrift, *kos-ning* Wahl, *get-ning* Erzeugung, *haf-ning* Erhebung, *smi-ning* Wendung, und von den kurzsilb. ja-Stämmen: *tam-ning* Zähmung, *spur-ning* Frage; zu *ját(t)a* bejahen: *ját-ing* und *ját-ning*, zu *gera* machen: *ger-ning-ar* Hexerei.

Anm. 1. *bú-n-ing-r* Anzug, Ausrüstung und *ger-n-ing-r* That sind masc.

*10. -ungō, denom. abstr.: *horm-ung* Kummer, *djorf-ung* Kühnheit.

11. -ni, primäre verbalabstr.: *bǿ-n* Bitte, *freg-n* Verstand, *sjó-n*, *sý-n* Anblick; von ja-Stämmen: *heyr-n* Hören, *spur-n* Erforschung, *fýs-n* Neigung.

*12. -ōni (§ 156), verbalabstr. von schw. Verben der ō- und ai-Klasse: *ætl-an* Meinung, *un-an* Wonne.

*13. -ti, -di (-þi), -di prim. abstr.: *sót-t* Sucht, *hú-d* Haut, zu Verben: *fer-ð* Fahrt, *gló-ð* Glut, *sam-kun-d* Zusammenkunft, *mis-kun-n* Verzeihung (§ 94), *skul-d*, *skyl-d* Schuld, *gip-t*, *gif-t* Gabe, *hlus-t* Hören; mit -s- in *ǿ-st* Liebe (neben *of-un-d* Missgunst).

14. -(u)ndi, abstr.: *ná-nd* Nähe, *vit-und* Kenntnis.

Anm. 2. *-úd* in *ill-úd* Feindschaft, *ást-úd* Liebe u. ä. ist contrahirt aus *hugd* Sinn, also kein Suffix! Eine Weiterbildung davon ist -*ýdgi*, z. B. in *hard-ýdgi* u. Hartnäckigkeit.

§ 330. Die wichtigsten konsonant. Suffixe sind:

1. -ōn, bildet weibl. Personen- und Tierbezeichnungen: *hapt-a* Gefangene, *ber-a* Bärin, Namen von Körperteilen: *tung-a* Zunge, *bring-a* Brust, verbalabstr.: *sal-a* Verkauf, *nám-a* Einnahme, *trú-a* Glaube.

§ 330—331. Ableitung. Substantiva: Fem. und Neutra. 121

2. -jōn, weibliche Personen und Tiere: val-kyr-ja Walküre, gyð-ja Priesterin; fylgja Stute, birn-a, Bärin (björn), Geräte: eik-ja Bot (eik), bryn-ja Panzer, Produkte: birk-ja Birkensaft, dýn-ra Federbett, hvel-ja Walhaut, abstr. von adj.: ven-ja Gewohnheit, sæl-a Glück, von Verben: tek-ja Beute, þykk-ja Liebe.

3. -unjōn, weibl. Personen und Tiere: ás-ynja Göttin, ap-ynja Aeffin.

4. -ilōn, demin.: mey-la Mädchen, hynd-la Hündchen.

*5. -(i)slōn, verbalabstr. von langsilb. ja-Verben: reyn-sla Erfahrung, fó-zla Nahrung, (fóða), ney-zla Verzehrung (neyta); von st. Verben: hla-zla Eiuladen (hlaða).

6. -iðōn, weibl. Personen und Tiere: ed-da Grossmutter (§ 44), sted-da Stute, abstr.: ed-da Poetik (§ 74).

7. -tōn, -tjōn, verbalabstr.: slát-ta Mähen, þrǽt-ta Streit, hǽt-ta Gefahr (hanga).

8. -ahtōn, denom. abstr.: vin-átta Freundschaft, við-átta Weite, kunn-átta Kenntnis; verbale: bar-átta Kampf (berja).

9. -ustōn, abstr.: orr-osta Kampf, holl-usta Treue, for-usta Führerschaft, þjón-usta Dienst.

10. -kōn, abstr.: hlǽ-ka Tauwetter, har-ka Härte.

*11. -iskōn, abstracta von subst.: bern-ska Kindheit, menn-ska Mannheit, von adj.: ó-ska Jugend, ill-ska Bosheit, vi-zka Weisheit. (Vgl. § 333, 18.)

12. -iskjōn, abstr.: forn-eskja Altertum, vitn-eskja Zeichen.

*13. -īn, abstr. von adj.: spek-i Klugheit, ell-i Alter, fróð-i Klugheit.

c) Neutra.

§ 331. Die wichtigsten vokalischen Suffixe sind:

1. -a, bildet u. a. verbalabstr.: grip Griff, skot Schuss, ráð Rat, hlaup Lauf.

2. -ja, abstr. von subst.: vætt-i Zeugnis, adj.: kynn-i Kunde, barn-leysi Kinderlosigkeit, von Verben: hlóg-i Verspottung, fylg-i Hülfe; collectiva, bes. zusammengesetzte,

§ 331. Ableitung. Substantiva: Neutra.

von subst.: *ill-gres-i* Unkraut, *and-vid-ri* Gegenwind, auch mit individ. Bedeutung: *ill-menn-i* Schurke, *ung-hryss-i* Fohlen.

3. *-na*, einige concr.: *bar-n* Kind (*bera*), *hor-n* Horn, *reg-n* Regen.

4. *-ana*, denom. sächl. concr. und abstr.: *ú-ár-an* Missjahr, Teuerung, *ú-lyfj-an* Gift, *g-am-an* Freude (lat. *amo*).

5. *-ina*, concr. und abstr.: *bund-in* Garbe, *ald-in* Frucht, *reg-in* pl. Götter, *meg-(i)n* Kraft.

6. *-ernja*, denom. concr. und abstr.: *fad-erni* Vaterschaft, *méd-erni* Muttererbe, *œtt-erni* Verwandtschaft, *lif-erni* Lebenswandel.

7. *-ma*, concr. und abstr.: *hrí-m* Reif, *slí-m* Schleim, abstr.: *stí-m* Kampf.

8. *-ra*, desgl. zu Verben: *bú-r* Gemach (= Bauer), *leg-r* Lager, *ok-r* Wucher, *Ertrag* (*vaka*), *fód-r* Viehfutter.

9. *-tra, -dra*, concr. und abstr.: *lau-dr* Seifenlauge, *slá-tr* Schlachtfleisch, *lá-tr* Wildlager, *ve-dr* Wetter, *fós-tr* Erziehung (*fóda*).

10. *-la*, concr. und abstr.: *hag-l* Hagel, *má-l* Zeit, Geräte: *seg-l* Segel, *þvá-l* Seife, verbalabstr.: *gau-l* Bellen (*geyja*), *rug-l* Verwirrung.

11. *-ala*, desgl.: *ad-al* Anlage, Geschlecht (= Adel), *ód-al* Eigenschaft, Erbgut.

12. *-þla* (§ 104, 1) concr. und abstr.: *stá-l* Fundament (= Stadel), *mé-l* Mittelstück (ahd. *gamindil*), *má-l* Rede (got. *maþl*).

13. *-alda* (vgl. § 113), Tiere: *fol-ald* Füllen, Sachen: *ker-ald* Gefäss, *rek-ald* Wrack, *sá-ld* Sieb, abstr.: *fer-ald* Reise.

*14. *-(i)sla*, concr. und abstr.: *hú-sl* Opfer, *bei-zl* Zaum (*bíta*), *smyr-sl* Salbe, *þyng-sl* Last.

15. *-islja*, concr. und abstr.: *reyk-elsi* Weihrauch, *fang-elsi* Gefangenschaft, *brig-zli* Vorwurf.

16. *-ta, -da, -ða*, concr. und abstr. zu Verben: *hap-t* Fessel (*hafa*), *fros-t* Frost, *traus-t* Zuversicht, *hlas-s* Last

(vgl. § 123), *mor-ð* Mord, *hljó-ð* Stille, *ki-ð* Saat, *sun-ð* Schwimmen.

17. *-indja*, denominale concr. und abstr.: *kvik-indi* lebendes Wesen, *heil-indi* Gesundheit, *sann-indi* Wahrheit (vgl. § 333, 2).

18. *-gina*, persönl. collectiva: *feð-gin* Vater oder Mutter, pl. Eltern, *mœð-gin* Mutter und Sohn, *syst-kin* Geschwister, *frið-gin* Liebespaar.

§ 332. Das einzige konsonantische Suffix ist *-ōn*, welches Namen von Körperteilen bildet: *aug-a* Auge, *hjart-a* Herz, *eyr-a* Ohr, *nýr-a* Niere u. a.

Anm. Die alten *s*-Stämme (lat. *genus*) wie *ax* Aehre, *setr* Sitz. *dœgr* 12 Stunden (Tag oder Nacht) sind in die *a*-Klasse übergetreten.

2. Adjectiva.

a) Bildung.

§ 333. Die wichtigsten vokalischen Suffixe sind:

1. *-a*, bildet primäre verbaladj.: *lat-r* lässig, *hjúg-r* gebückt, *skjót-r* schnell, bes. als zweite Compositionsteile: *ein-ráð-r* eigensinnig, *ein-vald-r* alleinherrschend, *mikil-látr* stolz, *laun-kár-r* verschlossen, *fǫl-leit-r* blassfarbig, *utan-verð-r* auswendig u. a.

Anm. Hierher gehören auch die in § 314 erwähnten Suffixe *-ligr* (*likr*), *-samr* und *-fastr*.

2. *-ja*, einige primäre: *mið-r* mittlerer, *ný-r* neu, bes. denominale Bildungen in compositis: *blá-eyg-r* blauäugig, *fer-fǿt-r* vierfüssig, *ein-nǽtt-r* eine Nacht alt, *ein-hend-r* einhändig, *góð-lynd-r* freundlich; *-ind-r* (= altengl. *-wende*) ist zum Suffix geworden, vgl. *heil-ind-r* heilsam, *leið-ind-r* langweilig (vgl. § 102, 2).

3. *-wa*, einige primäre: *ǫr-r* schnell, *frjó-r* fruchtbar; farbenbezeichnend: *fǫl-r* fahl, *hǫs-s* grau.

4. *-na*, primäre: *jaf-n* eben, *gjar-n* begehrend, *for-n* alt.

*5. *-ina*, ursprüngl. primäre participia prät.: *op-in-n* offen, *eig-in-n* eigen, *rot-in-n* verfault, *ald-in-n* alt.

§ 333. Ableitung. Adjectiva: Bildung.

*6. -ina, denom. Stoffadj.: eik-in-n eichen, gull-in-n golden, send-in-n sandig; dann einen Hang bezeichnend: geym-in-n vergesslich, breyt-in-n betrügerisch, hygg-in-n verständig.

7. -ōnja, denom.: austr-ón-n östlich, sudr-ón-n südlich. aldr-ón-n bejahrt, darnach analog: fjall-r-ón-n von den Bergen wehend, ein-rón-n eigensinnig.

8. -ma, primäre: var-m-r warm, ól-m-r wild, nau-m-r eng.

9. -ra, desgl.: fagr-r schön, dig-r dick, vak-r wach, hurtig, sau-r-r trocken.

10. -la, desgl.: hei-l-l gesund, fú-l-l faul (fú-inn).

*11. -ala, -ula, verbaladj. die einen Hang bezeichnen: svik-al-l (-ul-l) betrügerisch, gjǫf-ul-l freigebig, spur-ul-l neugierig (spyrja).

12. -ila, in: lít-il-l klein, mik-il-l gross, heim-il-l verfügbar.

*13. -ta, -da, -þa, -da, (-sa), ursprünglich participia: rét-t-r recht, traus-t-r zuverlässig, kal-d-r kalt, dau-d-r tot, ku-d-r, kun-n-r kund, hvas-s scharf (= hvatr, § 123), vís-s weise (vita).

14. -ida, in: nøkkv-id-r nackt, sonst denom., ein Versehensein bedeutend: hár-d-r behaart, hyrn-d-r gehörnt.

*15. -ohta, denom., ein Versehensein bezeichnend: fǫx-ótt-r behaart, hrís-ótt-r mit Sträuchern bewachsen, krók-ótt-r hakig.

*16. -aya, -iga, -uya, primäre: ǫrd-ug-r steil, ǫf-ug-r verkehrt, dann secundäre von subst., um ein Versehensein zu bezeichnen: heil-ag-r heilig, vǫld-ug-r mächtig, hir-g-r ausgestattet.

*17. -ska, primäre: va-sk-r, þro-sk-r kühn, hei-sk-r scharf (-squa oder -sku in lǫ-sk-r weich, rǫ-sk-r kühn?).

*18. -iska, denom. um Abstammung zu bezeichnen: ír-sk-r irisch, en-sk-r englisch, íslen-zk-r isländisch, dann eine moralische Eigenschaft: fífl-sk-r, heim-sk-r dumm, el-sk-r verliebt.

19. *-i*, prim. adj. der Möglichkeit: *ǽt-r* essbar, *óy-r* schrecklich, *nýt-r* nützlich, brauchbar, *barn-bǽr-r* fruchtbar, mit act. Bed.: *kǿn-n* weise.

20. *-ni*, verbaladj.: *sý-n-n* sichtbar, *gró-n-n* grün.

21. *-ri*, in: *rý-r-r* dünn, arm, *vit-r* weise, *nǿf-r* klug, *snǽf-r* dicht, fest.

Anm. Die *u*-Stämme sind nicht mehr erhalten (vgl. § 186), z. B. *hard-r* hart (got. *hardus*), *eng-r*, *ǫng-r* eng (g. *aggwus*).

§ 334. Die wichtigsten konsonant. Suffixe sind:

1. *-an*, bildet schwache adj. von starken, eine Anzahl, besonders zusammengesetzte, kommen nur schwach vor, z. B. *lam-i* lahm, *and-vak-i* schlaflos, *afl-van-i* kraftlos, *for-vitr-i* sehr verständig, mit *-a* im nom. (vgl. § 200): *ein-skip-a* mit einem Schiff, *ein-valj-a* ausgewählt, *frum-vaxt-a* erwachsen u. a.

2. *-jan*, desgl.: *sam-fedr-i*, *-mǿdr-i* von demselben Vater, derselben Mutter, *ú-byr-ja* f. unfruchtbar.

3. *-san*, adj. von der Function eines part. präs.: *a-heyr-si* hörend, *at-gang-si* gäng, *hug-si* nachdenklich, *ú-leik-si* unglücklich spielend.

b) Steigerung.

§ 335. Die adj. bilden ihre Steigerungsformen auf doppelte Art, nämlich:

1) comp. *-ari*, sup. *-astr* (resp. *-asti*), z. B. *spakr* verständig, *spakari*, *spakastr (spakasti)*, entsprechend got. *-ōza*, *-ōsts (-ōsta)*;

2) comp. *-ri*, sup. *-str* (resp. *-sti*) mit *i*-Umlaut der Wurzelsilbe, z. B. *langr* lang, *lengri*, *lengstr (lengsti)*, entsprechend got. *-iza*, *-istr (-ista)*.

Anm. 1. Der comp. flektirt nur schwach (vgl. § 201), der sup. stark und schwach.

Anm. 2. Eine dritte Steigerungsform mit altem *r* ist im nordischen von den anderen nicht zu unterscheiden. vgl. darüber unter § 340.

§ 336. Bei den wie *spakr* steigernden adj. sind die Synkopirungen zu beachten, vgl. die Formen:

feginn froh, *fegnari, fegnastr, náinn* nahe: *nánari* (nach § 54), *gǫfugr* vornehm: *gǫfgari, máttigr* mächtig: *máttkari* (nach § 83), *heilagr* heilig: *helgari* (§ 44); *kná-r* tüchtig hat *knár(r)i* (aus *knáari*, vgl. 34 und 117), der *wa*-Stamm *ǫrr* freigebig: *ǫrvari*.

Anm. *Rǫskr* rasch hat Doppelformen: *rǫskari* und *rǫskrari* (vgl. § 194), ebenso *mjór* schmal: *mjór(r)i, mjóstr* und *mjófari, mjófastr; frár, frór* hurtig: *frári, frástr* und *fráfastr, frófastr*. Die kürzeren Formen sind Neubildungen zum Positiv.

§ 337. Bei der zweiten Steigerungsart ist § 19 f. zu beachten, also: *lágr* niedrig: *lǽgri, lǽgstr; stórr* gross: *stœrri* etc. Merke besonders:

grunnr, grudr seicht, *grynnri, grydri,* *grynnztr* (§ 72),
fagr schön *fegri* (§ 118) *fegrstr*
hreinn rein *hreinni* (§ 96, 1) *hreinstr*.

Anm. 1. *hár, hór* hoch bildet *hár(r)i, hǽstr* neben *hǿri, hǿstr*.
Anm. 2. Zu *ungr* jung heisst der comp. *yngri* und *eri* (= got. *jūhiza*, vgl. § 28), der sup. *yngstr* und *erstr* (mit -r- aus dem comp.!).

§ 338. Einige adj. bilden ihre Steigerungsformen nach beiden Arten, z. B. *djúpr* tief: *djúpari, djúpastr* und *dýpri, dýpstr* (vgl. § 103, 2); *skygn* klarsehend: *skygnari* und *skygni* (vgl. § 96, 6), *frǽgr* berühmt: *frǽgri* (nach § 336) und später *frǽgari*, ebenso *dýrr* teuer, *pungr* schwer, *punnr* dünn, *framr* vorzüglich (comp. sup. bedeuten „vorder", „vorderste"), *ríkr* mächtig (comp. *ríkari*), *glǫggr* deutlich (comp. *glǫggri* und *glǫggvari*), *skyldr* verwandt.

Anm. 1. Einige haben nur im comp. Doppelformen, im sup. stets *-astr*, z. B. *slǿr* stumpf: *slǿfari* und *slǿr(r)i, gjǫfull* freigebig: *gjǫflari* und *gjǫfulli; tryggr* treu: *tryggvari* und *tryggri*. Bei *nýr* neu ist die Form *nýjari* selten (gew. *ný(r)ri*).

Anm. 2. Andere adj. haben nur im sup. Doppelformen, im comp. stets *-ri*, z. B. *sǽll* glücklich: *sǽlstr* und *sǽlastr, seinn* langsam: *seinstr* und *seinastr; hǿgr* bequem: *hǿgstr* und *hǿgjastr* (nach § 111), *sterkr* stark: gew. *sterkastr*.

Anm. 3. Gemischte Bildung haben: *heill* heil: *heilli, heilastr, vildr* beliebt: *vildri, vildastr; reglegr* prächtig: *-legri, -legastr* u. a. auf *-legr*, jedoch mit Synkope des *-a-* vor vokalisch anlautender Endung.

§ 339. Von verschiedenen Stämmen bilden ihre Steigerungsgrade.

gamall alt	*ellri*	*ellztr*
góðr gut	*betri, batri*	*beztr, baztr*
vándr, illr böse	*verri*	*ve(r)str*
lítill klein	*minni*	*minnztr*
margr mancher	*fleiri* —	*flestr*
mikill gross	*meiri*	*mestr*

§ 340. Der Positiv, zum Teil auch der Superlativ fehlt bei folgenden Wörtern, denen meist Adverbia oder Präpositionen zur Seite stehn:

(a. *neðan* unten)	*neðri, niðri, neðarri*	*neztr* unterste
(p. *of* über)	*efri, efri*	*ofstr* oberste
(a. *inn* hinein)	*innri, iðri*	*innztr* innerste
(a. *út* hinaus)	*ytri, ýtri*	*yztr, ýztr* äusserste
(a. *sunnan* von Süden)	*syðri*	*sy(ðn)ztr* südlichste
(a. *handan* jenseits)	*hindri* später	*hinztr* letzte
(p. *af* ab)	*efri* später	*ef(s)tr* letzte
(a. *fjar* fern)	*fjarri, firnari*	*firstr* entfernteste
(a. *aptan* von hinten)	*eptri, aptari*	*epztr, aptastr* hinterste
(a. *norðan* von Norden)	*nyrðri, norðri, norða(r)ri*	*nyrztr, norztr, norðastr*
(a. *austan* von Osten)	*eystri*	*austastr*
(a. *vestan* von Westen)	*vestri*	*vestastr*
(a. *síð* spät)	*síðri, síðar(r)i*	*síðastr, síðar(a)str*

(a. *sjaldan*, selten)	*sjaldnari*	*sjaldnastr*
(*ná-* nahe-)	*nær(r)i*	*næstr*
(*for-* vor)	*fyrri* früher	*fy(r)str* erste
(got. *haldis* eher)	*heldri*	*helztr* verzüglichste
—	*œðri*	*œztr* höchste

—	*vinstri* linke	—
—	*hœgri* rechte	—

§ 341—346. Ableitung. Zahlwörter.

Anm. Die Formen bis *sid* etc. incl. sowie die 2 letzten zeigen ursprünglich eine andere Bildung als die übrigen (vgl. zu jenen got. *aftaro, aftra*).

3. Zahlwörter.

§ 341. Die Ordinalzahlen haben die suffixa *-ista* (in *fyr-st-r*, schw. *fyr-st-i* erste), *-para* (in *an-nar-r* andere, zweite), *-dja̋n* (in *þri-ði* dritte), für die übrigen Zahlen *-tan, -dan, -þan, -dan:* 4. *fjór-ði,* 5. *fim(m)-ti* (aus **fimf-ti*), 6. *sét-ti (*seh-ti,* ἑκ-τός*),* 7. *sjaun-di, sjun-di,* 8. *át-ti, át-tandi, ǫ́tt-undi* (nach 7, 9 und 10), 9. *níun-di,* 10. *tíun-di,* 11. *ellip-ti,* 12. *tolf-ti,* 13. *þrettán-di* u. s. w., 20. *tuttug-undi, tvítján-di,* 30. *prítug-undi,* 40. *fertug-undi,* 50. *fim-tug-undi* u. s. w., resp. *-andi*.

Anm. Spätere Formen der Zehner sind *-tugti, -tugasti*.

§ 342. Die Zahlen 21—29 etc. werden gebildet durch Vor- oder Nachsetzung der kleineren Ordinalzahl mit dazwischenstehendem *ok: tuttugundi ok fyrst-i* oder *f. ok t.* Statt *fyrsti* kann auch *einn* stehen!

§ 343. Multiplicativa und distributiva mit dem Suffix *-na* werden von den Zahlen 2—4 gebildet: *tved-r, tvenn-r* doppelt (pl. *tvennir* je zwei), *þred-r, þrenn-r* dreifach, *fern-ir* je 4.

Anm. Die pl.-Formen *tvennir, þrennir, fernir* werden auch als Kardinalzahlen gebraucht.

§ 344. Zahlsubstantiva sind: *fem-t, sét-t, sjaun-d, ǽt-t, níun-d, tíun-d, tylf-t, þrítog-t* f. „Anzahl von 5 etc."; ferner *ein-ing* f. Einheit, *tven(n)-ing* Zweiheit, *þren(n)-ing* Dreiheit (vgl. § 329, 13 und 8); *tigr, tegr* Anzahl von 10.

§ 345. Von den Ordinalzahlen werden die Teilzahlen *þriðj-ung-r* Drittel, *fjórd-ung-r* Viertel etc. gebildet; „die Hälfte" heisst *helm-ing-r, hel(f)-ning-r* oder *helf-þ, helf-t*.

§ 346. Zahladverbia sind: *tysvar, tvisvar* zweimal, *prysvar, þrisvar* dreimal.

4. Adverbia.
a) Bildung.

§ 347. Viele adv. haben keine besondere Endung, z. B. *út* hinaus, *nú* nun, *vel* wohl, andere sind entweder als Ableitungen von adj., oder als casus von subst., adj., pron. und Zahlwörtern deutlich zu erkennen.

Anm. Einige adverbia sind alte Neutralformen des adj. ohne -*t*, z. B. *nóg* genug, *mjok* sehr, *saman* zusammen, *sjaldan* selten.

§ 348. Adv. werden von adj. gebildet durch Anhängung von -*a*, z. B. *vída* weit, *illa* übel, *gǫrva* bereit, *hardliga* hart, *grimmliga* grimmig. Indem letztere zu den einfachen adj. *harðr*, *grimmr* in Beziehung gesetzt wurden, betrachtete man -*liga* als Endung und bildete so adv., auch wenn keine adj.-Bildung auf -*ligr* vorhanden war, z. B. *bjartliga* klar zu *bjartr* u. s. w. Eine kürzere Nebenform ist -*la*, z. B. in *árla* früh, *har(d)la* sehr, *brádla* hurtig u. a.

Anm. 1. Ueber die Entstehung von -*ligr*, -*liga* aus -*likr* etc. vgl. § 314 Anm. 1.

Anm. 2. -*liga*, -*la* kann auch an adv. treten, z. B. *sid(ar)la*, *sid(ar)liga* spät, zu *sid*, *sidar*.

§ 349. Seltner sind die adv. auf -*i*, z. B. *fjarri* fern, *inni* drinnen, *úti* aussen, *spari* selten, *lengi* lange Zeit.

§ 350. Ortsadverbia zur Bezeichnung der **Ruhe**, der **Bewegung nach**, und der **Bewegung von einem Orte** sind:

wo?	wohin?	woher?
þar da	*þadra*	*þadan*
hvar wo	*hvert*	*hvadan*
hér hier	*hedra*	*hedan*
handan jenseits	—	*handan*
innan innen	*inn*	*innan*
úti aussen	*út*	*utan*
uppi \ oben	*upp*	—
ofan /		*ofan*
nidri \ unten	*nidr*	*nedan*
nedan, und(ir) /	—	*undan*

§ 351—352. Ableitung. Steigerung der Adverbia.

wo?	wohin?	woher?
aptr rückwärts	*aptr*	*aptan*
heima daheim	*heim*	*heiman*
— Osten	*austr*	*austan*
— Westen	*vestr*	*vestan*
— Norden	*norðr*	*norðan*
— Süden	*suðr*	*sunnan*

b) Steigerung.

§ 351. Die adv. werden im allgemeinen wie die adj. gesteigert, also:
1) Comp. *-ar*, sup. *-ast*, z. B. *-opt* oft, *optar, optast; sjaldan* selten, *sjaldnar, sjaldnast; víða* weit, *víðar, víðast*. So gehen alle auf *-la, -liga*.
2) Comp. *-r*, sup. *-st* mit *i*-Umlaut des Wurzelvokals, z. B. *gerva* genau, *gørr, gørst; lengi* lange, *lengr, lengst; skam(m)t* kurz, *skem(m)r, skem(m)st* (beide temporal!). Merke besonders *fjarri* fern, *firr, first* (nach § 14, 1).

Anm. 1. Im comp. steht neben *-ar* oft *-arr* analog dem *-rr* von *nærr* näher (§ 117), im sup. *-arst* neben *-ast* bei *sið* spät, *ofan, neðan, inn, út, aptan, sunnan, norðan, austan, vestan*.

Anm. 2. Der pos. fehlt bei *heldr* lieber, *helzt* (vgl. § 83), *síðr* weniger, *sizt* (vgl. § 100), *fyrr* früher, *fyrst* zuerst, *nær(r)* näher, nahe (vgl. engl. near!), *næst*. Nur im comp. erscheint *hindar* später.

Anm. 3. Doppelformen zeigt z. B. *fram* vorwärts: *fremr, framar, fremst, frama(r)st*.

Anm. 4. Im pos., comp. und sup. kann der ac. sg. n. des adj. statt der Adverbialform gebraucht werden, z. B. *vitt — víða* weit, *víðara — víðar, fyrri — fyrr* früher, *ýzt — ýtarst* äusserst. Im comp. geschieht dies gewöhnlich bei *titt* (= *tíðt*): *tíðara, langt* lang: *lengra, skamt* kurz: *skemra* (beide lokal!).

Anm. 5. Zuweilen wird dem comp. noch *-meir(r)* angehängt, z. B. *fyrrmeir(r), firrmeirr, nærrmeirr, ofarmeirr*.

§ 352. Folgende bilden ihre Grade von anderen Stämmen:

pos.	comp.	sup.
vel wohl	*betri* besser	*bezt, bazt*
illa übel	*verr*	*ve(r)st,*
lit(t) wenig	*minnr, miðr*	*minnzt*
mjok sehr	*meir(r)*	*mest*

Anm. Zu *miðr* vgl. § 72, zu *mest* § 44.

5. Verba.

§ 353. Die hauptsächlichsten verbalsuffixa sind:

*1. *-ja*, welches u. a. denominale verba bildet: *tal* Zahl: *telja* zählen, *draumr* Traum: *dreyma* träumen, *hvatr* scharf: *hvetja* schärfen, *verdr* wert: *virda* schätzen, besonders causativa von starken ablautenden Verben, und zwar von der in der 1. und 3. sgl. ind. prät. vorliegenden Stammform, z. B. *rísa* aufstehen: *reisa* erheben, *fljúga* fliegen: *fleygja* fliegen machen, *springa* springen: *sprengja* sprengen, *svelta* sterben: *svelta* (*swaltjan*) töten, *søkkva* sinken: *søkkva* senken (*sankwjan*), *sitja* sitzen: *setja* setzen, *fara* fahren: *føra* führen; etwas anders ist die Bildung bei *svefa* schlafen: *søfa*, *sváfa* einschläfern, sowie den redupl.: *falla* fallen: *fella* fällen, *gráta* weinen: *gréta* betrüben.

Anm. 1. Auch einige st. verba sind *ja*-Stämme, vgl. § 242 und 245.

*2. *-ō*, bildet viele denominativa, z. B. *tal* Rede: *tala* reden. *egg* Schneide *(ja* Stamm): *eggja* anreizen, *bǫl* Uebel: *bǫlva* verfluchen, *hratr* energisch: *hvata* eilen.

*3. *-nō*, inchoativa, z. B. *vak-na* erwachen, *fú-na* verfaulen, *grá-na* ergrauen, *brot-na* entzwei gehen.

4. *-lō*, deminutiva wie *fif-la*, *fip-la*, *fit-la* befingern, *grip-la* tasten *(grípa)*, *haud-la*, *hǫnd-la* berühren, behandeln, *hvarf-la* umhertaumeln.

5. *-rō*, in: *klif-ra* klettern *(klífa)*, *halt-ra* hinken *(halt-r)*.

6. *-sō*, iterativa: *hrein-sa* reinigen, *glep-sa* schnappen, *hug-sa* denken, *tap-sa* berühren.

*7. *-kō*, causativa und inchoativa von adj.: *blíþ-ka* erfreuen, *dýr-ka* verehren, *þur-ka* trocknen: *væn-ka-sk* eine erwünschte Wendung nehmen, *breiþ-ka* breit werden, *víþ-ka* sich erweitern.

Anm. 2. Die verba auf *-ga (ō-Kl.)* sind Ableitungen von adj. auf *-agr* etc. (§ 333, 16), z. B. *aud-ga* bereichern *(aud-ig-r)*, *blód-ga* blutig machen, werden, *gǫf-ga* verehren, *hel-ga* heiligen etc.; nach solchen Mustern sind analog gebildet: *blóm-ga* blühen machen, *kvǽn-ga* verheiraten, *vin-ga-sk* sich befreunden.

Anm. 3. Seltenere Suffixe erscheinen in *já(t)-ta* bejahen (§ 268 Anm.), *nei-ta* verneinen; *brey-da* zücken (§ 239, 3). In *standa* stehen (§ 245) steckt ein Infix -*n*-.

III. Bedeutungslehre.

A. Wortarten.

1. Substantiva.

§ 354. Abstracta können zuweilen concrete Bedeutung annehmen und umgekehrt, z. B. *hljóa* Ton, Horn, *hlíf* Schutz. Schild; *feikn-stafir* verderbliche Runen, Unheil; Stoffnamen können als appellativa stehen, z. B. *járn* Eisen, Schwert, *gull* Gold, goldner Fingerring.

Als pronomina werden gebraucht: *manngi* Niemand, *maðr* man, *vætki* nichts, vgl. § 221. Ueber den adverbialen Gebrauch einzelner casus vgl. § 373 f.

Anm. In Constructionen wie: *vin sínum skal maðr vinr vesa*, seinem Freunde soll man Freund sein, scheint ein Uebergang in adjectivische Bedeutung vorzuliegen.

2. Adjectiva.

§ 355. Adjectiva können ohne weiteres substantivisch gebraucht werden, z. B. *enn ríki* der Mächtige, *haltr ríðr hrossi*, der Lahme reitet auf dem Pferd, *konungr hvessir sljófa*, der König treibt die Lässigen an; *gott*, das Gute, *at sǫnnu* in Wahrheit etc. Ueber den adverbialen Gebrauch von adj. s. § 379.

3. Zahlwörter.

§ 356. Die meisten Zahlwörter können substantivisch und adjectivisch gebraucht werden, vgl. *œsir tveir* 2 Asen, *tveir 'u einherjar*, zwei sind Einzelkämpfer: die Zehner von 30—110 dagegen, sowie 100 (120) und 1000 (1200) sind subst. (vgl. § 205 und 317) und werden daher mit dem gen. pl. verbunden; erst später wird 100

§ 357—360. Bedeutungslehre. Wortarten.

auch adjectivisch construirt: *með hundrað riddurum*, mit 100 Rittern.

§ 357. *Einn* kann auch pronominal in der Bedeutung „ein bestimmter, einziger, ein und derselbe, irgend ein, ein gewisser" oder „allein" gebraucht werden, z. B. *ein sat hon úti*, allein sass sie draussen; im plur., wo es auch schwach flektirt, hat es nur diese Bedeutungen (vgl. § 203. 1): *annarr* „zweiter" kann ebenfalls pron. sein und „anderer" bedeuten, z. B. *annat líf*, ein anderes Leben; das distributive *fernir* „je vier" kann auch als Kardinalzahl dienen (vgl. § 343).

Anm. Bei Aufzählungen steht *einn* an Stelle von *fyrstr*. Wegen *einna* als Verstärkung des superl. vgl. § 380 Anm.

4. Pronomina.

§ 358. Das Reflexivpron. steht statt des demonstrativen, auch wenn es sich nicht aufs Subject, sondern auf ein anderes Wort des Satzes bezieht, z. B. *Svíum þótti Ingi brjóta lanzlǫg á sér*, den Schweden schien I. die Landesgesetze gegen sie zu übertreten; desgl. bei der Construction des acc. mit inf., wo der acc. Subject des abhängigen Satzes ist, z. B. *hann bað biskup fara með sér skíra fǫður sinn*, er bat den Bischof mit ihm zu fahren und seinen (des redenden) Vater zu taufen; aber auch in andern abhängigen Sätzen, wenn diese als Gedanken des Subjects im Hauptsatze bezeichnet werden sollen, z. B. *ætlar hann ok at lyfja þeim sitt ofbeldi*, er denkt auch ihren Uebermut zu brechen.

Anm. Umgekehrt steht zuweilen das demonstr. statt des refl. Pron.: *Gissur sagði, at hónum þótti ván*, G. sagte, dass es ihm (sonst *sér*) wahrscheinlich däuchte.

§ 359. Die pron. demonstr. *sá, sjá (þessi)* und *hinn* werden substantivisch und adjectivisch gebraucht, im ersteren Falle oft = *hann; sá* und *hinn* dienen in abgeschwächter Bedeutung auch als bestimmter Artikel.

§ 360. Das pron. **hvá(r), hvat* steht als interrog. nur subst.: „wer, was" *(hvat manna* was für ein Mann), als indef. aber subst. und adj.: „irgend ein, was nur immer: jeder, alles".

§ 361. *Hverr* kann ebenfalls subst. und adj. sein und bedeutet als interrog.: „wer, welcher" (von mehreren), als indef.: „wer immer, jeder, jeglicher (pl. alle): irgend einer, jemand". Seltener steht es als relativum. *Hvárr*, subst. und adj. bedeutet als interr.: „wer, welcher von beiden", als indef.: „einer, jeder von beiden".

§ 362. a) Die indef. *einnhverr, annarrhvárr, hvárrtveggi, nǫkkurr, sumr, einn, engi* werden subst. und adj., dagegen *eitthvat, manngi, vætki, hvatki, hvatvetna hvergi, hvárgi, annarrtveggi* bloss substantivisch gebraucht.

b) *Neinn* wird meist adjectivisch gebraucht, und steht immer nach negativen Ausdrücken oder nach einem Comparativ mit der Partikel *en*, z. B. *engi fekk af hǫnum neinar bótr*, Niemand erhielt von ihm eine Entschädigung: *skal ek heldr pola dauda, en veita peim neitt mein*, ich werde eher den Tod erdulden, als ein Unrecht gegen sie begehen.

5. Verba.

§ 363. Transitive verba können zuweilen intransitive Bedeutung haben, vgl. *brenna* brennen (machen), verbrennen, *nema* nehmen, anfangen (mit inf.); ferner werden gewisse Stoffwörter oft zu Hilfszeitwörtern, wie *hafa* haben, *vesa* sein, *verda* werden, etc.; *nema, láta* können als blosse Umschreibungen einfacher Verbalformen stehn.

6. Adverbia.

§ 364. Adverbien des Ortes können gelegentlich als Zeitbestimmungen verwandt werden, vgl. *þar* dort, damals, fragende als unbestimmte, wie *hvar* wo? überall, *hvé* wie? wie auch immer, etc.

§ 365. Als Conjunctionen können folgende gebraucht werden: *at, allz, ádr, heldr, medan, nær, sídan, sídr, þá, þegar, þó* (wegen der Bedeutung vgl. „Syntax"), als Conj. und Präpositionen: *auk, nær, til, utan*.

§ 366—369. Bedeutungslehre. Wortarten. Wortformen.

Ueber den adverbiellen Gebrauch der Präpositionen vgl. den folgenden §.

7. Präpositionen.

§ 366. Lokale Präp. können zugleich temporale und modale Bedeutung haben, wie *í* in, z. B. *í túni* im Hofe, *í dag* heute, *í minn frama* zu meinem Nutzen; alle werden zugleich als adverbia gebraucht, vgl. *á gengusk eidar*, Eide wurden zu nichte, *hann drakk af*, er trank daraus, *kom Þórr at*, Thor kam hinzu. Zugleich Conjunctionen können sein: *auk, nær, til, utan*.

8. Conjunctionen.

§ 367. Die Conjunctionen *es (er)* und *sem* können auch wie Relativpronomina verwendet werden, vgl. *at hǫllu er Hymir átti*, zur Halle die H. hatte, *þá menn sem*, die Männer welche....

B. Wortformen.

1. Substantiva.

a) Genus.

§ 368. Gegen die Regel, dass männliche und weibliche Wesen durch das entsprechende grammatische genus bezeichnet werden, verstossen einige neutra, wie *ill-menni* Schurke, *skáld* Dichter, *víf, fljóð* Weib, *gýfr* Riesenweib, *skars, skass* Hexe; communia sind dagegen die neutra: *god* (heidnischer) Gott, *regin* pl. Götter, *barn, jóð*, Kind, *systkin* pl. Geschwister, *hjú, hjón* pl. Eheleute, Hausgenossen, *man* Knecht, Magd, *troll* Unhold, *flagð* Riese, Riesin: epicoena: *dýr* Tier, *hross* Ross, *grey* Hund, Hündin, *rǫkn* pl. Zugtier — alle neutra.

§ 369. Masc. communia sind z. B. *maðr* Mensch, *firar* pl. Menschen, *vanir* pl. Vanengötter, *dvergr* Zwerg; desgl. epicoena: *vargr* Wolf, *hreinn* Renntier, *kálfr* Kalb; *fugl* Vogel, *ǫrn* Adler, *hrafn* Rabe; fem. epic.: *gás* Gans, *ǫlpt* Schwan, *kráka* Krähe u. a.

§ 370—372. Bedeutungslehre. Wortformen.

Anm. Das Geschlecht kann bei einigen Tieren auch durch bes. Wörter bezeichnet werden: *gassi* Ganser, *tík* Hündin u. a.

b) Numerus.

§ 370. Eigennamen, collectiva und abstracta kommen im allgemeinen nur im sg. vor. Eigennamen können jedoch auch im pl. gebraucht werden und bezeichnen dann: 1) Personen desselben Namens, z. B. *tveir Haddingjar*, die 2 Hartunge, oder 2) fast appellativ „Männer wie", z. B. *Vélundar* Männer wie Wieland. — Collectiva im pl. bedeuten Stücke oder Teile der Masse, wie *jǫrn* Eisenstücke, Eisenwaffen, *matir* Bissen (zu *matr* Speise), *skarar* (zu *skǫr* Haupthaar) das Haar mehrerer. — Abstracta im pl. bezeichnen: 1) die einzelnen Aeusserungen eines Affects, einzelne Fälle u. dergl., wie *ást*, pl. *ástir* Liebe, Liebesverhältnis, *kærleikr* desgl., *harmr* — *harmar* Kummer, *gjald* — *gjǫld* Vergeltung, *bót* — *bǿtr* Busse, *frǿdi* Klugheit etc.: 2) concreta, z. B. *naudr* Not: *naudir* Fesseln, *sjón* Gesicht: *sjónir* Augen, *veidi* Jagd: *veidar* Wildpret, *vél* listiger Sinn: *vélar* Kunstwerk.

Anm. Einige abstr. kommen nur im pl. vor, wie *ǫrlǫg* Schicksal, *grǿti* Kummer, *glý* Freude, *svik* Betrug.

§ 371. Der sg. von Appellativen kann auch, collectiv gebraucht, Pluralbedeutung annehmen, z. B. *madr* = *menn* Menschen; ebenso bezeichnet der pl. zuweilen die Teile eines Ganzen oder ein Ganzes, das aus Teilen besteht, z. B. *hús* Haus, *brjóst* Brust (auch im pl. von einem Menschen), *bedjar* Bett.

Anm. Gewisse concreta kommen nur im pl. vor, z. B. *fedgar* Vater und Sohn, *mǿdgur* Mutter und Tochter, *regin* Götter, u. a.

c) Casus.

1. Nominativ.

§ 372. Der nom. wird — ausser als Subjectscasus — auch zur Vertretung des (verschwundenen) Vocativs gebraucht, z. B. *vísi gestr!* weiser Gast!

2. Genitiv.

§ 373. Ein ziemlich seltener freier gen. von einigen Wörtern hat adverbiale Bedeutung, z. B. *annars heims* in der andern Welt, *annars stadar* anderswo, *midra garda* mitten auf dem Hofe, *víz vegar* fern; *annars dags* am andern Tage, *fárra nátta* nach wenigen Nächten, *loks, loksins* schliesslich: *bragz* schnell (zu *bragd*), *reyndar, raunar* wirklich, *allz endis* ganz u. a. Während die meisten davon nur in der Edda vorkommen, sind dagegen gen. von zusammengesetzten neutralen *ja*-Stämmen, wie *andstreymis* gegen den Strom, *forbergis* den Berg hinab; *árdegis* früh, *optsinnis* oft; *ókeypis* umsonst u. s. w. auch in der Prosa üblich.

3. Dativ.

§ 374. Auch ein freier Dativ kann adverbial stehen, z. B. *ǫdru megum* auf der andern Seite (vgl. § 98, Anm. 2); *ǫdru sinni* zum zweiten Male, *stundum* zuweilen, *tídum* oft; *hástǫfum* laut, *unnum* reichlich u. a. Nur poetisch sind: *kvisti* auf dem Zweige, *auri* im Kot; *einu dégri* an einem Tage, *átta nóttum* 8 Nächte.

Anm. Statt des blossen Dat. stehen auch die Präp. *á, í, at*.

4. Accusativ.

§ 375. Der acc. bezeichnet alleinstehend:

a) die Dauer einer Handlung, auf die Frage: wie lange? z. B. *verit hefir þú gestr eina nótt*, du bist eine Nacht lang Gast gewesen;

b) den Zeitpunkt für das Geschehen einer Handlung, auf die Frage: wann? z. B. *drekkr Mimir mjǫd morgin hverjan*, es trinkt M. Met jeden Morgen.

Anm. 1. Statt des acc. in der ersteren Bedeutung können auch *umb* oder *of* mit acc. stehn; statt des acc. in der zweiten Bedeutung auch *of, umb, í* oder (seltener) der dat. Der Zeitraum, in dem etwas geschieht, steht im gen. (vgl. § 373).

Anm. 2. Hierher gehören auch die adverbia *ey, é* (n)immer, nicht, *ei-gi, ey-vit* (§ 221, 3, Anm.) nicht, *æv-a* nie, nirgends (got. *aiw*, vgl. § 32, Anm. 2).

Anm. 3. Ueber die Entstehung dieses freien acc. aus einem acc. des Inhalts bei Verben vgl. die Syntax.

3. Zahlwörter.

a) Numerus.

§ 376. Im **Plural** werden die **multiplicativa** *tvedr, trennr* doppelt, *þredr, þrennr* dreifach sowohl als **distributiva** „je 2, je 3", wie als einfache **cardinalia** gebraucht, z. B. *vǫru tvennar hallir, aðrar ýfir ǿdrum*, es waren je 2 Hallen, die einen über den andern; *kómu konungar fyr kné þrennir*, fussfällig baten (mich) 3 Könige. Vgl. *fernir*, § 357.

b) Casus.

§ 377. Der nom. ac. n. *bǽði* wird auch als **Conjunction** in der Verbindung *b. ok* „sowohl ... als auch" gebraucht (vgl. engl. *both ... and);* der gen. n. *annars* als Adverb: „übrigens, anders".

4. Adjectiva.

a) Starke und schwache Formen.

§ 378. Die **schwache** Form wird stets bei vorhergehendem **Artikel** gebraucht, z. B. *hinn góði konungr* der gute König; oft auch ohne diesen bei Eigennamen: *Hálfdan svarti* H. der schwarze, und sonst: *nǽsta vetr eptir* den nächsten Winter darauf, *þetta sama haust* diesen selben Herbst; ferner stets im **Vocativ**: *kona válíga!* verderbliche Frau!

Anm. Eine Anzahl adj. kommen nur in der schwachen Form vor, vgl. § 334, 1.

b) Casus.

§ 379. Adjectiva können im g. ac. sg. und d. pl. des neutr. als **adverbia** gebraucht werden, z. B. *þvers* quer; *mikit* sehr, hart hart; *lǫngum* lange, *stórum* sehr u. s. w.

Anm. Ueber Formen wie *sáran* vgl. die Syntax.

c) Steigerung.

§ 380. Der **comp.** bezeichnet den höchsten Grad, wenn von **zweien** die Rede ist, z. B. *þau ǫttu tvá sonu, hét hinn ellri Þórir*, sie hatten 2 Söhne, der ältere hiess Þ.:

§ 381—384. Bedeutungslehre. Wortformen.

der superl., wenn von mehreren. Letzterer kann jedoch auch bloss einen sehr hohen Grad bezeichnen und wird dann mit dem bestimmten Artikel oder einem gen. part. verbunden, z. B. *mikill maðr ok hinn vænsti*, ein grosser und sehr schöner Mann; *kvenna fríðust*, eine sehr hübsche Frau.

Anm. Der superl. kann durch *einn, allra* oder *einna* verstärkt werden. — Der absolute Gebrauch des comp., z. B. in *verða léttari* gebären, entbunden werden (eigtl. „leichter werden"), ist derselbe wie im Deutschen.

5. Pronomina.

a) Numerus.

§ 381. Die Dualformen *vit, it* etc. der 1. und 2. Person des persönl. pron. werden nur gebraucht, wenn von zweien die Rede ist und können durch *báðir* verstärkt werden, die Pluralformen *vér, ér* etc. dagegen dienen zur Bezeichnung von dreien und mehreren. Die Dual- und Pluralformen der 3. Person sind den Singularformen gleich (vgl. § 208).

§ 382. Die 1. pl. *vér* wird aber oft statt der 1. sg. *(ek)* gebraucht, wenn ein König oder hochstehender Mann von sich redet *(plur. majestatis)*, z. B. *þótt vér kván eigim*, obgleich wir eine Frau haben — sagt Vélundr —; auch Schriftsteller reden so von sich: *þat viljum vér ok rita*, das wollen wir auch schreiben.

§ 383. Entsprechend wird oft die 2. pl. *ér, þér* statt der 2. sg. *(þú)* in der Anrede an Könige, Fürsten u. dergl. gebraucht, z. B. *sem ydr er kunnigt sjálfum, konungr*, wie euch selbst bekannt ist, o König.

Anm. 1. Das zugesetzte adj. steht dann im pl., z. B. *lifið heilir, herra!* lebt glücklich, Herr!

Anm. 2. Oft wechselt die Anrede unvermittelt zwischen der sg. und der pl. Form, z. B. *nú tóku þér . . . . nú skaltu*, nun fasstet ihr . . . . nun sollst du.

b) Casus.

1. Nom. Accus.

§ 384. Der nom. acc. n. verschiedener pronomina wird auch als Adverb, Präposition oder Conjunction gebraucht, nämlich

a) *hvat* dient auch als Fragepartikel: „etwa, warum, wie, ob", z. B. *hvat skal hann lengi lifa?* warum soll er lange leben?

b) *hvárt* desgl.: „ob", ferner als erstes Glied in Doppelfragen mit folgendem *eda* „oder"; endlich in Concessivsätzen mit *eda*: „sei es, dass ... oder dass", z. B. *hvárt ertu feigr, eda ertu framgenginn?* bist du dem Tode nah oder tot?, *hvárt eru sóttdaudir eda eru vápndaudir*, sei es, dass es durch Krankheit oder durch Waffen Getötete sind.

c) *hvár(t)ki ... né* „weder ,.. noch", z. B. *hvárki mátti hǫnum eitr granda útan né innan*, weder innen noch aussen konnte ihm Gift schaden.

d) *ekki*, „nicht", z. B. *ekki at rédusk*, nicht rieten sie zu.

2. Dativ.

§ 385. a) *hví* bedeutet auch: „wie, warum, woher, wodurch", z. B. *hví freistid mik?* warum stellt ihr mich auf die Probe?

b) *því* bedeutet auch: „daher, deshalb, unter der Bedingung", z. B. *því mun uppi þitt nafn vesa*, darum wird dein Name bekannt sein.

6. Verbum.

a) Genera verbi.

§ 386. Während das Activ eine einfache Thätigkeit oder einen Zustand bezeichnet, dient das Medio-passiv zum Ausdruck

a) der reflexiven Beziehung, wobei das suffigirte Pronomen (vgl. § 299 f.) entweder accusativische oder dativische Bedeutung haben kann, z. B. *vápnask* sich waffnen, *beidask* für sich begehren.

Anm. Wenn ein acc. cum inf. (vgl. die Syntax) folgt, enthält die Medialform zugleich das Subject des abhängigen Satzes, vgl. *son kvezk eiga*, er sagt, dass er einen Sohn habe (lat. *se filium habere*).

b) der reciproken, mit demselben Unterschied, z. B. *hittusk æsir* die Asen trafen einander; *erusk vinir* sie sind einander Freund, *trúask* einander vertrauen.

c) der rein activen durch Abschwächung aus der refl., z. B. *fjásk* hassen, *andask* sterben, *ifask* (= *ifa*) zweifeln u. a.

d) der passiven, z. B. *oll muntu lemjask*, ganz wirst du (f.) zerschmettert werden, *fóiask* geboren werden.

Anm. In den Eddagedichten ist dieser Gebrauch noch selten.

b) Tempora.
1. Präsens.

§ 387. Das Präsens bezeichnet in selbständigen Sätzen:

a) was eben gegenwärtig ist oder geschieht, z. B. *þetta er mikit skip*, das ist ein grosses Schiff, *ríða menn dauðir*, es reiten tote Männer;

b) was zu allen Zeiten ist oder geschieht, resp. was als allgemeines Verhalten an keine bestimmte Zeit gebunden ist, z. B. *mjǫð drekkr Mimir morgin hverjan*, Met trinkt M. jeden Morgen, *vesall maðr hlǽr at hvívetna*, ein elender Mann lacht über alles.

Anm. Eine Handlung, die lange vorher gedauert hat und noch dauert, steht ebenfalls im präs., z. B. *þau eru merki mest minna verka, þau er allir menn siðan um sé*, die sind die grössten Merkmale meiner Werke, die alle Menschen seitdem sehn.

c) als historisches Pr. bei lebhafter Schilderung oder Erzählung etwas vergangenes, bes. um einen Wendepunkt anzudeuten und direkt mit dem Prät. wechselnd, z. B. *ganga þeir fagra Freyju at hitta ok hann . . . . kvað*, sie gehen, die schöne Freyja aufzusuchen und er . . . sprach.

d) was in Zukunft sein oder geschehen wird, z. B. *ríðr þu til Gjúka*, du wirst zu Gjúki reiten.

Anm. Zum Ausdruck des Futurums werden oft die Hilfszeitwörter *munu* und *skulu* verwendet.

§ 388. In Nebensätzen bezeichnet das Präsens dasselbe; hier ist nur noch zu merken, dass es in solchen zuweilen gebraucht wird, wo die Handlung im Verhältnis zum Hauptsatz eigentlich vollendet ist. So:

a) in Nebensätzen, die eine Zeit oder Bedingung bezeichnen, nach einer Hauptaussage im Präsens, wenn von etwas die Rede ist, was sich wiederholt und zu geschehen pflegt, z. B. *þá er jór únýtr, ef einn fótr brotnar*, dann ist das Pferd unnütz, wenn ein Fuss bricht.

b) nach Hauptsätzen im fut. (futur. präs.) oder imperativ, z. B. *mik munu æsir argan kalla, ef ek bindask læt brúdarlíni*, mich werden die Asen weibisch nennen, wenn ich mich mit dem Brautlinnen bekleiden lasse; *haltu svá til vinstra vegsins, unz þú hittir Verland*, halte dich so nach links, bis du V. erreichst.

Anm. In Relativsätzen allgemeinen Inhalts steht das präs. ohne Rücksicht auf die Zeit der Haupthandlung, z. B. *cyndi á ǫngul, sás oldum bergr*, es steckte als Köder an die Angel, der die Menschen schützt.

2. Präteritum.

§ 389. Das Prät. ist das allgemeine tempus der Vergangenheit und bezeichnet in selbständigen Sätzen:

a) eine Handlung oder einen Zustand, der vor der Zeit des Redenden liegt, und worüber ohne direkte Beziehung zu dieser ausgesagt wird, z. B. *meyjar flugu sunnan*, Mädchen flogen von Süden; *madr hét Audun*, ein Mann hiess A.

b) oft etwas, was eine Zeit lang war (geschah) und noch ist (geschieht), z. B. *átta nætr sat ek hér*, 8 Nächte sass ich hier; *hugda ek þat args adal*, das hielt ich für eines Unmännlichen Art.

Anm. Wenn etwas war, noch ist und sein wird, kann präs. oder prät. stehn, z. B. *gól umb ósum Gullinkambi, sá vekr holda*, es krähte über den Asen G., der weckt die Helden.

c) selten gnomisch etwas, was einmal eingetreten ist und sich deshalb wiederholen kann, oder etwas, das zu geschehen pflegt, z. B. *med hǫlfum hleif .... fekk ek mér félaga*, mit einem halben Laib erlangte ich mir einen Genossen.

§ 390—392. Bedeutungslehre. Wortformen.

§ 390. In Nebensätzen kann es gebraucht werden:
a) statt des Plusquamperfects, von einer im Verhältnis zur vergangenen Haupthandlung bereits vollendeten Nebenhandlung, z. B. *réd ek þær rúnar, er reist þín systir*, ich erriet die Runen, die deine Schwester geritzt hatte;

b) statt des fut. exact., um etwas vor der zukünftigen Handlung Geschehenes auszudrücken, z. B. *vidr þú gódri grand aldregi, þó er víf konungs vélum beittud*, du wirst der Guten niemals Schaden zufügen, obwohl ihr an der Gattin des Königs Verrat übtet.

Anm. Wegen der umschreibenden (zusammengesetzten) Formen vgl. § 298 und 302, sowie „Wortgefüge".

b) Modi.
1. Indikativ und Konjunktiv.

§ 391. Der Indikativ wird gebraucht, um etwas als wirklich stattfindend zu behaupten oder um direkt nach etwas zu fragen. Der Konjunktiv dagegen dient zum Ausdruck eines Wunsches, einer Möglichkeit, einer Annahme, sowie dazu, um das Gesagte als Gedanken oder Rede eines anderen anzuführen.

§ 392. Der Konjunktiv wird in Hauptsätzen angewandt:

a) um einen Wunsch, eine Aufforderung, einen Befehl, ein Verbot, gewöhnlich in der 3. Person (Konj. des Wunsches), oder eine Annahme und Einräumung (Konj. der Einräumung) auszudrücken, z. B. *hjálpi mér gud*, helfe mir Gott; *taki menn vópn sín*, die Männer sollen ihre Waffen ergreifen; *akri ársǫnum trúi engi madr*, einem frühbesäten Acker traue niemand; — *virdi þat hverr, sem vill*, das möge jeder betrachten, wie er will. Hier wird allzeit das Präsens gebraucht.

Anm. In der 2. Person wird Wunsch, Aufforderung etc. gewöhnlich im Imperativ ausgedrückt.

b) Um etwas als möglich oder denkbar auszudrücken, besonders wenn man sich mit einer gewissen Bescheidenheit, mit einem **Vorbehalt** oder **Zweifel** aussprechen will (**potentialer** conj.): in diesem Falle wird das **prät.** angewandt, z. B. *bezt þótti mér, at þú værir með mér*, am besten schiene es mir, wenn du mit mir wärest; *fúsir værim vér at geraz hans menn*, wir könnten bereit sein, seine Mannen zu werden; *vilda ek, at nesit væri sáit alt saman*, ich wollte, dass das Vorgebirge ganz besät wäre. Auch in der **Frage**: *hversu margar kýr vildir þú eiga?* Wie viel Kühe wolltest du haben?

Anm. Der pot. conj. kann auch in **Nebensätzen** stehn, z. B. *veit ek margra manna vilja til þess, at betra þótti at þjóna konungi*, ich kenne den Wunsch vieler Männer darnach, dass es besser scheinen möchte, dem Könige zu dienen. — Ueber andere abhängige Sätze mit dem conj. vgl. die Syntax!

2. Imperativ.

§ 393. Der Imperativ wird gebraucht:

a) In der 2. Person, um einen **Befehl**, eine **Aufforderung**, einen **Wunsch** oder ein **Verbot** auszudrücken, z. B. *gangit heim*, geht heim! *lifðu heill*, lebe wohl! *hrædizk þér eigi*, fürche dicht nicht!

Anm. 1. Dasselbe kann auch durch den conj. (vgl. 392a) oder durch *skulu* sollen bezeichnet werden, z. B. *skaltu ríða sem harðast*, reite so schnell wie möglich.

b) In der 1. Person pl., um eine **Aufforderung** auszudrücken, in die der Redende sich selbst mit einschliesst (franz. *allons*), z. B. *stondum upp*, lasst uns aufstehen!

3. Participium.

§ 394. Das part. präs. hat im allgem. active oder intransitive, das part. prät. passive Bedeutung. Doch merke:

a) Das part. präs. kann auch die Bedeutung der Angemessenheit und Notwendigkeit, ferner der Möglichkeit und Zulässigkeit, endlich die eines Passivums erhalten, z. B. *hengjandi þjófr* ein hängenswerter Dieb, *á deyjanda degi*, am Todestage (wo man sterben soll), *skógarmaðr óferjandi*, ein Waldmann (Verbannter) den keiner mit aus dem Lande nehmen darf, *leynandalostr* ein verborgener Fehler.

§ 394. Bedeutungslehre. Wortformen.

Anm. 1. Das part. präs. kann Verbalform und Substantiv sein. Im ersteren Falle regiert es denselben Casus wie das betr. Verb, im letzteren den Genitiv, vgl. *elskandi guđ*, Gott liebend, aber *vits eigandi*, Verstand habend (vgl. § 409 b).

Anm. 2. Wegen der Verbindung des n. des part. präs. mit *vera* in Gerundivbedeutung vgl. § 450.

b) Das part. prät. von trans. Verben kann auch active Bedeutung haben; stets ist dies natürlich der Fall bei intransitiven Verben, z. B. *hinn komni mađr*, der gekommene Mann, *arftǫkumađr hins andađa*, der Erbe des Verstorbenen, *eptir genginn guma*, nach dem Tode des Mannes, *fleinn floginn*, ein Wurfspeer der geflogen ist, *drukkinn* der getrunken hat, *vaxinn* der gewachsen ist, *lidinn* der gestorben ist, *vadinn* der gegangen ist, *sofinn* der geschlafen hat, *stiginn* der gestiegen ist u. a.

Anm. 3. Intrans. verba können im part. prät. transitiv gebraucht werden, z. B. *holpinn* einer dem geholfen ist, *gróinn* bewachsen, *stolinn* bestohlen (z. B. *hamri* um den Hammer) und „verstohlen, stehlend", z. B. *med stolinni hendi*, mit diebischer Hand.

III. Teil: Syntax.

I. Wortgefüge.

A. Nominalverbindungen.

1. Kap. Beiordnung.

a) directe.

§ 395. Ein Substantiv kann in allen Formen andere substantiva als nähere Bestimmungen neben sich haben (Apposition), z. B. *Ólafr konungr*, König O., *þrír tigir manna, vaskra drengja*, 30 Männer, tapfere Burschen (eigtl. „drei Dekaden von Männern").

Anm. Wegen der Setzung des Genitivs bei Eigennamen vgl. § 407.

§ 396. Ferner kann ein subst. adjectiva, adjectivische Zahlwörter, pronomina und adverbia zu sich nehmen (Attribut), z. B. *ósnjallr maðr*, ein feiger Mann, *tveim hǫndum*, mit 2 Händen, *þitt hǫfuð*, dein Haupt, *hregg austan*, Sturm von Osten. Merke besonders:

a) Oft steht im isl. ein attrib. adj. um Ort, Zeit, Reihenfolge, Zahl und ähnliche Verhältnisse auszudrücken, wo im deutschen ein compositum, ein Genitiv oder eine adverbiale Wendung steht, z. B. *á miðja ána*, mitten in den Fluss, *í ofanverðum hólinum*, oben auf dem Hügel, *um þveran hals*, quer über den Hals, *nær miðri nótt*, nahe Mitternacht, *til miðs (miðs) dags*, bis Mittag, *einn hans riddari*, einer seiner Ritter, *þeir margir*, viele von ihnen, *þat flest*, das meiste davon, *váir allr af sveita*, ganz nass von Schweiss, *hón er blá hálf*, sie ist zur Hälfte blau, *hálf ǫnnur alin*, 1½ Ellen u. a.

§ 396—399. Nominale Wortgefüge. Beiordnung. 147

Anm Bei Grössen- und Zahlenangaben steht zuweilen der Singular, wo man den Plural erwarten würde, z. B. *hvártki meiri maðr né minni*, weder mehr noch weniger Männer, *fárr ósnotr*, wenige Unkluge, *fárr einn*, ganz wenige.

b) Das poss. pron. *þinn* in Verbindung mit einem Vocativ hat in schmähender Anrede die Bedeutung eines persönlichen *du*, z. B. *þjófrinn þinn*, du Dieb! *fóli þinn*, du Narr!

c) Statt des Genitivs eines persönlichen Fürworts steht ein attributives possessivum, z. B. *engi várr*, keiner von uns, *hvert várt*, jedes von uns, *ykkarr beggja bani*, euer beider Mörder, *lǫg várra Íslendinga*, die Gesetze von uns Isländern.

§ 397. Als bestimmter Artikel wird vor adj. *hinn*, angehängt an subst. *inn* gebraucht (vgl. § 216 f.). Letzterer ist späteren Ursprungs und hat eine weniger feste Anwendung, weshalb man oft bestimmte Formen neben unbestimmten ohne Bedeutungsunterschied findet.

§ 398. Der adjectivische Artikel weist auf einen Gegenstand als bekannt hin oder hebt ihn vor andern gleichartigen oder -namigen hervor. z. B. *Óðinn hinn gamli*, O. der alte, *Svíþjóð hin mikla*, das grosse Schweden. *Haraldr hinn grenski*, der grenländische H.

§ 399. Namentlich wird der adj. Art. gebraucht, wenn zu einem durch ein adj. bestimmten subst. oder substantivirtem adj. ein demonstr. oder poss. pron. oder ein Genitiv gefügt wird, besonders bei Ordinalzahlen (ausser *annarr*) und beim Superlativ, wenn dieser einen sehr hohen Grad ausdrückt, z. B. *þau hin stóru skip*, die grossen Schiffe, *friðr þessi hinn mikli*, dieser grosse Friede; *segl várt hit forna*, unser altes Segel; *hit yzta skip Ólafs*, das letzte Schiff Olafs; *hit tíunda hvert ár*, jedes zehnte Jahr; — *hinn tíundi konungr*, der 10. König; *hinn vitrasti maðr*, ein sehr kluger Mann; — *sá hinn sami*, derselbe.

Anm. 1. Der Art. kann auch in der Anrede (im Vocativ) gebraucht werden: *in ránda kerling!* du böses Weib!

Anm. 2. Wenn ein adj. dem subst. folgt, wird zuweilen der adjectivische Artikel mit dem subst. zu einem Worte verbunden:

hǫndina vinstri = hǫnd hina v., die linke Hand, *á Orminum langa*, an dem langen Orm.

Anm. 3. Oft steht in der Dichtersprache und zuweilen auch sonst das adj. ohne Artikel in starker Form, z. B. *trúa á sannan guð*, an den wahren Gott glauben.

§ 400. Der Artikel *inn* wird an appellativa angehängt, die keine adj. oder adjectivischen Bestimmungen (pron., gen.) neben sich haben, wenn auf einen Gegenstand als bekannt oder bestimmt hingewiesen wird, z. B. *hǫggdu fjándann!* erschlage den Feind!

Anm. Sehr oft steht jedoch das subst. in der unbestimmten Form, wo man den Artikel erwarten könnte, z. B. *mér býr í skapi*, mir liegt im Sinne.

§ 401. Zur näheren Bestimmung von Adjectiven und Adverbien dienen adverbia und adverbielle Ausdrücke, z. B. *mjǫk úkátr*, sehr verstimmt, *til lengi*, zu lange.

b) durch Conjunctionen.

§ 402. Folgende Conjunctionen dienen zur Verbindung von nominibus, Adverbien und Partikeln:

a) anreihende: *ok, en(n), enda* und, *bæði ... ok* oder *enda*, sowohl ... als auch, *eigi at eins ... heldr (ok)*, nicht nur ... sondern auch;

b) unterscheidende: *eða, eðr* oder, *annathvárt, -tveggja ... eða*, entweder ... oder;

c) entgegensetzende: *heldr, utan*, sondern (nach negativen Ausdrücken);

d) vergleichende: *sem* wie, *svá ... sem*, so ... wie, *ok* wie (nach Ausdrücken der Gleichheit und Ungleichheit, z. B. *samr maðr ok áðr*, derselbe Mann wie vorher, *hon var þá ólík ok fyrr*, sie war da anders als früher), *(heldr) en(n), heldr*, als (nach comp.).

2. Kap. Rection.

a) directe.

1. Genitiv.

§ 403. Der Genitiv bezeichnet bei Ausdrücken von Teil oder Menge das (bestimmte oder unbestimmte) Ganze,

§ 403—407. Nominale Wortgefüge. Genitiv. 149

von dem ein Teil genommen ist, z. B. *þridjungr ríkis*, ein Drittel des Reiches, *mæztr allra dverga*, der trefflichste aller Zwerge, *þrír tigir manna hans*, 30 von seinen Leuten, *engi hans manna*, keiner von seinen Leuten, *síd sumars*, spät im Sommer, *aptan dags*, am Abend des Tages; *mart barna*, viele Kinder, *ekki var manna úti*, kein Mann war draussen, *þetta var tídinda*, das geschah, *of fjár*, viel Geld, *hvat manna* (oder *manni*), was für ein Mann?

Anm. 1. Statt des Gen. kann auch die Präpos. *af* stehn, z. B. *mikill hlutr af Englandi*, ein grosser Teil von England; *hinn ágætasti af ǫ́sum*, der trefflichste von den Göttern.

Anm. 2. Wegen der Setzung eines pron. poss. statt des gen. vgl. § 396a, wegen des Eintretens eines attrib. adj. ib.

§ 404. Zur Steigerung des Begriffs wird in der Poesie dasselbe Wort im gen. pl. hinzugesetzt, z. B. *sveinn sveina*, Bursch der Burschen, *hlym hlymja*, Ton der Töne, *mær var ek meyja*, ich war eine Maid der Maide.

§ 405. Der gen. bezeichnet den Stoff, aus dem etwas verfertigt ist, z. B. *skallats mǫttull*, Scharlachmantel. Meist stehen hier jedoch die Präpositionen *af* oder *ór*.

§ 406. Der gen. bezeichnet ferner den Besitzer, z. B. *Ólafs menn*, Olafs Mannen, *Svéa konungr*, der Schwedenkönig; oder den Urheber, z. B. *Laufeyjar sonr*, der Sohn der Laufey, die Zugehörigkeit, z. B. *háttr skálda*, das Metrum der Dichter, oder ähnliches, z. B. *í upphafi sinnar bókar*, im Anfang seines Buches.

Anm. 1. Statt des ersteren gen. kann auch die präpos. *yfir* oder *fyrir* stehen, z. B. *dróttinn yfir Svéum*, Herr über die Schweden, *forstjóri fyrir hirðinni*, der Aufseher über das Gefolge.

Anm. 2. Ueber das Eintreten eines attributiven adj. statt des gen. vgl. § 396a.

Anm. 3. In der älteren Sprache und der Poesie wird der gen. des persönlichen pron. statt eines attributiven Possessivums gebraucht, z. B. *med fingri sín*, mit seinem Finger.

§ 407. Ein umschreibender Genitiv wird gebraucht, wenn einem allgemeinen Begriff eine specielle Erscheinungsform (gew. ein Name) hinzugefügt wird, z. B. *askr Yggdrasils*, die Esche Y., *vǫllr Gnitaheiðar*, das Feld Gnitaheide, *Helga nafn*, der Name Helgi.

§ 408. Der gen. eines subst. mit einem adj. bezeichnet eine **Eigenschaft** oder **Beschaffenheit**, z. B. *þriggja nátta veizla*, ein dreitägiges Gastmahl, *mikils háttar maðr*, ein Mann von grosser Bedeutung, *alls kyns íþrótt*, allerlei Fertigkeit.

§ 409. Der gen. bei **Thätigkeitsnomina** ist entweder ein **subjectiver** oder ein **objectiver**, je nachdem das im gen. stehende Wort als Subject oder Object der Handlung gedacht ist, z. B. subj. *ferð þeirra*, ihre Reise, *Oddrúnar grátr*, O.s Klage, obj. a) bei **nomina actionis**: *elz er þǫrf*, des Feuers ist Bedarf, *sólar sýn*, der Anblick der Sonne, *hefnd fǫður*, Rache für den Vater, *bygð Íslanz*, die Besiedlung I.s, b) bei **nom. agentis**: *allra hluta skapari*, Schöpfer aller Dinge, *fárs flýtandi*, Unheil fördernd (vgl. § 394, Anm. 1) u. ä.

Anm. Statt des obj. gen. kann auch eine Präposition stehn, z. B. *dómi þess* oder *til þess*, ein Beispiel dafür.

§ 410. Der gen. steht als **Ergänzung** bei einer Anzahl **adjectiva**, welche bedeuten:

a) Macht, Kenntnis, Hoffnung, Lust, Fülle, Mangel, Schuld, Wert; solche sind:

vǫldugr mächtig, *víss* weise, sicher; *varr* aufmerksam auf (auch mit *við* c. acc.), *ørvænn* ohne Hoffnung, *fúss*, *lystr* begierig; *fullr* voll, *saðr* satt; *auðit* u. beschieden; *vanr*, *andvanr* entblösst; *lauss* frei von; *þurfi* bedürftig; *skyldr* verpflichtet zu; *sekr* schuldig (von Strafen); *verðr* wert.

b) Erstreckung in Raum und Zeit, wie *djúpr* tief, *breiðr* breit, *gamall* alt u. a.

Beispiele: zu a): *fullr lasta ok lýta*, voll Fehler und Mängel, *mikils verðr*, viel wert. *sekr þessa máls*, schuldig in dieser Sache; zu b): *ker margra alna hátt*, ein Gefäss, viele Ellen hoch, *ketill rastar djúpr*, ein Kessel, eine Meile tief, *dǿgrs eins gamall*, einen Tag alt.

Anm. Zuweilen steht der gen. auch bei andern Adjectiven (besonders in der Poesie und in Zusammensetzungen), um das zu bezeichnen, worin die Eigenschaft sich zeigt, z. B. *illr vidreignar*, schwer zu behandeln, *gódr vidskiptis*, angenehm im Verkehr, *rúmr inngangs*, geräumig im Eingang; *ordahagr* geschickt in der Rede.

2. Dativ.

§ 411. Der dat. beim Comparativ bezeichnet das Mass, um welches ein Gegenstand einen andern übertrifft, z. B. *því verr*, um so, desto, schlimmer, *fjórum vetrum ellri*, 4 Jahre älter, *níu rǫstum nedar*, 9 Meilen tiefer. — Ebenso bei Worten von comparativer Bedeutung, wie *þrim fetum til skamt*, 3 Schritte zu kurz. — Selten beim Superlativ: *miklu fegrsta*, bei weitem (die aller-)schönste.

Anm. Gelegentlich steht dieser Dativ auch beim Positiv, vgl. *litlu fyrir dag*, ein wenig vor Tagesanbruch.

§ 412. Ein freierer dat. bezeichnet eine Beziehung bei adj., z. B. *menn frídir sýnum, litlir vexti*, Männer schön von Gesicht, klein von Wuchs; *haltr eptra fóti*, lahm am Hinterfuss.

Anm. Hierfür stehen sonst die Präpos. *at, i, á*, z. B. *hvítr á hár*, weiss an Haar, *rikr at fé*, reich an Gut, *í ordum spakr*, weise an Worten. Vgl. auch § 410 Anm.

§ 413. Beim Comparativ bezeichnet der dat. den Gegenstand, mit dem verglichen einem andern eine Eigenschaft in höherem Masse zukommt, z. B. *hon var hverri konu vænni*, sie war schöner als jede (andre) Frau, *vǫnu skjótara*, hurtiger als man erwartete (eigentl. „als die Erwartung"). Bei Adverbien desgl.: *ópa úlfi hæra*, lauter als der Wolf schreien.

Anm. Statt des dat. kann auch *en* „als" stehen.

§ 414. Der dat. wird zu adj. gesetzt, um die Person oder Sache anzugeben, für welche die Eigenschaft statt hat, z. B. *var hinn kærasti konungi*, er war dem Könige der liebste, *dræpr hverjum manni*, wer von jedem erschlagen werden kann; bes. zu solchen die Nähe, Gleichheit, Aehnlichkeit, Gesinnung, Gehorsam, Treue, Gewohnheit bedeuten, sowie oft zu denjenigen, welche mit *jafn-* oder *sam-* zusammengesetzt sind (wie *jafnborinn* ebenbürtig, *samhugi* einstimmig), z. B. *náit er nef augum*, die Nase ist den Augen nah, *hollir ok trúir konungi*, dem Könige hold und treu; *líkr frændum*, den Verwandten gleich.

§ 415. Endlich bezeichnet der Dativ bei Adjectiven, die eine Gemütsbewegung ausdrücken, den Grund derselben, z. B. *feginn fundi*, froh über die Begegnung, *reiðr þessu*, zornig darüber.

Anm. Bei *sekr* steht die Strafe im dat.: *sekr 15 mǫrkum*, zu 15 Mark verurteilt. Vgl. § 410a.

b) Verbindung durch Präpositionen.

§ 416. Mit dem gen. werden verbunden die Präp. *án* ohne (selten mit dat. oder acc.), *til* bis, zu; *á meðal, ámilli(m), millum, millim* zwischen, *(fyrir) sakir, sakar* oder *sǫkum*, wegen, *innan* innerhalb, *utan* ausserhalb (beide selten mit acc.), *vegna* mittelst, *á, af vegna* seitens, *í stað* anstatt.

Anm. Statt des gen. des pers. pron. steht bei *vegna* das poss., z. B. *(af) minna vegna*, für mich, in meinem Namen (= meinetwegen).

§ 417. Mit dem dat. allein werden verbunden: *af, (í)frá* von, *hjá* bei, *ór, úr* aus; *gagnvart* gegenüber, *ígegn* gegen, *(til) handa* zum besten, *á hǫnd, á hendr* gegen, *á mót(i), (í) móti* gegen, *á samt* mit, nebst, *undan* fort von.

§ 418. Mit dem acc. allein werden verbunden: *um* um, über, und dessen Zusammensetzungen, wie *um fram, fram um, umhverfis* um herum, *út um* u. s. w.; *of* um, über, *(i) gegnum* durch; *fram yfir* vorbei an, *fram undir* unter; dann die Verbindungen von *fyrir* mit Ortsadverbien auf *-an*: *fyrir norðan* nördlich, *fyrir handan* jenseits, *fyrir utan* ohne, *fyrir innan* innerhalb, u. s. w.

§ 419. Mit dat. und acc. stehen: *á* in, an, auf, bei, nach, gegen, *at* zu, nach, bei, *eptir* nach, *fyrir* vor, *í* in, *með* mit, *undir* unter, *við* bei, an, *yfir* über. Und zwar steht der dat. auf die Frage: wo?, der acc. auf die Frage: wohin?, also ersterer, um die Ruhe, letzterer, um die Bewegung auszudrücken.

§ 420. Zusammensetzungen von präp. und subst., adj. und pron. erstarren oft zu reinen Adverbien, Präpositionen

§ 421—422. Wortgefüge. Verbum und Nomen beigeordnet. 153

oder Conjunctionen, z. B. *í dag* heute, *fyrir sakir* wegen, *til fulls, at fullu, með ǫllu* ganz, völlig, *á óvart* unerwartet, *í því er* indem, u. s. w.

B. Verbum und Nomen.

1. Kap. Beiordnung.

§ 421. Nomina werden im nom. als **Subject** oder **Prädikat** mit dem Verbum verbunden; das letztere geschieht bei *vera* sein, *verða* werden, *heita* heissen, sowie bei denen, welche „scheinen, sich zeigen" bedeuten *(þykkja(sk), sýnask, lítask, bregðask)*, ferner bei den **passiven und reflexiven** Formen von Verben, welche bedeuten „machen zu, nennen, halten, ansehn für", z. B. *sá hét Kvásir*, der hiess K., *í orrustum urðu úvinir hans blindir eða daufir*, in den Kämpfen wurden seine Feinde blind oder taub; *þótti hon hinn mesti skǫrungr*, sie schien das grösste Kernweib, *Agni gerðist drukkinn*, A. wurde trunken; *Jóseph var ætlaðr faðir*, J. wurde für den Vater gehalten.

Anm. 1. Da Ortsnamen oft mit den localen Präpositionen *á, í, at* gebraucht werden, entstehen daraus so auffallende Ausdrücke wie: *heitir bær mikill at Steini*, ein grosser Hof heisst Stein. Ein **Adverb** steht statt eines Substantivs in Redensarten wie: *þar heitir nú Óðinsey*, die Stelle heisst nun O.; *þar sem heitir á Hringisakri*, an der Stelle, die Hringisakr heisst.

Anm 2. *vera* und *verða* werden auch mit den **Adverbien** *vel* wohl, *illa* übel und *svá* so verbunden, um das **Befinden** zu bezeichnen. Vgl. auch *hafa vel*, es gut haben, sowie den Gebrauch von *hvé, hversu* wie (= *hvat*) bei *heita* heissen.

§ 422. Die **Apposition** wird zuweilen so gebraucht, dass sie den Hauptbegriff allein im Verhältnis zur Handlung bestimmt, indem sie dessen Zustand oder Verhalten während der letzteren angiebt, z. B. *skildust þeir hinir kærstu vinir*, sie schieden als die besten Freunde; *þær er meyjar andask*, die, welche als Jungfrauen sterben.

Anm. *sem* bezeichnet dagegen einen **Vergleich**: *runnu sem vargar*, sie liefen wie Wölfe, *seldu þeir hann sem þræl*, sie verkauften ihn wie einen Sklaven.

§ 423. Das adj. steht in Apposition, wenn die Eigenschaft einem Gegenstande mit Bezug auf die Handlung des Verbums beigelegt wird, oder es bezeichnet den Zustand des Gegenstandes während der Handlung, z. B. *fellu þeir bádir daudir á golfit*, sie fielen beide tot zu Boden; *hljóp á þá úvara*, er sprang unversehens auf sie zu. So werden oft adj. gebraucht, die eine Ordnung, Reihenfolge, Menge u. a. bezeichnen, z. B. *hann var fyrstr konungr kalladr*, er wurde zuerst (als der erste!) König genannt; *réd Egill einn ríkinu*, E. regierte allein das Reich; *hǫfdu ymsir sigr*, sie hatten abwechselnd den Sieg (vgl. § 396 a).

Anm. Im deutschen übersetzt man hier das adj. gewöhnlich durch ein Adverb; ein solches kann auch im nord. stehn, z. B. *Ódinn kunni fyrst alla iþróttir*, O. konnte zuerst alle Künste.

2. Kap. Rection.

a) directe.

1. Accusativ.

§ 424. Der acc. bezeichnet in den Eddaliedern die Richtung, das Ziel, bei Verben der Bewegung, z. B. *hann reid heim*, er ritt heim, nach Hause; *sæing fóru*, zu Bett gingen sie, *sté hón land*, sie stieg ans Land, *þá er vit bædi bed einn stigum*, als wir beide ein Bett bestiegen.

§ 425. Der acc. des Inhalts steht bei Verben, wenn subst. und verbum gleichen Bedeutungsinhalt haben, um die Handlung hervorzuheben oder näher zu bestimmen. Beide sind entweder desselben oder verschiedenen Stammes, z. B. a) *rád ráda* Rat raten, *fell hann mikit fall*, fiel er einen grossen Fall, b) *sverja eida*, Eide schwören, *lifa langan aldr*, ein langes Leben leben.

Anm. Als inneres Object steht oft ein adj. n. in adverbialer Bedeutung, z. B. *taladi langt ok snjalt*, er redete lang und gut, *sóttu hit djarfasta*, sie griffen aufs mutigste an, *duga it bezta*, gut sein.

§ 426. Hierher gehört auch der acc. des Weges bei Verben der Bewegung, wie *vada strauma*, Ströme durchwaten, *ganga ísa ok jǫkla*, über Eis und Gletscher gehn, *fara moldveg*, über den Erdweg fahren, *ríđa kjǫrr ok skóga*, Dickichte und Wälder durchreiten; bei Verben der Ruhe: *sitja sali*, im Sale sitzen, *var annan veg*, er war auf einem andern Wege.

§ 427. Der acc. bezeichnet ferner die Zeit, und zwar a) die Erstreckung über einen Zeitraum, die Zeitdauer, z. B. *fór dag ok nótt*, er ging Tag und Nacht, *hann dvaldist mǫrg misseri*, er verweilte viele Halbjahre, b) den Zeitpunkt: *fór annat sumar*, im (den) nächsten Sommer reiste er, *kom morgin hverjan*, er kam jeden Morgen. (Vgl. § 375.)

Anm. Der Zeitpunkt wird oft durch die Präpos. *á, í, at* ausgedrückt.

§ 428. Der acc. drückt die Erstreckung durch einen Raum, das Mass und Gewicht aus, z. B. *gengr fet níu*, er geht 9 Schritte, *hundrađ rasta er hann*, 100 Meilen erstreckt er sich; *hringr stóđ hálfa mǫrk*, der Ring wog eine halbe Mark.

Anm. Der acc. sg. n. eines Adjectivs der Menge drückt aus, in welchem Umfang die Thätigkeit gilt, z. B. *hjálpa alt þat er ek má*, helfen so viel ich vermag.

§ 429. Der acc. des Objects steht bei transitiven Verben und bezeichnet den von der Handlung unmittelbar betroffenen Gegenstand, z. B. *drap ina ǫldnu jǫtna systur*, er tötete die alte Schwester der Riesen; der acc. des Resultats bezeichnet dagegen das Ergebnis der Thätigkeit, z. B. *hǫgg yđr galga*, ich haue euch den Galgen, *urpu haug*, sie warfen einen Hügel auf, *snúa bǫnd*, Bande drehen.

Anm. Sonst stehen *verpa* und *snúa* mit dem Dativ; vgl. § 437 f.

§ 430. Viele unpersönliche verba werden mit dem acc. der Person verbunden, wie *mik dreymir*, ich träume, *mik grunar*, ich vermute, *mik lystir*, mich gelüstet, *mik skortir*, mir mangelt, *mik varir*, ich erwarte.

§ 431. Ein doppelter acc., des Objects sowohl wie des Prädikats, steht bei den Verben, die bedeuten: „zu etwas machen, setzen, nehmen, haben, nennen, für etwas halten, als etwas ansehn, wissen, kennen, zeigen", z. B. *gørði hann hirðmann sinn*, er machte ihn zu seinem Hofmann, *viljum vér þik einn konung hafa*, wir wollen dich allein zum König haben, *Urð hétu eina*, Urð nannten sie eine, *þik virði ek mann góðan*, dich achte ich für einen guten Mann, *þótt mik feigan vitir*, obgleich du mich dem Tode nahe weisst, *sýna sik illviljaðan*, sich übelwollend zeigen, u. s. w.

Anm. Bei *gørva*, *taka*, *hafa* können auch die Präpos. *at*, *til*, *fyrir*, stehn, z. B. *ek gerða þik at miklum manni*, ich machte dich zum grossen Manne.

§ 432. Seltener steht ein doppelter acc. bei Verben des Schlagens, Stossens, Treibens, von denen der eine ein acc. des Inhalts, der andere ein acc. des Objects ist, z. B. *hjó Bjǫrn banahǫgg*, er schlug B. den Todesstreich, *laustu mik þrjú hǫgg*, du schlugst mir 3 Hiebe, *keyrði hann niðr fall mikit*, er schlug ihn mit heftigem Fall nieder, *sendi menn sína aðrar sendifarar*, er sandte seine Leute auf neue Reisen. — Vgl. dazu § 438 f)!

2. Dativ.

§ 433. Der dat. bezeichnet bei Verben, wie sagen, verkünden, klagen, zeigen, geben, nehmen, bestimmen u. ä., das entferntere Object, d. h. die Person oder Sache, der die Handlung gilt, für die etwas geschieht oder sich auf eine gewisse Weise verhält, z. B. *kaupir hann Grími hesta*, er kauft dem G. Pferde, *þetta ríki ætla ek mér sjálfum*, dies Reich bestimme ich für mich selbst, *konungi var mikill styrkr at slíkum mǫnnum*, der König hatte grosse Hilfe bei solchen Leuten.

Anm. 1. Der Dativ bezeichnet beim part. necessitatis (vgl. § 450) denjenigen, der etwas thun muss, z. B. *mér er geranda*, ich muss thun.

Anm. 2. Oft steht der dat. eines persönl. pron. statt des attributiven possessiven, z. B. *hafði sér á hǫfði hjálm*, er hatte einen Helm auf seinem Kopfe.

§ 434. Der dat. bezeichnet ferner Personen und Dinge, die begleitend an der Handlung teilnehmen,

z. B. *sigldi liði sínu suðr*, er segelte mit seinem Gefolge südwärts, *kómu skipi sínu við Noreg*, sie kamen mit ihrem Schiffe nach Norwegen. Aus diesem Gebrauch ist der sogen. **distributive dat.** zu erklären in Wendungen wie: *fara flokkum*, in Haufen ziehn, *hundruðum* zu Hunderten.

§ 435. Ein **modaler dat.** bezeichnet die **Art und Weise der Handlung oder begleitende Umstände**, z. B. *ǫ́ fellr saurum ok sverðum*, ein Fluss fliesst mit Schlamm und Schwertern, *gengu þeir þurrum fótum*, sie gingen trocknen Fusses, *fara huldu hǫfði*, mit verhülltem Haupt (d. h. heimlich) ziehen, *gráta hástǫfum*, mit lauter Stimme weinen.

Anm. Die Art wird auch durch die präpos. *með, á, af* ausgedrückt, z. B. *af afli*, mit Kraft.

§ 436. Der **instrumentale Dativ** bezeichnet das **Mittel oder Werkzeug**, z. B. *eyrum hlýðir*, er hört mit den Ohren, *augum skoðar*, mit den Augen schaut er, *hjó sverðinu*, er hieb mit dem Schwerte; selten **Grund oder Ursache**, z. B. *svelta hungri*, Hungers sterben (hier steht gewöhnlich *af*).

Anm. Statt des dat. steht oft eine Präp., bes. *með, við, í, af*, z. B. *hǫggva með hjǫrvi*, mit dem Schwert hauen, *við vín lifa*, von Wein leben, *kaupa sér í litlu lofi*, mit wenigem Ruhm erwerben.

§ 437. Der dat. des Objects, der Beziehung oder des Mittels u. s. w. steht **bei den Verben:**

a) freundlich sein oder sich zeigen, segnen, retten, beschützen, helfen, schonen, sich verlassen auf, loben, rühmen, gefallen, dienlich sein.

Solche sind: *bjarga* bergen, retten, *blessa* segnen (auch mit acc.), *duga* helfen, *forða* retten, *eira* schonen, *fulltingja* unterstützen, *gagna* nützen, frommen, *heilsa* grüssen, *henta* dienlich sein, *hjálpa* helfen, *hlífa* beschützen, *hlýja* schützen, schirmen, *hugna* behagen, *hyggja vel*, *illa*, gefallen, missfallen, *hrósa* rühmen, *héla* preisen, *miskunna* Barmherzigkeit zeigen, *sinna* helfen, sich bekümmern um, *stoða* unter-

§ 438. Wortgefüge. Verbalrection: Dativ.

stützen. *treysta* vertrauen, sich verlassen auf, *trúa* vertrauen, *unna* lieben, *vægja* sich richten nach, *þyrma* schonen.

b) einem Böses wünschen oder zufügen, schaden, vernichten, drohen, erschrecken, missfallen.

So besonders: *bana* töten, *bǫlva* verfluchen, verwünschen, *bægja* verdrängen, *drekkja* ertränken, *eyda* ausrotten, vertilgen, vergeuden, *fara* ein Ende machen, *glata* vernichten, *granda* schaden, *hætta* gefährden, *hóta* drohen, *hallmæla* übel reden von, *hegna* strafen (gew. mit acc.), *mislíka* missfallen, *misþyrma* beeinträchtigen, *ógna* drohen, *rægja* verleumden, *skedja* schaden, *spella* verderben, *stríða* verdriessen, *tapa, týna* verlieren, zerstören, *ógja* erschrecken.

c) herrschen über, fertig werden mit, gehorchen. dienen; ordnen. einrichten.

Besonders: *bella* fertig werden mit, *orka* vollenden. ausrichten. *ráda* herrschen über (mit acc.: verraten), *stjórna, stýra* steuern, lenken. *valda* Macht haben über. verursachen, *hlýda* hören auf, gehorchen. *þjóna* dienen, *haga, hátta, stilla* (auch mit acc.) ordnen, einrichten, *fylkja* zur Schlacht ordnen, aufstellen.

d) in der Nähe von etwas sein, in die Nähe kommen, ablassen von, aufhören mit, einhalten.

Besonders: *fylgja* folgen, *geyna, méta* begegnen, treffen, *ná* nahen. *sæta* ausgesetzt sein. entsprechen, vorwärts kommen, *fresta* verzögern, *hafna* verwerfen, *hætta* aufhören mit, *létta* heben, ablassen, *linna* ablassen, *lúka* schliessen. enden, *lóga* sich trennen von, *skirra* abwenden, vorbauen, *slíta* auflösen, aufheben (z. B. *þinginu* die Versammlung; auch mit acc.).

e) entfernen von, berauben, verbergen (Person im acc., Sache im dat.).

So besonders: *firra* entfernen, *nema* nehmen, *ræna* rauben, *stela* stehlen, *leyna* vor einem verbergen (auch mit acc. der Sache).

f) versetzen, von einer Stelle bewegen (stossen, treiben, werfen, schleudern).

§ 438—439. Wortgefüge. Verbalrection: Dat. und Gen. 159

So besonders: *aptra* verändern, *blása* blasen (z. B. *eitri* Gift), *bregða* bewegen, verändern, *dreifa* bespritzen, *etja* aufreizen, *fleygja* in die Flucht treiben, schleudern, *fleyta* zum Fliessen bringen, *fnæsa (fnýsa)* schnauben, *halla* neigen, sinken lassen, *hella* ausgiessen, *hleypa* laufen lassen, *hnekkja* zurücktreiben, *hreyta* von sich werfen, *hraða* schnell vorwärts treiben, *hrapa* niederstürzen, beschleunigen, *hvata* vorwärts treiben, *hrinda* fortstossen, *kasta* werfen, *kippa* ruckweise ziehen, *koma* bringen, *ljósta* schlagen, stossen, *lypta* aufheben, in Bewegung setzen, *niðra* niederreissen, *renna* laufen lassen, *sá* säen, *safna* sammeln, *skjóta* schiessen, *skipta* teilen, *skunda* beschleunigen, *slá* schlagen, *sløngva* schleudern, *snúa* drehen, *steypa* stürzen, *støkkva* sprengen, *spýja* ausspeien, *veifa* schwingen, *velta* wälzen, *verpa* werfen, *víkja* wenden, bewegen, *vinda* winden, *yppa* aufheben, *ýta* aussetzen.

g) sich freuen über, zufrieden sein mit, fürchten für, sich rühmen, zürnen über.

Besonders: *fagna*, *gleðjask* sich freuen, *una* zufrieden sein, *hlíta* sich begnügen, *kvíða* fürchten, *reiðask* zornig sein, *hrósa (sér)* sich rühmen, *ugga* sich fürchten vor.

§ 438. Der dat. steht ferner bei *bóta einum einu*, einem etwas zur Busse geben (verschieden von: *bóta einum eitt*, jemandem Busse für etwas zahlen), *blóta einu*, etwas opfern (aber: *einn*, jemandem opfern), *heita einum einu*, jemandem etwas geloben, *svara einum einu*, jemandem etwas antworten, *hlaða einu*, etwas aufstapeln.

3. Genitiv.

§ 439. Folgende verba werden mit dem gen. verbunden:

a) Lust haben, erwarten, streben nach, nützen, versuchen, mangeln.

Besonders: *vilnask* sich Hoffnung machen, *vara* (unpersönl. construirt: *mik varir*) vermuten, *rána, ránta* vermuten, erwarten; *bíða* warten auf (mit acc. erhalten.

bekommen); *beidask* sich ausbitten; *fýsask* Lust bekommen zu, *girnask* verlangen, begehren, *leita* suchen nach, *óskja* wünschen; — *njóta* geniessen, *freista* versuchen, *kosta* in Anwendung bringen, versuchen, *sakna* vermissen, *missa* nicht treffen, entbehren, missen, *fá* nehmen, bekommen, zur Ehe nehmen, *afla* erwerben. — **Einige haben auch den acc.** bei sich, bes. *vilnask, girnask* (auch mit *á, til*), *óskja, fá, afla*.

b) den **Gegenstand im gen.**, die **Person im acc.** haben Verben, die bedeuten: einen um etwas bitten, etwas von jemand verlangen, jemand zu etwas antreiben, einen nach etwas fragen, von etwas abhalten.

So besonders: *bidja* bitten, *beida, kvedja, krefja, æsta* verlangen, *frétta* (auch: *at einu*), *fregna, spyrja* (auch *at, eptir einu*) fragen. *eggja* antreiben. *letja* abraten; ferner *dylja* in Unwissenheit halten, verhehlen, *firna* tadeln wegen.

c) den **Gegenstand im gen.**, die **Person im dat.** haben einige verba, die bedeuten: mitteilen, verweigern.

Besonders: *árna* verschaffen, *ljá* leihen (auch mit acc.), *unna* gönnen, *frýja* absprechen, *synja* verweigern, berauben, *varna* verwehren, *fyrmuna* verbieten.

d) das **Object steht im gen.** bei *gjalda* entgelten, *hefna, reka* rächen, *idrask* bereuen, *skammask* sich schämen, z. B. *hefna bródur síns*, seinen Bruder rächen.

e) Schliesslich regieren den gen.: *þurfa* bedürfen (auch mit acc.), *gá* acht geben auf, *geta* erwähnen, vermuten, *gæta* aufpassen, *geyma* hüten (auch mit dat.), *fylla* füllen (auch mit *af*), *kenna* rufen, *vitja* besuchen, *mik minnir* ich erinnere mich, *bindask* sich enthalten (auch mit *af*); — *nema stad* und *stadar*, stehen bleiben; zuweilen *vita* wissen, bedeuten.

§ 440. Der gen. (bes. von adj. und pron.) steht, um den **Preis** anzugeben, bei Verben, die bedeuten: „schätzen, wert halten". z. B. *hann virdi þá lítils*, er schätzte sie gering; *konungr mat þá mikils*, der König schätzte sie hoch; *hálfs eyris met ek hvern*, ½ Oere schätze ich jeden.

§ 441—445. Verbalrection. Verbalverbindungen.

Anm. Der Preis wird auch durch die Präp. *fyrir* und *at* bezeichnet, z. B. *meta fyrir þrjár merkr silfrs*, auf 3 Mark Silber schätzen, *eigi dýrra en at tólf mǫrkum*, nicht höher als 12 Mark.

§ 441. Ein seltener gen. steht endlich in Ausdrücken wie *fara leiðar sinnar*, seines Weges ziehen, *sendi hann þess erindis*, er sandte ihn mit diesem Auftrage.

b) durch Präpositionen.

§ 442. Die Beziehung zwischen Verbum und Substantiv wird häufig durch Präpositionen ausgedrückt, z. B. *laugaði øxina í blóðinu*, er badete die Axt im Blute. S. das Verzeichnis in § 416 ff.!

c) Verbum als Ergänzung des Nomens.

§ 443. Der Infinitiv steht bei Substantiven und Adjectiven, die einen Begriff enthalten, der auf eine Thätigkeit abzielt, z. B. *kost muntu eiga at fara*, du wirst Gelegenheit haben zu reisen, *vili mér væri at vega þik*, ich hätte Lust, dich zu töten, *mál er at ríða*, es ist Zeit, zu reiten, *búinn at ríða*, fertig zu reiten, *lystr at lifa*, begierig zu leben, *vápn, er hann var vanr at hafa*, die Waffe, die er gewohnt war zu haben.

§ 444. Der (passivische) Inf. bei Adjectiven bezeichnet, dass die Eigenschaft mit Bezug auf eine gewisse Thätigkeit beigelegt wird, z. B. *firðir illir yfir at fara*, Buchten, schlimm zu überfahren, *dýrr at kaupa*, teuer zu kaufen, *vaskligr at sjá*, mutig anzusehn.

C. Verbalverbindungen.

1. Kap. Infinitiv.

§ 445. Der Inf. steht als Object:

a) bei allerlei Thätigkeitsverben, wenn die Handlung auf eine andere desselben Subjects geht, z. B. *ætluðu at fara*, sie gedachten zu reisen, *skegg nam at hrista*, er begann den Bart zu schütteln.

§ 445—449. Verbalverbindungen: Infinitiv.

b) bei Verben, die eine **Einwirkung auf andere** bezeichnen, um die Handlung auszudrücken, die der Gegenstand für die Wirksamkeit des Verbums ist. Die Person steht je nach der Rection des letzteren im dat. oder acc., z. B. *eggjadi Reginn Sigurd at vega Fáfni,* R. reizte den S. an, F. zu töten, *hann baud mér med sér at vera,* er gebot mir, bei ihm zu sein.

§ 446. Zum Prädikat, bes. bei Verben der **Bewegung**, wird oft ein inf. gefügt, um die **Absicht** zu bezeichnen, z. B. *fór ek at bidja þín,* ich kam, um dich zu freien, *nefna menn í dóm at dóma um sakir,* sie ernennen Männer zu Richtern, um über Streitfälle zu entscheiden.

Anm. Zu einer Aussage, die an sich bestimmt genug ist, wird zuweilen ein inf. gefügt, um den Ausdruck vollständiger oder deutlicher zu machen, z. B. *eggjadi mjok uppreistar at gera móti Ólafi konungi,* er reizte sehr dazu an, Erhebungen gegen König O. zu machen.

§ 447. Die Partikel *at* wird im Allgemeinen gebraucht, wenn der inf. als Subject, Object oder in anderen **substantivischen** Verhältnissen steht, jedoch **nicht** nach *skulu, munu, mega* u. ä. Verben. Sie fehlt auch beim acc. mit inf. (vgl. § 449).

Anm. In der ältesten Sprache und in der Poesie wird *at* oft auch in den erstgenannten Fällen ausgelassen.

§ 448. Die verba *munu* und *skulu* dienen in Verbindung mit dem inf. (ohne *at*) zur Umschreibung des **Futurums und Conditionalis** (vgl. § 387 d).

§ 449. Statt eines abhängigen Satzes mit *at* steht auch der **accus. mit inf.**, und zwar:

a) nach Verben der **Wahrnehmung, des Denkens und der Aussage**, z. B. *úlf sé ek liggja,* einen Wolf sehe ich liegen, *ek hygg hann vera engan vin minn,* ich glaube, dass er kein Freund von mir ist, *Ulfr kvad, hann mundu því ráda,* U. sagte, er würde es veranlassen.

Anm. 1. Wenn das Subject im Inf.-Satze dasselbe ist wie dasjenige des Hauptsatzes, steht letzteres in der **reflex.** Form, z. B. *hyggsk munu ey lifa,* er glaubt ewig zu leben.

§ 449—452. Verbalverbindungen: Infinitiv. Particip. 163

Anm. 2. Wegen Auslassung von *vera* vgl. § 502.

b) bei Verben des **Wollens**, **Bittens**, **Befehlens**, **Lassens** u. s. w., z. B. *seggi vil ek alla í sal ganga*, ich will, dass alle Männer in den Saal gehen, *bað ǫndverða ǫrnu klóask*, er hiess (sie wie) Adler Brust gegen Brust mit den Klauen kämpfen; *láta fǫlvan jó flugstig troða*, das fahle Ross den Flugweg treten lassen.

Anm. 3. Beim Passiv steht natürlich der nom.: *vǫ́ru sénar eldingar fljúga*, man sah Blitze fliegen.

2. Kap. Participium.

§ 450. Das Neutrum des part. präs. kann in Verbindung mit *vera* (seltener als Attribut) die Bedeutung von **Pflicht**, **Notwendigkeit** oder **Möglichkeit** bekommen, z. B. *segjanda er alt sínum vin*, man muss seinem Freunde alles sagen, *er þér þess ekki biðjanda*, du darfst nicht darum bitten (vgl. § 394 a).

§ 451. Das Neutrum des part. prät. wird mit *hafa* verbunden, um das **Perfect** und **Plusquamperfect** zu umschreiben, z. B. *ek hefi dǿmt*, ich habe geurteilt, *ek hafða dǿmt*, ich hatte geurteilt; *munu* und *skulu* mit inf. und part. prät. bilden sodann das **futur. exactum** und den **conditionalis**, z. B. *ek mun (skal) hafa dǿmt*, ich werde geurteilt haben, *ek munda (skylda) hafa dǿmt*, ich würde geurteilt haben.

Anm. Eine Anzahl intransitiver verba, bes. Bewegungsverba, werden abwechselnd mit *hafa* und *vera* zusammengesetzt, z. B. *ek hefi farit* und *ek em farinn*, „ich habe gereist" und „ich bin gereist". Durch die erstere Form wird die **abgeschlossene Handlung**, durch die letztere der **Zustand** bezeichnet. (Wegen der Congruenz vgl. § 485.)

§ 452. Das part. prät. steht statt des inf. nach einigen Verben, bes. *fá* und *geta* (bekommen), z. B. *engi gat fylgt honum*, keiner konnte ihm folgen, *þeir mundu eigi fá bundit úlfinn*, sie sollten den Wolf nicht binden können.

11*

§ 453—456. Verbalverbindungen: Particip. Satzgefüge.

§ 453. Das part. präs. von intrans. Verben (selten und nur in der späteren Sprache auch von trans. Verben mit folgendem Object) wird in Apposition einem Subst. (oder substantivisch gebrauchten Worte) hinzugefügt, um den Zustand einer Person oder Sache während der Handlung zu bezeichnen, z. B. *kemr dreki fljúgandi*, ein Drache kommt geflogen, *hann fór svá grenjandi*, so ging er heulend.

§ 454. Zuweilen werden gewisse präpos. (bes. *at*, seltener *eptir* und *vid*) mit einem part. (gewöhnlich prät.) und subst. verbunden zu einem Verb gesetzt, um ein Zeitverhältnis anzugeben, z. B. *at Gamla fallinn*, nach Gamlis Fall, *at saman komnu herfanginu*, als die Beute zusammengebracht war, *eptir Ingjald lidinn*, nach dem Tode I.s, *vid svá búit, at svá búnu*, unter diesen Umständen; mit dem part. präs.: *at uppverandi sólu*, während die Sonne scheint.

Anm. Selten steht ein absoluter Dativ ohne Präp.: *lidnum sjau vetrum*, nach Verlauf von 7 Jahren.

II. Satzgefüge.

A. Selbständige Sätze.

§ 455. Die selbständigen Sätze drücken eine Aussage, einen Ausruf, eine Frage, einen Wunsch, einen Befehl oder ein Verbot aus. Wegen der modi vgl. § 391 ff., wegen der Wortstellung § 487 ff.

§ 456. Die Fragesätze können, ausser durch den Frageton und die Stellung der Glieder, auch durch die Partikel *hvárt* charakterisiert werden, vgl. *hvárt er fadir þinn heima?* ist dein Vater daheim? — Eine Doppelfrage wird durch *hvárt ... eda* gebildet, z. B. *hvárt ertu feigr eda ertu framgenginn?* bist du dem Tode nahe oder verschieden?

Anm. 1. Im ersteren Falle ist wohl *eda eigi* „oder nicht" zu ergänzen.

§ 457—459. Satzgefüge. Abhängige Sätze.

Anm. 2. Oft wird eine einfache unvermittelte Frage mit *eda* eröffnet, z. B. *Grettir nefndi sik, „eda hverr spyrr at?"* Gr. nannte sich (und sagte:) „wer fragt darnach?"

§ 457. Selbständige Sätze werden durch die in § 402 aufgezählten Conjunctionen verbunden, wozu noch kommen: *ella, elligar* oder, *hvárt (sem, er)* . . . *eda*, sei es, dass . . . oder dass, *en* aber, jedoch.

B. Abhängige Sätze.

§ 458. Die abhängigen Sätze zerfallen ihrer Form nach in Relativsätze, indirekte Fragesätze und Conjunctionalsätze.

1. Kap. Relativsätze.

§ 459. Diese werden durch die Partikeln *er, sem*, seltener *at*, eingeleitet, welche alle relativen Verhältnisse ausdrücken können, z. B. *ef þú vin átt, er þú vel trúir*, wenn du einen Freund hast, dem du vertraust, *segdu mér þat, er ek þik fregna mun*, sage mir das, was ich dich fragen werde. Die rel. Partikeln werden gewöhnlich mit einem dem. pron. (resp. adv.) verbunden, das sich dann nach dem bezüglichen subst. richtet, z. B. *í borginni var hofdingi sá er Ódinn var kalladr*, in der Burg war ein Anführer, der O. hiess; *sverd þat er hjǫltin vǫru ór gulli*, ein Schwert, dessen (resp. wo der) Griff aus Gold war, *kómu at hǫllu þar er Hersir bjó*, sie kamen zu der Halle, wo H. wohnte. — Bisweilen fehlt in späterer Zeit (im acc. und nom.) die rel. part., vgl. *sonr sá ek átta*, der Sohn, den ich hatte, *fleiri þeir, at brennunni vóru*, die meisten von denen, die bei der Brandstiftung waren.

Anm. 1. Wegen der Stellung der Präposition vgl. § 491, 5 wegen der Congruenz des Verbs § 483.

Anm. 2. Zuweilen wird zur näheren Bezeichnung des relativen Verhältnisses ein pers. oder dem. pron. in dem Casus eingeschoben, den das rel. ausdrücken soll, z. B. *sá er skilgetinn er fadir hans*, derjenige, dessen (eigentl. wo der) Vater ehelich geboren ist.

§ 460—462. Relativsätze. Indirecte Frage.

Anm. 3. Wo wir einen Rel.-Satz zu einem superl. fügen, um zu bestimmen, in welchem Umfange dieser gelten soll, wird der superl. im isl. in den Rel.-Satz hineingezogen, z. B. *skip þat er þeir fengu bezt, das beste Schiff, das sie bekamen.*

Anm. 4. Das mit der Relativpartikel verbundene demonstr. pron. oder adverb. gehört eigentlich dem Hauptsatz an, was sich ja aus der Congruenz ergiebt. Steht statt des dem. ein interrog., so wird dies geradeso behandelt, vgl. *haug skal gerva hreim es lidinn er,* einen Hügel soll man machen dem, der gestorben ist.

§ 460. Relativsätze stehen oft im Conj. nach verneinendem, fragendem oder befehlendem Hauptsatz, wenn das Relativ eine Beschaffenheit: „so wie", „so beschaffen, dass" bezeichnet, z. B. *eigi var sá leikr, er nǫkkurir þyrfti við hann at keppa,* es gab kein Spiel, worin jemand mit ihm zu kämpfen wagte; ohne vorhergehende Verneinung: *skal ek gipta þik nǫkkurum þeim hǫfdingja, er mér sé eigandi vináttu við,* ich werde dich mit einem Häuptlinge vermählen, der mit mir Freundschaft hält; nach Superlativen (einschränkend): *allra manna vænstr, er menn hefði sét,* der schönste von allen, die man gesehen.

2. Kap. **Indirecte Fragesätze.**

§ 461. Indirecte Fragen werden entweder durch Fragepronomina und -adverbia oder durch besondere Conjunctionen eingeleitet. In der einfachen Frage ist dies *ef* oder *hvárt* ob, z. B. *spyrr þú hann, ef hann hafi nokkuru sinni í dóm verit nefndr,* frage ihn, ob er einmal zum Richter ernannt worden sei; *hon spurði hann, hvárt hann vekti,* sie fragte ihn, ob er wachte. — In Doppelfragen steht *hvárt — eda,* z. B. *spurði bródur sinn, hvárt hann vill skjóta til Helga uppi eda nidri,* er fragte seinen Bruder, ob er auf Helgi oben oder unten schiessen will.

§ 462. In indirecter Frage steht der Conjunctiv nach Ausdrücken des Zweifels oder der Ungewissheit (fragen, prüfen, untersuchen, beraten u. s. w.), sonst im Allgem. der ind., z. B. *hann spurði eptir, hvernig*

§ 463. Conjunctionalsätze: Temporalsätze.

kristinn dómr væri haldinn, er fragte, wie das Christentum gehalten würde; *hann vekr þat mál, ef Sigríðr vili giptaz honum,* er bringt die Sache vor, ob S. sich mit ihm verheiraten wolle; *skynjaði, hvárt fullsteikt væri,* er versuchte, ob es gar gebraten wäre; *skal freista, hvárr fleira viti,* man soll versuchen, wer mehr weiss; — *eigi er þat logit af yðr, hversu fríðir menn þér eruð,* nicht ist das gelogen in Bezug auf euch, wie schöne Männer ihr seid.

Anm. Zuweilen findet sich der ind. statt des conj. mit teilweiser Beibehaltung der Form des directen Fragesatzes, vgl. *hann spurði, hvat hann vann* er fragte, was er ausrichtete.

3. Kap. Conjunctionalsätze.

§ 463. a) Temporalsätze mit *er, þá er,* als, da, *þegar (er)* sobald als, *unz* (= und es), *til þess er (at),* bis, *meðan* während, *síðan (er, at)* nachdem, *frá því er,* seitdem, stehen im ind., z. B. *ein sat hon úti, þá er inn aldni kom,* allein sass sie draussen, als der Alte kam, *sagði horsk hilmi, þegars hon réð vakna,* es sagte die Kluge dem Herrscher, sobald sie erwachen that, *var þeim vettugis vant, unz þrjár kómu,* es fehlte ihnen nichts, bis drei kamen, *svaf ek mjok sjaldan, síðans þeir fellu,* ich schlief gar selten, nachdem sie gefallen waren.

b) bei den Conjunctionen *áðr, fyrr enn,* ehe, bevor, steht nach verneintem Hauptsatze, sowie bei genauerer Zeitangabe der ind., z. B. *lát þú enga menn vita, áðr þú ferr,* lass es keine Männer wissen, ehe du reisest; *þeir hofðu skamma hríð setit, áðr þar kom Gunnhildr,* sie hatten eine kurze Zeit gesessen, ehe G. dorthin kam; dagegen der Conjunctiv nach einer Aufforderung, z. B. *gakk þú at finna konung, áðr þú farir,* suche den König auf, ehe du reisest!

c) in allen anderen Fällen stehen ind. und conj. ohne grossen Unterschied, z. B. *áðr hann kømi, lét hann marga,* ehe er kam, verlor er viele; *áðr hann fór heiman, mælti hann,* ehe er von Hause reiste, sprach er.

§ 464. In Bedingungssätzen mit *ef* steht der ind. bei Annahme der Wirklichkeit, z. B. *ef þú vinátt, gedi skaltu vid þann blanda*, wenn du einen Freund hast, sollst du mit ihm verschmelzen. Der conj. steht, wenn die Bedingung als nichtwirklich (möglich, wahrscheinlich) hingestellt wird; gilt die Aussage der Gegenwart, so steht das Imperfect, gilt sie der Vergangenheit, das plusquamperfectum oder prät., z. B. *eigi vilda ek hendrnar til spara, ef ek mætta þær nýta*, nicht wollte ich die Hände schonen, wenn ich sie brauchen könnte; *ef slíkir hefði allir verit, þá hefði engi várr í brott komizk*, wenn alle so gewesen wären, dann wäre keiner von uns fortgekommen. — Im Hauptsatze wird dann oft *munda, mynda* gebraucht, z. B. *ef vit værim eigi vinir, þá munda ek þessa sárliga hefna*, wenn wir nicht Freunde wären, dann würde ich dies bitter rächen; *ef ek skylda ráda, myndir þú láta vera kyrt*, wenn ich raten sollte, würdest du es gut sein lassen.

Anm. 1. Zuweilen steht im Hauptsatze der ind. präs., trotzdem die Bedingung durch Anwendung des conj. prät. als bloss gedachter Fall bezeichnet ist, z. B. *mun honum líka vel, ef hann hefði þat*, es würde ihm wohl gefallen, wenn er das hätte.

Anm. 2. Der conj. prät. bezeichnet zuweilen in Bedingungssätzen eine öfters wiederholte Handlung, z. B. *þat var háttr Erlings, ef ðvinir hans kémi*, das war die Art Erlings, so oft seine Feinde kamen.

Anm. 3. An einen Bedingungssatz im ind. wird oft ein zweites Glied durch *ok*, *en* oder *enda* im conj. angeschlossen, z. B. *ef þar er útlendr herr ok fari þeir*, wenn dort ein ausländisches Heer ist und sie ziehen...; desgl. an Temporal- und Relativsätze, die sich in der Bedeutung einem Bedingungssatze nähern, z. B. *þar er madr tekr vid fé ok hverfi fé þat*, wo ein Mann Geld empfängt und ihm das Geld abhanden kommt...; *vid þeim monnum, er sitja í kaupstodum ok sé þeir tryggvir*, bei den Leuten, die in Handelsplätzen sitzen und zuverlässig sind.

Anm. 4. In der Edda dient auch *at* als Bedingungspartikel, z. B. *betr hefðir þú, at þú í brynju fœrir*, besser thätest du, wenn du in die Brünne führest.

§ 465. Nach *nema* (und dem selteneren *utan*) „wenn nicht" steht immer der conj., z. B. *engi óttask, nema ilt geri*, keiner fürchtet sich, wenn er nicht Böses thut.

§ 466—467. Vergleichungs- und Einräumungssätze.

§ 466. In Vergleichungssätzen a) mit *sem* „wie, als, als ob" nach adj. und adv. des Masses, des Grades oder der Gleichheit *(svá, á þann veg,* so, *því* (beim comp.) um so, desto, *slíkr* solch, *samr* derselbe, *jafn* eben, *líkr* gleich u. s. w.), sowie b) mit *(heldr) en* „als" nach *annarr* und einem comp. steht der ind. um eine wirkliche, der conj. um eine bloss angenommene, resp. ausgeschlossene oder nicht wirkliche Handlung zu bezeichnen, z. B. *gerir nú svá, sem fóstri hans lagði til,* er thut nun so, wie sein Pflegevater riet, *fór hann svá hart, sem fugl flygi,* er fuhr so schnell als wenn ein Vogel flöge, *þóat hann sé yngri, en í lǫgum er mælt,* obgleich er jünger ist, als in den Gesetzen bestimmt ist, *askr Yggdrasils drýgir erfiði meira, en menn of viti,* die Esche Y. duldet mehr Leid, als die Menschen wissen, *skal Rín nú ráða gullinu, fyrr en Hýnir beri þat á hǫndum,* nun soll der Rhein eher das Gold besitzen, als dass die Hunnen es an den Armen tragen.

Anm. 1 Nach Mass- und Gleichheitsausdrücken steht auch *ok* statt *sem,* z. B. *hit sama vápn ok hann sýndi,* dieselbe Waffe, die er zeigte. Vgl. § 402 d.

Anm. 2. Nach den Verben des Scheinens und Erfahrens *(sýnask, þykkja, lítask, spyrjask)* steht oft ein Satz mit *sem* und dem conj., resp. eine Umschreibung mit *munu* (im ind. oder conj.) statt eines *at*-Satzes, z. B. *sýndist nær, sem hon væri dauð,* es schien fast, als ob sie tot wäre: *spurðist honum svá til, sem ekki væri kristni haldit,* er erfuhr, dass das Christentum nicht gehalten würde.

Anm 3. In der älteren Dichtung steht bei allgemeinen Aussagen das zweite Vergleichungsglied mit *vera* im conj., z. B. *blindr er betri en brendr sé,* ein Blinder ist besser als ein Verbrannter (ist).

Anm. 4 Nach *en* wird gern *at* ausgelassen und das Verb steht im conj., z. B *vil ek ekki annat, en þú farir til mín,* ich will nichts anderes, als dass du zu mir reisest.

§ 467. In Einräumungssätzen mit *þóat, þótt,* „obgleich, obschon" steht der conj., z. B. *veit ek eigi þat, þótt minn frændi sé konungr,* ich weiss es nicht, obgleich mein Verwandter König ist.

§ 468—469. „Dass"-Sätze.

Anm. *þó at* kann auch getrennt werden, z. B. *sigr hǫfum vér þó enn fengit, at Hákon hafi eigi vid verit,* den Sieg haben wir doch erlangt, obgleich H. nicht dabei gewesen ist.

§ 468. Sätze mit *at* — das auch fehlen kann — haben den conj. nach Ausdrücken:

a) der Meinung, Vermutung, Hoffnung, des Glaubens, Zweifels oder der Furcht, z. B. *daud hygg ek, at þín módir sé,* ich glaube, dass deine Mutter tot ist, *ek óumk, at hér úti sé minn bródurbani,* ich fürchte, dass der Mörder meines Bruders hier draussen ist. — Als Hilfszeitwort steht oft *munu,* z. B. *hyggjum vér, at svik muni vera,* wir vermuten, dass es Betrug ist.

Anm. Seltner steht der ind., um den Inhalt des Nebensatzes als wirklich stattfindend zu bezeichnen; öfter folgt ein acc. mit inf., bes. bei *hyggja* und *ætla*.

b) des Willens oder Bestrebens, z. B. *vil ek at vér sém ásamt,* ich will, dass wir zusammen sind; *allir vǫru þess fúsir, at fridr yrdi,* alle wünschten, dass Friede würde.

Anm. 1. Hier wird jedoch oft *skulu* (meist im ind.) gebraucht, seltener *munu,* z. B. *beiddi, at þeir skyldu vid honum taka,* er verlangte, dass sie ihn aufnähmen.

Anm. 2. Statt des conj. kann (mit Uebergang in die directe Rede) der Imperativ stehn, vgl. *þat rǽd ek þér, at þú bid Helga at duga þér,* das rate ich dir, dass du Helgi bittest, dir zu helfen. — Oft steht auch ein abhängiger inf. (vgl. § 445 b), vgl. *bódu prest fara,* sie baten den Priester zu reisen. Nach *vilja* und *bidja* steht auch (bes. in der Poesie) der acc. mit inf., z. B. *seggi vil ek alla í sal ganga,* ich will, dass alle Männer in den Saal gehen. Vgl. § 449 b.

§ 469. Nach Verben der Aussage steht im abhängigen *at*-Satze der conj., wenn man bloss den Inhalt einer Aeusserung anführen will, ohne anzugeben, ob es sich wirklich so verhält, resp. wenn der Inhalt des Satzes als nicht stattfindend bezeichnet wird; dagegen steht der ind., wenn der Inhalt als wirklich stattfindend bezeichnet werden soll, z. B. *hann segir, at þeir væri Nordmenn,* er sagt, sie wären Nordleute, *þat er sǫgn manna, at Gudrún hefdi etit af Fáfnis hjarta,* es wird erzählt, dass

§ 470. „Dass"-Sätze.

G. von F.s Herzen gegessen hätte, *ekki er þess getit, at þeir væri ættstórir menn*, es wird nicht erwähnt, dass sie von grosser Familie gewesen wären. Dagegen: *þat segja allir, at þeir sviku hann*, das sagen alle, dass man ihn verriet.

Anm. 1. Zuweilen fehlt *at* beim conj., bes. im zweiten Gliede.

Anm. 2. Häufig ist plötzlicher Uebergang in directe Rede, z. B. *sagði at hann hefði bedit til handa honum dóttur Burizleifs, sú er cænst er, „en mér er fǫstnuð systir hennar"*, er sagte, dass er für ihn um die Tochter B.s gebeten habe, die sehr schön ist, „und mir ist ihre Schwester verlobt"; sogar steht gleich nach *at* directe Rede, vgl. *hann svarar at „ek skal riða"*, er antwortet: (dass) „ich werde reiten". — Bei Aussageverben steht übrigens oft der acc. mit inf., bes. bei reflexiven Formen, z. B. *hann kvezk vilja róa*, er sagt, er wolle rudern.

§ 470. Abhängige Sätze mit *at* (selten *er)* stehen ferner im conj. nach Ausdrücken wie:

a) es kann sein, geschehen, ist möglich, z. B. *má vera, at þú ráðir þessu*, es kann sein, dass du dies veranlassest; *búit (við)* oder *búð, (at) arki at auðnu*, vielleicht geht es nach dem Schicksal.

b) es ist weit davon entfernt, fehlt viel daran, ist nahe daran, z. B. *þótti honum mikilla muna ávant, at vel væri*, es schien ihm viel daran zu fehlen, dass es gut wäre, *var þá við sjálft, at þeir myndi upp ganga á skipit*, es war nahe daran, dass sie ins Schiff stiegen, *þat skal verða aldri, at þú skylir sjá konung várn*, das soll nie geschehen, dass du unsern König siehst.

c) *þurfa* bedürfen, *þǫrf, nauðsyn er*, es ist notwendig, *kostr* Bedingung, z. B. *þurfum vér þess mjǫk, at þú leggir hamingju þína á þessa fǫr*, wir bedürfen dessen sehr, dass du deinen Schutzgeist auf diese Reise sendest, *nauðsyn berr nú til, at barn fái skírn*, die Notwendigkeit liegt nun vor, dass das Kind die Taufe erhalte, *hinn er annarr kostr, at lokit sé sætt allri*, das ist die zweite Bedingung, dass es mit jedem Vergleich vorbei sei.

Anm. Nach *kostr* stehen auch die Hilfszeitwörter *skulu, munu* und *vilja*.

172 § 471—473. „Dass"-Sätze. Absichts- und Folgesätze.

§ 471. So kann überhaupt in allen anderen substantivischen „dass"-Sätzen der conj. stehen, wenn man das, worüber etwas ausgesagt oder worauf hingewiesen wird, als etwas im allgemeinen gedachtes bezeichnen will, ohne anzudeuten, dass es wirklich stattfinde, z. B. *béta man þat þeira ferð, at þú farir með þeim,* es wird ihre Reise besser machen, wenn (dass) du mit ihnen fährst.

§ 472. Absichtssätze mit *at, til þess at,* selten *fyrir því at, (af) því at, svá at* (in der Edda noch *síðr* dass nicht) stehen im conj., z. B. *hvat viltu til vinna, at ek láta þik fara?* was willst du thun, damit ich dich ziehen lasse?

Anm. Zuweilen werden hier *skulu* und *mega* als Hilfszeitwörter gebraucht.

§ 473. Folgesätze (mit *at, svá at*) stehen im conj.:

a) wenn der Hauptsatz verneinend, fragend oder imperativisch ist, z. B. *engi var svá djarfr, at þorði konung at spyrja máls,* keiner war so kühn, dass er den König nach der Sache zu fragen wagte; *hverr er svá harðr, at eigi hlaupisk?* wer ist so kühn, dass er nicht fortläuft?. *vápnisk menn, svá at allir sém búnir!* waffnet euch, Männer, so dass wir alle bereit sind! — Im übrigen steht der ind.: *hann var svá mikill, at engi hestr mátti bera hann,* er war so gross, dass ihn kein Pferd tragen konnte.

Anm. Nach *svá at* folgt auch der conj. in einschränkender Bedeutung, z. B. *hann var hagastr maðr, svá at menn viti,* er war der geschickteste Mann, soweit man weiss. Vgl. § 460!

b) ebenso steht der conj. nach den Ausdrücken „würdig, geschickt, passend", z. B. *þykki mér Njáll makligr vera, at ek unna honum þessa,* N. scheint mir verdient zu haben, dass ich ihm dies gönne.

c) desgl. nach Bedingungs- und Einräumungssätzen, z. B. *ef vér lifum svá hreinliga, at vér sém verðir . . .,* er wir so rein leben, dass wir würdig sind, *þóat svá illa verði, at þú brjótir skipit,* wenn es auch so schlimm wird, dass du Schiffbruch leidest.

§ 474. In Causalsätzen (mit *at, þat (er), því at, fyrir því at, með* oder *af því at, allz*) steht der conj., wenn der nicht wirkliche Grund angegeben wird, z. B. *hlærat þú af því, at þér góz viti*, du lachst nicht, weil es für dich etwas Gutes bedeute. — Sonst steht der ind.

§ 475. Abhängige Sätze, die als Rede oder Gedanke eines Anderen bezeichnet werden sollen, werden in den conj. gesetzt. vgl. *er þat mitt hugboð, at auðna hans myni ráða, hvárt hann skyli ríki fá eða eigi*, es ist meine Ahnung, dass sein Geschick bestimmen wird, ob er das Reich bekommen solle oder nicht, *bað þá vega í mót slíkt er þeir mætti við komask*, er bat sie, das dagegen zu schwingen, was sie erreichen könnten, *var hans þá ván þegar er byr gæfi*, man erwartete seine Ankunft, sobald es einen günstigen Fahrwind geben würde, *hann hét þeim sinni vináttu, ef hann yrði einvaldskonungr*, er verhiess ihnen seine Freundschaft, wenn er Alleinherrscher würde.

§ 476. Dasselbe gilt von allen Nebensätzen, die zur Ausfüllung eines conjunctivischen oder infinitivischen Hauptsatzes dienen und ein notwendiges Glied des darin enthaltenen Gedankens bilden, z. B. *gulli hygg ek mik ráða munu, svá lengi sem ek lifi*, das Gold denke ich zu besitzen, so lange ich lebe. *renniu sá mar, er und þér renni!* es laufe nicht das Ross, das unter dir läuft! *ef þú lætir þetta spjót svá af hǫndum, at þat stœði í brjósti Óláfi*, wenn du diesen Spiess so aus den Händen liessest, dass er dem O. in der Brust stäke.

III. Congruenz.

A. Subject und Prädikat; Apposition.

§ 477. Das Prädikatsverb richtet sich nach dem Subject in Person und Zahl, das Prädikatssubstantiv und -adjectiv so weit wie möglich in Geschlecht, Zahl und Casus, wie überhaupt jedes Adj., nach dem zugehörigen Subst., z. B. *Frosti er nefndr* höfðingi þeira, F. heisst ihr Häuptling, *hann hafði blindr verit borinn*, er war blind geboren worden. Die Dualformen des Fürworts gelten in dieser Beziehung als Plurale, z. B. *vit vórum fǿddir á einni nótt*, wir beide wurden in einer Nacht geboren. — Eine Construction nach dem Sinne tritt ein, wenn das Prädikatsverb zu einem collectiven Subject in den Plur. gesetzt wird: *þat fólk .... dýrkuðu þenna dag*, das Volk feierte diesen Tag.

Anm. Gegen die Congruenz verstossen Ausdrücke wie: *heitir bǿr mikill at Steini*, ein grosser Hof heisst Stein, die sich aus der häufigen Verbindung von Ortsnamen mit Präpos. erklären (vgl. *Reichenau* st. *Reiche Au!*). Vgl. § 421 Anm. 1.

§ 478. Wenn mehrere Subjecte von verschiedener Person vorhanden sind, so steht das Verb im plur. und die 1. Person hat den Vorrang vor der zweiten, die 2. vor der dritten, z. B. *ek ok þessi fǫrunautr minn erum þrælar*, ich und dieser mein Reisegefährte sind Sklaven.

§ 479. Bei mehreren verbundenen Subjecten der 3. Person richtet sich das Verb in der Zahl nach dem zunächst stehenden, z. B. *upp laukzk fyrir honum jǫrðin ok bjǫrg ok steinar*, vor ihm erschloss sich die Erde und die Berge und Felsen. Jedoch kann, besonders nach verbundenen Personennamen in der Einzahl, das Verb im plur. stehen, z. B. *Hálfdan svarti ok Hálfdan hvíti lǫgu í víking*, Halfdan der schwarze und H. der weisse befanden sich auf einer Kriegsfahrt.

§ 480. Bei mehreren verbundenen Subjecten richtet sich das präd. Adjectiv, wenn das Verb im sg. steht, nach dem nächsten Subject. z. B. *þá var tekinn borðbúnaðrinn ok dúkarnir*, da wurde das Tischgerät und die Tücher fortgenommen. Steht das Verb im plur., so wird das adj., wenn die Subjecte desselben Geschlechtes sind, in den plur. des gemeinsamen Geschlechtes gesetzt, wenn aber die Subjecte verschiedenen Geschlechtes sind, in den plur. des Neutrums, z. B. *Gunnhildr ok synir Eiriks vǫ́ru farin til Danmerkr*, G. und die Söhne Eiriks waren nach Dänemark gefahren.

Anm. Wenn das nächste Subject im pl. steht, so kann sich jedoch das adj. im Geschlecht nach diesem richten.

§ 481. Wenn das Prädikat aus einem Hilfszeitwort und einem Substantiv besteht, so kann das Verb sich nach diesem statt nach dem Subject richten, z. B. *Holtar á Vestfold var hǫfudbǿr hans*, H. in V. war seine Hauptstadt, *þetta lið alt saman vǫ́ru tíu þúsundir*, diese Schar zusammen betrug 10000. Besonders geschieht dies, wenn *þat* oder *þetta* Subj. ist, z. B. *þat vǫ́ru þar lǫg*, das war dort Gesetz, *þetta eru kǫlluð Hamdismǫ́l in fornu*, dies wird genannt die alten H. Aber auch: *Nordymbraland er kallat fimtugr Englanz*, Northumberland heisst ein Fünftel von England.

Anm. Wenn ein demon. pron., das Subject eines Hilfsverbs ist, ein Substantiv als Prädikatswort hat, kann es dessen Geschlecht und Zahl annehmen, z. B. *sú er bǿn mín ǫnnur*, das ist meine zweite Bitte.

§ 482. Die Apposition richtet sich nach dem Hauptwort in Geschlecht, Zahl und Casus, z. B. *Óláfr konungr*, König O., *hann fekk honum 30 manna, vaskra drengja*, er gab ihm 30 Männer, mutige Burschen.

§ 483. Wenn eine Relativpartikel Subject ist, so richtet sich das Verb in der Person nach dem Worte, auf welches sich das relativum bezieht, z. B. *meðan einhverr várr bóndanna er lífs, sem nú erum á þinginu*, solange als jeder von uns Bauern am Leben ist, die jetzt in der Versammlung sind.

§ 484. Ein Nomen, das als Apposition oder Prädikatswort zu einem inf. gehört, steht im nom. sg. m., wenn der inf. nicht auf ein bestimmtes grammatisches Subject bezogen wird, z. B. *léttr er lauss at fara*, leicht ist es, frei zu fahren; ist der inf. dagegen auf ein bestimmtes Wort des Satzes zu beziehen, so richtet sich das Bestimmungswort durchaus nach diesem, z. B. *þeir sǫ alla hlaupa þar vápnada*, sie sahen da alle bewaffnet laufen, *betra er þér at vera gódum*, besser ists für dich, gut zu sein, *vættu sér enskis annars en liggja þar drepnum*, sie erwarteten für sich nichts anderes, als dort erschlagen zu liegen.

Anm. Ein nom. mit inf. steht statt des acc. mit inf., wenn das Subject desselben in der reflexiven Form des regierenden Verbs steht, z. B. *einn rammari hugdumk ǫllum vera*, ich allein glaubte stärker als Alle zu sein.

§ 485. Bei dem durch *hafa* mit dem part. prät. gebildeten Perfect und Plusquamperfect transitiver verba richtet sich in der älteren Sprache (Edda) das part. — als Prädikat — vollkommen nach dem Object, wenn ein gegenwärtiger (resp. vergangener) Zustand als Resultat einer früheren Thätigkeit dadurch ausgedrückt werden soll. z. B. *hefir konungr dóttur alna*, der König hat eine Tochter aufgezogen. Bezeichnet das Perfect (Plusquamperf.) jedoch bloss eine in der Gegenwart (Vergangenheit) vollendete oder abgeschlossene Handlung, so steht bereits früh neben der flectierten (congruierenden) Form des part. die unflectierte Form des neutr. sg., was später überhaupt das herrschende — auch im ersteren Falle — wird, z. B. *þú hefir etnar úlfa krásir*, du hast Wolfspeisen gegessen; aber: *hverr hefir þik baugum lorit?* wer hat dich mit Ringen bestochen?

Anm. 1. Das neutr. des part. steht immer bei intransitiven Verben, sowie bei transitiven, wenn das Object fehlt, z. B. *þú hefir bróðr þinum at bana ordit*, du bist deinem Bruder zum Mörder geworden, *hefir þú ofdrukkit*, du hast zu viel getrunken.

Anm. 2. Bei *vera* richtet sich stets das part. nach dem Subject: *madr er stiginn af mars baki*, ein Mann ist gestiegen von der Mähre Rücken.

B. Consecutio temporum.

§ 486. Im abhängigen Satze wird die gleichzeitige Handlung nach einem Hauptsatz im präs.

oder fut. durch das präs., nach dem prät. durch das prät. ausgedrückt, z. B. *þat segir þú nú, at mín móðir dauð sé*, das sagst du nun, dass meine Mutter tot sei; *hvat mælti Óðinn, áðr á bál stigi?* was sagte O., ehe er auf den Scheiterhaufen stieg?

b) Ist die Handlung des abhängigen Satzes gegenüber derjenigen des regierenden Satzes eine vergangene, so steht nach dem präs. das prät. oder perfectum, nach dem prät. das plusquamperfectum (mit demselben Bedeutungsunterschiede zwischen imp. und perf. wie sonst, vgl. § 389 f.), z. B. *sumir segja svá, at þeir drǽpi hann*, einige sagen, dass sie ihn erschlagen hätten, *baugeið Óðinn hygg ek at unnit hafi*, ich denke. dass O. einen Ringeid geschworen habe; — *frétti Atli, hvert farnir væri sveinar*, A. fragte, wohin die Burschen gegangen wären.

c) Ist die Handlung des abh. Satzes gegenüber der Haupthandlung futurisch, so tritt Umschreibung mit *munu*, seltener mit *skulu* ein. z. B. *fjǫr sitt láta hygg ek, at Fáfnir myni*, ich glaube, dass F. sein Leben lassen wird, *hitt ek hugða at ek hafa mynda...*, das dachte ich, dass ich haben würde...

IV. Wortstellung.

A. Nomen und verbum.

§ 487. In **Hauptsätzen strebt das Verb nach dem Anfang des Satzes und bildet oft das erste Satzglied. Es kann aber jedes höher betonte Satzglied vor das Verb an den Anfang treten, dann muss dieses die zweite Stelle erhalten. Die Anfangsstellung des Verbs wird oft durch proclitica gedeckt. — Beispiele:**

§ 487–490. Wortstellung: Nomen und verbum.

1) mit Verb an 2. Stelle, Subject an erster: *hrafnar munu slíta hræ þitt*, Raben werden deinen Leichnam zerreissen. Steht ein anderes Wort voran, so folgt das Subject dem Verb: *lítil var gleði manna*, klein war die Fröhlichkeit der Männer, *þessu næst urðu þau tídindi*, bald darauf geschahen die Ereignisse.

2) mit Verb an 1. Stelle, was bes. häufig ist, wenn dasselbe hervorgehoben werden soll, ferner, wo es zuerst ins Bewusstsein tritt und wo der Fortgang einer Erzählung oder Darlegung hauptsächlich auf dem Verb beruht. Das Subj. folgt dann an zweiter oder späterer Stelle, so z. B. mit ungedecktem Verb: *reið Illugi nú vestr*, nun ritt I. westwärts; oder mit gedeckter Anfangsstellung: *nú líða svá sex vetr*, nun vergehen so 6 Jahre.

Anm. Unbetonte pers. pron. als subj. stehen meist voran, oft aber auch nach, z. B. *sigldu þeir í haf*, sie segelten ins Meer.

§ 488. Wenn 2 Sätze durch *ok* „und" verbunden werden, so steht im zweiten das Verb voran, wenn es nicht durch ein hervorzuhebendes Wort an die zweite Stelle gedrängt wird, z. B. *Onundr hét maðr . . . ok hét Geirný kona hans*, O. hiess ein Mann, und seine Frau hiess G. Dasselbe gilt beim pers. pron.: *ok em ek þess albúinn*, und dazu bin ich ganz bereit.

§ 489. Die klassische Prosa lässt weder im Hauptnoch im Nebensatz das Verb an die dritte oder spätere Stelle (Schlusstellung) treten, z. B. *hann sagði, at þat skyldu vera fararefni hans*, er sagte, dass das sein Reisegeld sein sollte.

§ 490. Im Nachsatz herrscht Anfangsstellung des Verbs vor, teils gedeckt, teils rein: *er menn sǫ́tu í stofu, þá mælti Gunnlaugr*, als die Männer in der Stube sassen, da sprach G., *ok er hann vaknaði, var honum erfitt orðit*, und als er erwachte, fühlte er sich matt. — Das pers. pron. folgt stets der Analogie der entsprechenden Nominalsätze, z. B. *er Gunnlaugr var fimtán vetra gamall, bað hann*, als G. 15 Jahre alt war, bat er. — Auch in

§ 491. Wortstellung: Andere Satzteile.

fragenden, wünschenden, befehlenden Sätzen, wo das Verb die Hauptrolle spielt, steht das Subject stets nach demselben. z. B. *hefir hann flýit?* ist er geflohen? *heil verdu, Sváva!* Heil dir, S.! *sók þú hesta mína,* suche du meine Pferde! Dasselbe gilt von eingeschobenen Sätzen, wie *segir hann, svarar Gunnlaugr,* sagt er, erwidert G.

Anm. 1. In Wünschen und Befehlen steht das Subject nur bei besonderem Nachdruck voran, z. B. *dróttinn sé med þér,* der Herr sei mit dir! *þú flý eigi!* fliehe nicht! (vgl. § 493 a).

Anm. 2. In der Poesie gilt oft eine freiere Wortstellung.

B. Andere Satzteile.

§ 491. Ueber die Stellung der anderen Satzglieder gelten folgende Regeln:

1) attrib. adj. und pron., sowie Zahlwörter stehen meist vor, der gen. meist nach. Erstere stehen jedoch auch nach, bes. in der Poesie, bei Eigennamen, sodann bei zusammengesetzten Wörtern; beim poss. pron. ist die Nachstellung gewöhnlicher. z. B. *hár madr,* ein grosser Mann, *sá madr,* der Mann, *þrjá presta,* 3 Priester, *hús fǫdur síns,* das Haus seines Vaters, *ráð mitt,* mein Rat; doch auch: *í feldi blóm,* in blauem Felde, *Hálfdan svarti,* H. der schwarze, *kirkjur þrjár,* 3 Kirchen, *Ýmis hold,* Y.s Fleisch, *sínum mǫnnum,* seinen Leuten; ein statt des poss. pron. gesetzter dat. (vgl. § 433 Anm. 2) steht meist nach: *frá augum sér,* von seinen Augen.

Anm. Ein attribut. adj. kann durch mehrere Wörter von seinem subst. getrennt sein: *hafdi hjálm á hǫfdi gullrodinn,* er hatte einen vergoldeten Helm auf dem Haupte.

2) von zwei adj. bei einem subst. steht oft eins voran, das andere mit *ok* nach: *kynstórr madr ok ríkr,* ein hochgeborener und mächtiger Mann; hat jedes ein subst. bei sich, so steht beim ersten subst. das adj. vor, beim zweiten nach: *ríkr hǫfdingi ok málafylgjumadr mikill,* ein mächtiger Häuptling und grosser

§ 491—492. Wortstellung: Andere Satzteile. Hervorhebung.

Rechtsbeistand. — Aehnlich stehen 2 subst. bei éinem adj.: *ríki er ákalls laust ok pyndinga*, das Reich ist frei von Last und Abgaben.

3) Artikel und adj. sowie *einn* und adj. stehen vor und nach: *enum nýja konungi*, dem neuen König, *einn mikill hǫfðingi*, ein grosser Häuptling, *Valgarðr hinn grái*, der graue V. (so stehen besonders Zunamen nach), *kǫttr einn grár*, eine graue Katze.

4) Die Apposition steht gew. nach, seltener nachdrücklich voran: *Haraldr konungr*, König H., *þrællinn Karkr*, der Sklave K. — Der Titel *herra* steht voran: *herra konungr!* — Appos. und subst. können durch andere Worte getrennt werden: *Gunnlaugs saga Ormstungu*, die Geschichte von G. Schlangenzunge.

5) Adverbia (und präp.) können vor und nach dem zugehörigen Worte stehen, sogar getrennt davon, z. B. *þessi ráð líka mér vel*, diese Ratschläge gefallen mir wohl, *skyldu skjótt fara*, sie sollten schnell fahren, *er á er fótinum*, das im Fusse ist, *vígi at*, im Kampfe (dies bes. in der Poesie). In Relativsätzen, die von einer Präp. abhängen, steht diese stets nach, z. B. *konungar sem var frá sagt*, die Könige, von denen die Rede war. Zwei adverbia stehen oft wie zwei adjectiva (s. oben unter 2), z. B. *svaraði vel þessu ok þekkiliga*, er antwortete darauf gut und anmutig.

6) Hilfszeitwort und inf. oder part. stehen oft getrennt: *eigi vóru þá enn synir Gunnhildar af lífi teknir*, da waren die Söhne G.s noch nicht des Lebens beraubt.

C. Hervorhebung.

§ 492. Der Hervorhebung wegen können Satzteile vorangestellt werden (vgl. § 487), so besonders:

1) Object und Prädikat, z. B. *mǫrg undr ǫnnur gerði hann*, viele andere Wunder that er, *aukuðu flokk huns Norðmenn ok Danir*, seine Schar vermehrten Nordleute und Dänen; *góð brú er Bifrǫst*, eine gute Brücke ist B.

§ 492—493. Hervorhebung. Kürze des Ausdrucks. Nomen. 181

2) Präpositionen und Zubehör, vgl. *undir bógum hestanna settu guðin tvá vindbelgi*, unter die Buge der Rosse setzten die Götter 2 Blasebälge.

3) der inf.: *vera kann svá*, es kann so sein.

4) die Negation, die sonst vor dem verneinten Worte steht, z. B. *ekki var hann stórvitr maðr*, er war kein sehr weiser Mann.

5) ein demonstr. pron. oder Adverb: *þess vil ek biðja þik*, darum will ich dich bitten. Es kann aber auch ausdrücklich nachstehen: *ǫnnur náttúra er sú jarðar*, das ist die zweite Eigentümlichkeit der Erde...

Anm. Bei der Hervorhebung eines Begriffes durch Voranstellung wird zuweilen die natürliche Satzfolge gestört, z. B. *þá hluti, sem hann hefir gert, veit ek eigi, hvárt meirr er skammsamligt at heyra á eða frá at segja*, was die Dinge betrifft, die er verübt hat, so weiss ich nicht, ob es beschämender ist, sie zu hören oder davon zu sprechen. — Hier mag auch eine eigentümliche Attraction genannt sein, wodurch das Subject des Nebensatzes als Object in den Hauptsatz gezogen wird, z. B. *sér þú Agnar, hvar hann elr bǫrn?* Siehst du, wo A. Kinder zeugt?

V. Kürze des Ausdrucks.

A. Nomen.

§ 493. Ein persönl. oder demonstr. pron. der 1. und 2. Person kann als Subject ausgelassen werden, wenn es sich leicht aus dem Zusammenhange ergiebt. Folgende Fälle sind zu unterscheiden:

a) beim Imperativ fehlt oft das Subj. der 2. Pers. und meist das der 1. Pers. pl., z. B. *gakk!* geh!, *standit upp!* steht auf!, *grǫ́tum eigi!* weinen wir nicht! Zur besonderen Hervorhebung wird jedoch das pron. hinzugefügt: *hefn þú vár!* räche du uns!, *róm vér!* rudern wir!

b) bei anderen Verbalformen wird das pron. der 1. und 2. Person nur dann ausgelassen, wenn es sich leicht aus einem benachbarten beigeordneten Satze ergiebt, in dem es Subj. ist; jedoch ist die Auslassung immerhin selten. Vgl. *vér svǫruđum skjótt ok synjuđum honum rádsins*, wir antworteten schnell und verweigerten ihm den Rat.

Anm. Nur selten fehlt das pron. der 2. Person in anderen Fällen, z. B. *illa er þér farit, leitar á þér betri menn*, übel stehts mit dir, (du) suchst dir bessere Männer zu verschaffen....

§ 494. Das Subject der 3. Person wird oft ausgelassen:

a) wenn es in einem benachbarten Satze in irgend einem Casus erscheint, z. B. *gerđu þeir svá, váru kátir*, sie thaten so, waren froh, *sá þeir mikinn fjǫlda búanda fara, ok bǫ́ru mannlíkan*, sie sahen eine grosse Menge Bauern ziehen, und (diese) trugen eine Leiche, *skaut Ásmundr at Ásbirni spjóti, ok kom á hann miđjan*, A. schleuderte mit dem Spiess nach Asbjǫrn, und (er) traf ihn in der Mitte.

Anm. Selten fehlt das Subject in einem Hauptsatze bei vorangehendem Nebensatze oder in einem Nebensatze nach einem Nebensatze, z. B. *er hann sá bauginn, þá sýn lisk honum fagr*, als er den Ring sah, da schien (er) ihm schön.

b) zu einem Satze, in dem das Subject eine Person oder ein collectivum im sgl. ist, wird oft ein Satz im plur. mit Auslassung des Subjects gefügt, indem man an Personen denkt, die mit der genannten zusammengehören, oder an die einzelnen, die die Gesamtheit ausmachen, z. B. *lét Flosi sǫđla hesta sína ok ríđa heim*, F. liess seine Pferde satteln und (sie) reiten heim, *mestr hluti manna vildi eigi heyra . . ., nema létu*, der grösste Teil der Männer wollte nicht hören . . ., sondern gaben sich den Anschein . . . (vgl. § 477).

c) das Subject kann fehlen, wenn es nicht vorher genannt ist, aber sich leicht aus dem Zusammenhang ergiebt, z. B. *slitu víd þat þingit*, sie lösten damit das Thing auf, *Flosi hjó á hálsinn, svá at tók af hǫfuđit*, F. hieb in den Hals, so dass (es ihm) den Kopf abriss, *þar heitir nú*

§ 495—496. Kürze des Ausdrucks: Nomen. 183

Óðinsey, die Stätte heisst nun O.; oder mit Attraction des Prädikats: *við Lǫginn, þar sem nú eru kallaðar fornu Sigtúnir,* bei L., das nun das alte Sigtuna heisst (vgl. § 477 Anm.).

Anm. Wenn ein inf. oder ganzer Satz das Subject ausmacht, kann auch dieser fehlen, wenn er kurz vorher genannt oder aus dem Zusammenhange zu entnehmen ist, z. B. *út skulu þeir nú allir ganga, er leyft er,* nun sollen alle herausgehn, denen es erlaubt ist.

§ 495. Das Subject fehlt ferner häufig in Fällen, wo man es nicht nennen kann oder will, und das Interesse aufs Prädikat beschränkt ist, z. B. *at miðri nótt, þá lét á stǫðli úti ok mælti,* um Mitternacht, da liess sich (etwas) draussen im Stalle (vernehmen) und sprach. Merke besonders:

a) eine unbestimmte Person ist gedacht bei Verben des Sagens und Wahrnehmens wie *segja, geta, sjá, heyra,* sowie bei *skulu, mega, verða* und einem inf. und *þurfa* mit inf. oder gen., z. B. *hér getr þess,* hier wird berichtet, *heyrði um allan herinn,* man hörte es im ganzen Heere, *skal hann drepa,* man soll ihn töten, *sóma verðr við slíkt,* man muss sich in dergleichen fügen, *ekki þarf Sighvat at sneiða,* man braucht nicht auf S. zu sticheln.

b) eine unbestimmte Kraft bei Naturerscheinungen und -wirkungen, Sinneseindrücken, Gemütsbewegungen und Ereignissen überhaupt, z. B. *gerði myrkt,* es wurde finster, *ísa leysti,* das Eis ging los, *kelr mik,* mich friert, *fýsir þik at fara,* du hast Lust zu reisen, *gefr þeim byr,* sie bekommen Fahrwind, *lýkr hér þessi rǿðu,* hier schliesst das Gespräch.

c) eine Situation im Allgemeinen oder eine Zeit- und Ortsangabe, z. B. *svá er víst,* so ist es gewiss, *þá var, sem jafnan verðr,* da war es, wie es stets wird, *kom svá,* so kam es, *sýndisk nú ǫllum,* es schien nun Allen, *leið á kveldit,* es ging auf den Abend, *at eyjunni, þar er úbygt var,* an der Insel, wo es unbebaut war.

§ 496. Endlich fehlt das Subject bei Verben, wo überhaupt nicht die Vorstellung eines Subjects stattfindet, wie bei Zeitangaben, Naturerscheinungen, Gefühlseindrücken, Eintreten oder Stattfinden einer Wirkung, z. B. *dagr es tagt, náttar es nachtet, várar es* wird Frühling; *rignir es regnet, flóðir es flutet; dunar es* dröhnt, *gall es* schallte, *ljómar es* leuchtet, *batnaði Agli, es* wurde Egill besser; *varð gengit, es* wurde gegangen, *lokit var guðspjalli*, das Evangelium war zu Ende, *er ljóst var orðit*, als es hell geworden war.

Anm. Die Fälle dieses § sind zuweilen nicht von den im vorigen unter b) und c) genannten sicher zu trennen.

§ 497. Auch der dat. und acc. eines Pronomens kann ausgelassen werden, wenn er sich aus dem vorhergehenden leicht ergänzen lässt, z. B. *þreif sverðit ok hjó með*, er ergriff das Schwert und hieb (da)mit, *gekk til ár með klæði ok þó*, sie ging zum Flusse mit dem Kleide und wusch (es).

§ 498. Zu einem demon. pron. im pl. wird ein Personenname im sgl. als Apposition gefügt, um eine Verbindung von Personen zu bezeichnen, die der Zusammenhang näher angiebt und worin die gen. Person die Hauptperson ist. Sind die Personen verschiedenen Geschlechts, so steht das pron. im neutrum (vgl. § 480), z. B. *gerðu þeir Gylfi sætt sína*, sie, G. (und Oðinn) machten ihren Vertrag, *þeir þorsteinn*, sie, Th. (und seine Leute), *þau Hǫgni tala*, sie, H. (und seine Frau) reden, *vit Sveinn*, wir beide, S. (und ich), *þit Gunnhildr hafið*, ihr beide, G. (und du) habt . . . .

§ 499. Oft ist beim adj. ein subst. zu ergänzen, vgl. *norræna*, die norwegische (Sprache); der Nordwind, *var þá engi annarr (kostr)*, es war da keine andere Bedingung; bes. häufig fehlt beim acc. des Inhalts (§ 425) und modalen dat. (§ 435) ein entsprechendes subst., vgl. *skipin gengu mikinn*, die Schiffe fuhren einen grossen (Weg), d. i. schnell, *fara nǫkkra (fǫr)*, eine Reise machen, *fara inn efra, hit efra*, den oberen Weg fahren; *steig heldr stórum*, er schritt mit ziemlich grossen (Schritten); desgl. beim gen., z. B. *at Þórars*, bei Thorar, in Th.s (Hause); in Ausdrücken wie: *er þat ekki margra*, das ist nicht vieler Leute (Sache), liegt wohl eher ein gen. der Zugehörigkeit als eine Ellipse vor.

Anm. Aus Verbindungen wie *gengu mikinn* erklärt sich die häufige (scheinbare) Verwendung des acc. sg. m. eines adj. als Adverb bei Verben.

§ 500. Bei **Altersbestimmungen** kann *gamall*, bei **Massbestimmungen** ein adj. des Masses fehlen, z. B. *var tíu vetra*, er war 10 Jahre (alt), *exi nær alnar fyrir munn*, eine Axt, fast 1 Elle (breit) vorn an der Schneide. Vgl. jedoch § 408!

B. Verbum.

§ 501. Verbalformen können ausgelassen werden, wenn sie aus anderen Formen desselben Verbs im Satze leicht zu ergänzen sind, z. B. *sér hann þá, ok svá þeir hann*, er sieht sie, und so (sehen) sie ihn, *góð þótti mér áðr gjǫfin Brands, en nú miklu meiri virðing at þiggja af yðr*, gut schien mir vorher die Gabe B.s, aber jetzt (scheint es mir) eine viel grössere Ehre, (sie) von euch zu empfangen. — So fehlt oft der inf. nach Hilfszeitwörtern, z. B. *segðu mér ór helju, ek mun ór heimi*, berichte du mir aus der Unterwelt, ich werde aus der Welt (berichten).

§ 502. Die verba *vera* und *hafa* können in vielen Fällen ausgelassen werden, z. B. *gerðisk þrǫng mikit ok búit við bardaga*, es entstand ein grosses Gedränge und es (wäre) fast zum Streite gekommen, *heill þú nú (sér)!* Heil dir!, *þeir váru komnir ... ok tekit sér*, sie waren gekommen ... und (hatten) sich genommen; mit **Auslassung des part. präs.**: *þeir sigla byr góðan*, sie segeln mit gutem Fahrwind, *gekk skjǫld fyrir sér*, er ging mit dem Schilde vor sich. — Besonders häufig ist die Auslassung im inf., vor allem nach *skulu, munu, vilja* und beim Particip, z. B. *glaðr ok reifr skyli gumna hverr*, froh und leutselig soll jeder Mann (sein). *sá er vill heitinn horskr*, wer tapfer genannt (sein) will, *bjǫrn hugda ek inn kominn*, ich dachte, dass ein Bär hereingekommen (sei), *eigi vill ek þenna*, nicht will ich diese Bedingung (haben), vgl. § 499.

§ 503. Die Bewegungsverba *(fara, koma* etc.) fehlen oft nach Ausdrücken des Wollens, Strebens, Beschliessens u. ä., z. B. *vil ek skjótt heim*, ich will schnell heim, *svá var hón óðfús í jǫtunheima*, so begierig war sie nach der Riesenwelt.

Anm. In Ausrufen können verschiedene Satzteile fehlen, vgl. *rápn!* Waffen!, *gódan dag!* guten Tag!, *i sundr halsbeinit*, entzwei (ging) der Halsknochen u. a.

C. Partikeln.

§ 504. Wenn (in der Eddasprache) zwei negierte Satzglieder durch *né* „noch" verbunden werden, kann die Negation im ersten Gliede fehlen, z. B. *hǫnd um þvær né hǫfud kembir*, die Hand wäscht er (nicht), noch kämmt er das Haupt.

§ 505. Nach einem verneinten Hauptsatz steht zuweilen ein unabhängiger Satz in positiver Form statt eines negierten Folgesatzes, z. B. *lifira svá lengi, lǫskr mun hann æ heitinn*, er lebt nicht so lange (= er mag noch so lange leben), faul wird er immer genannt (werden).

D. Satz.

§ 506. Um den höchstmöglichen Grad auszudrücken, wird *sem* zum Superlativ gesetzt, wobei ein Satz wie: *mest mátti hann* zu ergänzen ist, z. B. *fór sem leyniligast*, er reiste so heimlich wie möglich, *gerdi sik sem reidastan*, er wurde sehr zornig.

§ 507. Zuweilen wird — mit Unterdrückung eines Gedankens — der ind. im bedingten Hauptsatze gebraucht, trotzdem die Bedingung durch den Conjunctiv als Annahme gegen die Wirklichkeit bezeichnet ist, z. B. *í syni mínum var ills þegns efni vaxit, ef rǫskvask nædi*, in meinem Sohn war die Anlage zu einem bösen Unterthan vorhanden (und das hätte sich gezeigt), wenn er hätte aufwachsen können.

§ 508. Ein abhängiger Satz mit *ef* in der Bedeutung „ob vielleicht" oder „wenn nur" steht zuweilen mit Auslassung eines Zwischensatzes, z. B. *muntu mér fjadrhams ljá, ef ek minn hamar mættak hitta?* willst du mir dein Federgewand leihen, (um zu versuchen), ob ich vielleicht meinen Hammer finden könnte? *mey veit ek eina, ef þú geta mættir*, ich weiss ein Mädchen..., wenn du sie nur erlangen könntest.

Anm. Wie im Deutschen kann auch ein leicht ergänzter Bedingungssatz fehlen, z. B. *þat myndi ek ekki gert hafa*, das würde ich nicht gethan haben.

VI. Pleonasmus.

§ 509. Bei mehreren Subjecten verschiedener Person wird oft pleonastisch ein Personalpronomen zum Verb gefügt, z. B. *vér erum allir at velli lagdir, ek ok sveitungar mínar*, wir sind alle zu Boden gestreckt, ich und meine Kameraden; dasselbe geschieht auch sonst, wenn Personennamen das Subject bilden, z. B. *sǫtu þeir á einum stóli, Rǫgnvaldr jarl ok Þorgnýr*, sie sassen auf einem Stuhl, der Jarl R. und Th.

Anm. Eine Vorausnahme des Subjects ist oft mit einer eigentümlichen Kürze des Ausdrucks verbunden, vgl. § 498.

§ 510. Oft weist ein vorgesetztes pers. oder demonstr. pron. auf eine Person als bekannt hin, z. B. *kemr hann Ásbjǫrn í stofuna*, er, A., kommt in die Stube, *systir er hon þeira Sigars ok Hǫgna*, sie ist die Schwester derselben, des S. und Hǫgni, *þau Yngvi ok Bera sǫtu in hásæti*, sie, Y. und B., sassen auf dem Hochsitz (vgl. § 480).

§ 511. Ein als Subject oder Object folgender inf. kann durch *þat* oder *þetta* vorausgenommen werden, vgl.

§ 512—514. Pleonasmus. Anakoluthie.

þat þótti engum dælt, at segja konungi hersǫgu, es däuchte keinem leicht, dem Könige den Einfall zu melden.

Anm. Das geschieht hauptsächlich, wenn der inf. von einer Präposition abhängig sein sollte, vgl. *mikit kapp leggr þú á þetta, at reita Agli lið,* du zeigst einen grossen Eifer dabei, dem Egill Hilfe zu gewähren, *til þess var vigðr, at boða lýdum guðs nafn,* er war dazu geweiht, den Leuten Gottes Namen zu verkünden.

§ 512. Zuweilen wird der **angehängte Artikel** pleonastisch gebraucht, wenn auch das subst. bereits anderweitig (durch ein adj., pron. oder einen gen.) näher bestimmt ist, bes. bei *allr,* z. B. *alt skipit,* das ganze Schiff, *alt annat lidit,* das ganze übrige Gefolge, *einn gráfeldinn,* eine graue Pelzdecke, *hit fyrra sumarit,* der vorige Sommer, *þau hin stóru skipin,* die grossen Schiffe, *hinn fótrinn,* der Fuss, *kvað sik vera þann Finninn,* er sagte, dass er der Finn sei, *tóku hvern fuglinn, er á jǫrd kom,* sie ergriffen jeden Vogel, der auf die Erde kam, *skipit þeira Karla,* das Schiff der Karle.

Anm. Aehnlich wird derselbe Begriff doppelt ausgedrückt in Wendungen wie *tysvar sinnum = tveim s.* zweimal.

§ 513. In der Eddasprache kann in **negativen** Sätzen sowohl das **pers. pron.** der 1. Person sg. wie die **Negation** selbst (zur Verstärkung) **doppelt** gesetzt werden, vgl. *vilka'k,* ich will nicht, *máttiga'k,* ich konnte nicht (vgl. § 290 Anm. 2), — selbst **dreifach**, wie in *ek þikkak,* ich nehme nicht an (von *þiggja,* vgl. § 92), — *sofa þeir né móttut,* schlafen konnten sie nicht, *epli ek þigg aldregi at mannskis munum,* Aepfel nehme ich nie an jemandem zu Wunsche.

Anm. Zuweilen findet sich auch in der Erzählung **Doppelsetzung des Verbs**, z. B. *Úspakr sagði: „já", segir hann,* U. sagte: „ja", sagt er.

VII. Anakoluthie.

§ 514. Durch **Nachahmung der Umgangssprache** wird oft der regelmässige Satzbau aufgegeben und durch eine **freiere Construction** ersetzt. Dies geschieht besonders

§ 514—515. Anakoluthie.

bei längeren Perioden, z. B. *Steinn mælti: „þar er þú vart á fjalli því, er Gerpir heitir; þat sýniz mér, þat ráð þitt var gerpiligt, þá er þú vart með goðorð Þorsteins . . .", St.* sagte: „Wo du auf dem Berge warst, der G. heisst, das scheint mir, dass deine Lage eines tapfern würdig war, als du mit dem Godenamt Th.s bekleidet warst", *sá er rýfr dóm lǫgsamdan, þá gengr sá á grið sín*, wer eine gesetzmässige Entscheidung verletzt, der bricht seinen Frieden.

Anm. Wegen der durch Voranstellung des Hauptbegriffes bewirkten Anakoluthie s. § 492 Anm. und vgl. noch: *ósnotr maðr, er með aldir kømr, þat er bazt at hann þegi*, wenn ein unkluger Mann unter die Leute kommt, ist es das beste, dass er schweigt.

§ 515. Oft findet sich ein **plötzlicher Uebergang vom plur. zum sing., von der relativen Verbindung zur beiordnenden, sowie von der indirecten Rede zur directen** (vgl. § 469 Anm. 2), z. B. *þeir er gestfeðra eru, megu gefa arf sinn, ef hann er heill maðr*, diejenigen, welche keine Erben haben, können ihr Erbe fortgeben, wenn sie gesunde Menschen sind, *þats menn hafi, ok verðr því gýgr fegin*, was die Menschen haben und worüber das Riesenweib froh wird.

§ 516. Zuweilen wird ein **Wort von einem benachbarten attrahiert**, d. h. in eine andere Construction hineingezogen, z. B. *fótr sér þú þína, hǫndum sér þú þínum orpit í eld*, deine Füsse siehst du, deine Hände siehst du ins Feuer geworfen.

Anhang.

I. Geschichte der altisländischen Sprache.

§ 517. Unter altisländisch (aisl.) versteht man die auf Island gesprochene und geschriebene Sprache, wie sie uns in Denkmälern vom Ende des 12. (c. 1180) bis zum Anfang des 16. Jahrhunderts (c. 1530) vorliegt. Sie zerfällt in 3 Perioden:
 a) die vorklassische, bis um 1200,
 b) die sogen. klassische, von 1200—1350,
 c) die nachklassische, von 1350—1530.
Von da ab nennt mann die Sprache neuisländisch (nisl.).

§ 518. Die Hauptmerkmale der 3 Perioden sind:
 a) in der vorkl. ist die Sprache noch sehr altertümlich und unterscheidet sich nur wenig von ihrer Mutter, der altnorwegischen (siehe unten);
 b) in der kl. treten die Unterschiede schärfer hervor, indem um 1250 ó zu ǽ wird (vgl. § 20 Anm. 4), später auch é zu jé (lét — ljét), a, o, u vor l +f, m, p, g, k, später auch a vor ng und nk gedehnt werden (vgl. § 42), e, o in den Endungen um 1225 in i, u übergehen (§ 46), später e, ǫ vor ng, nk in ei, au, während sonst ǫ zu o (ö) wird.
 c) in der nachkl. wird dann rn und nn zu ddn, rl und ll zu ddl. Dazu kommen noch andere Veränderungen, die fürs nisl. charakteristisch sind.

Anm. Das neuisl. unterscheidet sich lautlich sehr stark von der alten Sprache, die Schrift nimmt jedoch von sehr vielen dieser Veränderungen durchaus keine Notiz.

§ 519—521. Geschichte der altisl. Sprache.

§ 519. Das isl. bildet mit dem **norwegischen**, von dem es sich erst mit der Besiedelung der Insel (um 900) durch Norweger getrennt hat, sowie dem **färöischen** zusammen den **westlichen** Zweig der **nordischen** Sprachen, deren **östlichen** das **dänische**, **schwedische** und **gotländische** (gutnische) ausmachen. Sie sind alle aus einer gemeinsamen Quelle, dem **urnordischen**, entsprungen, das sich in der Vikingerzeit (c. 700—1050) erst dialektisch differenzierte, um dann im 11. Jahrhundert in die genannten Sprachen zu zerfallen.

Anm. Früher bezeichnete man das aisl. und anorweg. ungenau als **altnordisch**. Die alte einheimische Bezeichnung für die Gesamtsprache war *dǫnsk tunga*, später wurde dann das westnord. als *norrǿnt mál* unterschieden.

§ 520. **Die Hauptunterschiede zwischen aisl. und anorweg. sind:**

1) der *u*-Umlaut fehlt im anorweg. oft durch Ausgleichung vor *u*, z. B. dat. pl. *landum* = aisl. *lǫndum*,

2) im anorweg. erscheint das aisl. *e, o* der Endungen nur nach gewissen Vokalen, während sonst *i, u* steht, das im isl. erst seit 1225 vorherrscht (vgl. § 46),

3) *h* vor *l, r, n* schwindet früh im norw.,

4) *fn* wird im norw. zu *mn*,

5) die pronomina pers. *mit* wir zwei, *mér* wir, sowie *hverr* welcher, stehen im norw. statt isl. *vit, vér, hvarr*,

6) die 2. pers. pl. des Verbs geht im isl. auf *-d, -t*, im norw. auf *-r* aus.

§ 521. Im norw. sind dieselben Perioden zu unterscheiden wie im isl.; ferner treten hier früh 2 Dialekte, ein **westlicher** und ein **östlicher** hervor, während solche im isl. wenig bemerkbar sind. Das **westnord.** zeigt **Aehnlichkeit** mit seiner Tochtersprache, dem isl., das **ostnord.** mit seinem Nachbar, dem **schwed.**

Anm. Infolge der Vereinigung mit Schweden und Dänemark erfährt das norweg. im 14. und 15. Jahrhundert einen starken Einfluss von den Sprachen dieser Länder, bis es endlich in der Reformationszeit literarisch vollkommen durch das dän. verdrängt wird. Es lebt dann nur in sehr verschiedenen Bauerndialekten fort, bis man es in unserm Jahrhundert wieder zu beleben und zu einer neuen Schriftsprache zu gestalten versucht hat. — Die heutige norwegische Schriftsprache und Umgangssprache der Gebildeten unterscheidet sich vom dänischen stark durch die Aussprache und eine Menge einheimischer Wörter.

§ 522. Das färöische hat sich als besondere Literatursprache mit eigentümlichen Volksdichtungen entwickelt; dagegen ist die nordische Sprache auf den Orkney- und Shetlandsinseln um 1800 erloschen. Noch früher ist dies auf der Insel Man, Irland, den Hebriden und im nördl. Schottland geschehen (in Irland um 1300, auf den Hebriden um 1400); in den alten isl. Kolonien Grönlands (983—1400) und Nordamerikas (Vínland) ist die nord. Sprache auch längst erloschen.

Anm. Von den meisten dieser Kolonien haben wir noch alte Denkmäler: von den Färöern Diplome und Gesetze, von den Orkneyinseln Runeninschriften und Diplome, von den Shetlandsinseln ebenfalls Diplome, von der Insel Man und aus Grönland Runeninschriften.

II. Die Runenschrift.

§ 523. Die ältesten Denkmäler des altnord. sind ausser Lehnwörtern im finnisch-lappischen (aufgenommen in den ersten christl. Jahrhunderten) die Runeninschriften mit dem älteren Alphabet von 24 Zeichen, wohl bis ins 5. Jahrhundert nach Chr. zurückgehend und zahlreich in Norwegen, Schweden, Dänemark und Schleswig-Holstein gefunden (die isländ. und. grönländ. Denkmäler, sowie die von den Orkney- und Shetlandsinseln und von Man sind jüngeren Datums). Diese aus dem römischen Alphabet der späteren Kaiserzeit (um 200?) gebildete gemeingermanische Schrift hatte folgende Formen in eigentümlicher Anordnung:

§ 523—524. Die Runenschrift.

```
  ᚠ ᚢ ᚦ ᚨ ᚱ ᚲ ᚷ ᚹ
1. f  u  þ  a  r  k  g  w,
  ᚺ ᚾ ᛁ ᛃ ᛖ ᛈ ᛉ ᛋ
2. h  n  i  j  e  p  ʀ  s,
  ᛏ ᛒ ᛗ ᛘ ᛚ ᛜ ᛟ ᛞ
3. t  b  e  m  l  n  o  d.
```

Von diesen hatten X, B und M doppelten Lautwert, indem sie ausser den Medien *g, b, d* auch die sth. Spiranten *g̑, b̄, d* bezeichneten; H drückte zugleich *h* und *ch* (wie in *ach*) aus.

Anm. Die Runenschrift war in 3 *ættir* d. h. „Achter" (vgl. § 344) von je 8 Runen geteilt; sie konnte von rechts nach links und umgekehrt geschrieben werden. Einige Buchstaben haben etwas wechselnde Formen; jede hatte einen (substantivischen) Namen, der mit dem durch die Rune bezeichneten Laute begann. Nur bei ʀ ist dies nicht der Fall.

§ 524. In der **Vikingerzeit** wurde das alte Alphabet bis auf 16 Zeichen **reduciert**, das man daher das **jüngere** oder **kürzere** oder auch (wegen seiner Beschränkung auf den Norden) das **nordische** nennt. Die Hauptformen sind:

```
  ᚠ ᚢ ᚦ   ᚨ   ᚱ ᚴ
1. f  u  þ  a(o)  r  k,
  ᚼ ᚾ ᛁ ᛆ ᛋ
2. h  n  i  a  s,
  ᛏ ᛒ ᛚ ᛘ ᛦ
3. t  b  l  m  ʀ(y).
```

Bei diesem mangelhaften Alphabete haben mehrere Zeichen verschiedene Werte, nämlich:

1) *a* = *a* und *œ, ą* = nasaliertem *a* und *œ*.

2) *i* = *i* und *e*, später auch *œ* (später tritt auch *ai*, seltner *ia*, als Bezeichnung für *e, œ* auf).

3) *u* = *u* und *o, y* und *ø*, selten *ǫ*, später bezeichnet *au* auch *o, ǫ* und *ø*,

4) *au* = *au* und *ey (øy)*,

5) *b, k, t* = *b, g, d* und *p, k, t*; *b* auch = *b̄, k* auch = *g̑*,

6) *h* = *h* und *g*,

7) *ʀ* = *ʀ* (got. *z*), selten *e, œ, i,*

8) *þ* = *þ* und *d.*

9) Die Nasale werden vor *b, k, t* meist ausgelassen, vgl. *liki* = *længi,*

10) Länge der Vokale und Konsonanten wird nur selten durch Doppelschreibung bezeichnet.

§ 525. Im 11. Jahrhundert entstanden durch Bezeichnung der Runen durch diakritische Punkte, wodurch man die Lautwerte sonderte, die sogen. punktierten oder Waldemarischen Runen, welche ebenso viele Laute ausdrücken konnten, wie das lat. Alphabet. Es verdrängte im 13. Jahrhundert die kürzere Reihe und war in Norwegen bis Ende des 14. Jahrhunderts, in Island bis nach der Reformation noch in Gebrauch.

§ 526. Als Proben der urnordischen Sprache mögen hier einige der ältesten Inschriften mit der längeren Runenreihe in Transscription folgen:

1) Die Thorsbjærger Zwinge (Dänemark):
owlþuþewaʀ (l. *Wolþu-*), *ni(in?) Wane māriʀ,* d. h. Ollþér, in Vang berühmt (isl. *í Vangi mærr*).

2) Das goldene Horn von Gallehus (Dän.):
ek Illewagastiʀ Holtinaʀ horna tawido, = Ich Legast Holting machte das Horn.

3) Stein von Einang (Norwegen):
Dagaʀ þaʀ rūno faihido, = Ich Dag dort die Runen ritzte (isl. *fáda*).

4) Inschrift von Valsfjord (Norwegen):
ek Hagustaldaʀ þewaʀ Gōdagas, = ich Hagestolz (isl. *Haukstaldr*), der Knecht Godags.

5) Stein von Strand (Norwegen):
Haḋulaikaʀ. ek Hagusta[l]daʀ hlaaiwido magu mīnino,
= Hoḋleikr. Ich Hagestolz begrub meinen Sohn (isl. *mǫg minn*).

6) Stein von Varnum oder Järsbärg (Schweden):

§ 527. Hilfsmittel.

uƀaʀ Hite *Haraƀanaʀ (ʍi)t iah ek Erilaʀ* rūnoʀ *waritu*,
= Ueber Hitr wir zwei, Hrafn und ich, Jarl, die Runen ritzten.
7) Stein von Tanum (Schweden):
prawinan haitinaʀ was, = Thraingis wurde er geheissen.
8) Stein von Opedal (Norwegen):
...... *swestar mīnu liuƀu mēʀ Wage* = ... meine Schwester, mir Wagr lieb.

III. Hilfsmittel.

§ 527. Eine ausführliche **Laut- und Flexionslehre** bietet A. Noreens altisländische und altnorwegische Grammatik, 2. Aufl., Halle 1892, die auch in der Einleitung (S. 1—19) die wichtigsten Hilfsmittel für das weitere Studium aufzählt. — Von **Texten mit Glossaren** seien genannt: *Gunnlaugssaga Ormstungu,* herausg. von E. Mogk, Halle 1886; Die *Vǫlsungasaga*, herausg. von W. Ranisch, Berlin 1891; *Analecta Norroena*, 2. Aufl., von Th. Möbius, Leipzig 1877, dazu: Altnord. Glossar, Leipzig 1866; Die Lieder der älteren Edda, herausg. von K. Hildebrand, Paderborn 1876; Eddalieder I und II, herausg. von F. Jónsson, Halle 1888, 1890; Die Lieder der Edda, herausg. von B. Sijmons, 1. Band, 1. Hälfte (Götterlieder), Halle 1888. — Als Glossar zu diesen (spez. zu Hildebrands Ausgabe): Glossar zu den Liedern der Edda, von H. Gering, Paderborn und Münster 1887. — Besonders empfehlenswert sind die commentierten Texte der „Altnord. Saga-Bibliothek" (Halle, Niemeyer), vor allem das 3. Heft: *Egils saga Skallagrímssonar*, herausg. von F. Jónsson, Halle 1894. Auch für diese reicht das Glossar von Möbius aus, indem alle darin nicht enthaltenen Wörter und Wendungen in den Fussnoten erklärt werden.

Verbesserungen und Nachträge.

§ 1 Zeile 4 lies „deutschem". — § 6, 3) Z. 1 l. „Silbenanlaut" (vgl. § 78). — Seite 9 Z. 11 l. l*i*kr. — § 29 Anm. 1. *ebnaz. — § 37 Z. 2 l. *Sviar*. — § 41 Z. 2 l. **tahra; fāir*. — § 53 Z. 7 f. l. „got. *haitans* aus *haitanaz". — § 59 ergänze „und kurze, urgermanisch durch -*n* gedeckte" vor „Vokale". — S. 21 3) Z. 2 l. *urpum*. — S. 22 6) Anm. Z. 2 l. *athāfi*. — § 64 unter „labiale" Z. 1 l. *w, ww*. — § 67 Z. 3 ist zu berichtigen, dass *g* im Anl. urgerm. noch Spirant war! — S. 25 Z. 2 erg. *girnda* vor *girnda*. — § 84 Anm. Z. 2 l. *mp* statt *np*. — § 89 Anm. Z. 1 erg. „von" vor *sannr*. — § 95 Z. 4 str. „dann". — S. 30 6) Anm. Z. 2 l. *hvass* statt *hvas*. — § 99 letzte Z. l. „§ 107 1) a und b". — § 110 Z. 6 l. „Tau m." — § 120 Z. 3 v. u. l. *kalladt. — § 122 Z. 5 l. „wahrscheinlich ging doch *tt* sofort in *ss* (nicht in *pt*) über." — S. 39 5) Z. 3 l. **a͡ʒrjō), hrel*. — § 126 Ueberschrift streiche „A. Flexion." — § 130 1 b) str *hvinn*, das neutr. ist! — § 130 2) l. „Im G. sg. m. — § 142 2) Z. 2 l. „Unzuverlässigkeit". — S. 47 Z. 1 l. -*bjargar* st. -*bjarga*. § 144 Anm. Z. 2 l. *fjŏdr*. — § 146 Anm. Z. 2 l. „§ 111". — S. 48 Z. 2 str Komma nach *egg*. — § 157 Anm. Z. 3 l, *stuldr*. — § 162 Ueberschrift l. „b) Konsonantische *n*-Stämme". — § 167 erg. „Herz" nach *hjarta*. — § 186 Z. 3 l. „Stämmen; *u*-Stämme." — S. 60 3) erg. im Gen. sgl. fem. *grá-r(r)ar*. — § 191 1) Z. 2 erg. „bisweilen" vor „auch". — § 200 Z. 3 l. „noch" st. „nach". — § 208 Anm. 4 Z. 3 l. *heyrđu*. — § 217 Z. 3 l. *avga-t*. — § 218 Anm. Z. 1 erg. „in der älteren Sprache (Poesie)" nach „oft". — S. 77 3) l. Gen. sg. f. *hvárig-rar*. — § 225: zu 5) part. vgl. § 394! — § 238 Anm. 1 Z. 3 l. *svelg(j)a* — S. 87 Z. 1 l. „prät." st. „pl.". — § 248 Anm. 1 Z. 3 l. „*ganga* gehen". — S. 87 letzte Zeile erg. „vgl. § 299 Anm. 2". — § 270 Anm. 2 Z. 2 l. *kligi*. — § 280 l. col. ind. präs. 2. sg. l. *skyit-r*. — S. 105 letzte Z. erg. „prät." nach „ind." — S. 106 Z. 4 l. „§ 83". — § 308 Z. 3 l. „Komponent". — S. 111 Z. 4: neben *tor-* erscheint *toru-*. — § 315 Anm. Z. 1: *sjau* ist Analogie nach urnord. got. *ahtau* 8. — § 320 Z. 4 f.: *hvilikr, þvilikr* sind alte Zusammensetzungen! — S. 116 Z. 2 l. *of* (später *um*)". — ib. Ueberschr. zu § 327 str. „I. Nominale". — S. 119 Z. 1 l. -*ārjan*. — ib. 10 Z. 2 l. *fjŏl-di, kul-di*. — S. 120 Z. 2 l. *frid-sem-d*. — ib. 13 l. „prim. concr. und abstr." — ib. Z. 4 l. „Ohr (eigtl. Hören)". — S. 121 11 l. „Menschlichkeit" st. „Mannheit". — ib. vorl. Z. l. *barnleys-i*. — S. 122 Z. 1 l. *and-vidr-i*. — S. 123, 17 l. -*wandja* st. -*indi*. — § 332 Z. 2 erg. „bes." vor „Namen". — S. 123, 1 Z. 4 l. *mikil-lát-r*. — ib. Z. 6 3 str. *fer-fēt-r*, das als *fer-fēt-t-r* zu S. 124, 14 gehört! — S. 124, 9 l. *fay-r*. — S. 125 Z. 3 l. „andrer" st. „act.". — § 334 1) Z. 1 l. „starken;". — § 344 Z. 1 l. *fim-t*. — § 350

Verbesserungen und Nachträge.

3. col. Z. 3 v. u. l. *ofan.* — S. 130 oben: Die Formen *austr* etc. können auch auf die Frage „wo?" stehen. — ib. Anm. 4 Z. 4 erg. „häufig" hinter *titt.* — § 355: Adj. werden regelmässig als subst. gebraucht: im n. sg., im pl. und in der schw. Form mit Artikel. — S. 133 Z. 1 l. *riddurum.* — § 358 Z. 7 erg. *ok* vor *skira.* — ib. Anm. Z. 2 l. *Gissurr.* — § 361 Z. 5 erg. Komma hinter „adj." — § 362 Z. 3 desgl. vor *hvergi.* — S. 138 stelle um: „2. Adjectiva, 3. Zahlwörter". — § 379 Anm.: vgl. § 499 Anm. — S. 139 l. „4. Pronomina". — S. 140 l. „5. Verbum". — § 389 b) Z. 3 l. „habe ich hier gesessen". — S. 143 l. „c) Modi". — § 406 Z. 2 l. *Svia;* Anm. 1 Z. 2 *Svium.* — ib. Anm. 3 l. „späteren Sprache und der Rimurpoesie". — § 410 Z. 5 erg. *viss* vor „sicher". — S. 153 Z. 3 l. *þvi.* — § 422 Z. 4 l. *skildusk.* — § 425 Anm. Z. 3 l. „sehr gut". — § 427 Z. 3 f. l. *dvaldisk.* — § 435 Z. 5 l. *huldu.* — § 439 e) erg. „*vesa* sein, z. B. *lifs, draums,* am Leben, im Traume sein". — § 449 a) Z. 4 str. Komma nach *kvad.* — § 459 vorletzte Z. l. *vǫru;* desgl. § 491 6) Z. 2, § 494 a) Z. 2 und § 502 Z. 5. — S. 168 Z. 2 l. *vin átt.* — § 466 Anm. 2 Z. 4 f. l. *syndisk, spurdisk.* — S. 172 Z. 3 v. u. l. „wenn" statt „er". — § 493 b) letzte Z. l. „die Hilfe" st. „den Rat". — § 494 a) Z. 3 l. *fjolda.* — S. 183 Z. 7 v. u. l. *visst.* — § 502 Z. 7: bei *sigla hyr* ist wohl nicht *hafandi* zu ergänzen, sondern die Verbindung gehört unter § 425. — § 506 Z. 3 str. *mest.* — S. 187 Z. 4 v. u. l. *i* statt *in.*

clination.*)

	1.		3. *i*-Stämme. (m. f.)		4. *u*-St. (m.)
Suffix:	a) reine *a*-St.	b) u-ings-St.	a) masc.	b) fem.	masc.
Genus:	m. (§ 129 ff.) n	m. (§ 148 f.)	m. (§ 151 ff.)	f. (§ 155 ff.)	m. (§ 158 ff.)
Sg. N.	-r —	ur]	ir	-r	u, -r	ur
G.	-s, ar -s	us, ar ıjar	is, jar	-ar, s	-ar	-ar
D.	-i( ) -i	uvi( )]	i	-, i	uu( ), -i	ii, u
A.	— —	u]	i	—	uu( )	u
Pl. N.	-ar u	uvar ıjar	iir	-ir, ar	-ir, ir	iir
G.	-a( )	uva	ia, ja	-a	-a	-a
D.	uum(m)	uum(, jum	ium, jum	uum	uum	uum
A.	-a u	uva ıjar	ii	-i, a	-ir, ir	uu, ii
Para-digmen:	armr land mór bú	songr	— mór	—	gestr bekkr	stadr sultr	rǫst brúðr ǫxl rǫnd	bolkr hjǫrtr

	Konsonant. Stämme. (m. f.)				
Suffix:	a) *an*-St	b b) einsilb. fem.		c) *r*-Stämme	d) *nd*-Stämme
Genus:	m. (§ 164 ff.) n	m. f. (§ 179 ff.)		m. (§ 182 f.) f	m. (§ 184.)
Sg. N.	-i -a	. u, ir		-ir -ir	-i
G.	-a( ) -a	. -ar(r), ir		uur uur	-a
D.	-a( ) -a	u, uu		ir, uur uur	-a
A.	-a( ) -a	u, ir		uur uur	-a
Pl. N.	-ar(r) uu	ir, -ar, ir		ir	ir, -r
G.	-a( ), na -na	-a( )		ira	-a
D.	uum(m) uum	uum(m)		irum	uum, ium
A.	-a( ) uu	ir, -ar, ir		ir	ir, -r
Para-digmen:	hani pái; hjarta gumi — —	rǫng tǫ́ mǫrk kýr		fadir —	móðir gefandi bóndi — fjandi —

*) Die i und u über dass diese fehlen kann: die in einer solchen Klammer stehenden Endungen

Tabelle der regelmässigen Substantiv- und Adjectiv-Declination.*)
I. Substantiva.
A. Vokalische Stämme (starke).

	1. a-Stämme (m. n.)				2. ō-Stämme (f.)				3. i-Stämme (m. f.)		4. u-St. (m.)
Suffix:	a) reine a-St.	b) wa-St.	c) kurzs. ja-St.	d) langs. jō-St.	a) reine ō-St.	b) wō-St.	c) kurzs. jō-St.	d) langs. jō-St.	a) masc.	b) fem.	masc.
Genus:	m. (§ 129ff.) n.	m. (§ 135f.) n.	m. § 137f.) n.	m. § 139f.) n.	f. (§ 141 ff)	f. (§ 144 f.)	f. (§ 146 f.)	f. (§ 148 f.)	m. (§ 151 ff)	f. (§ 155 ff)	m. (§ 158 ff.)
Sg. N.	-r —	ur u	ir i	ir ii	u	u	i(r)	ir	ir	-r	u, -r	ur
G.	-s, ar -s	us, ar us	is is	iis iis	-ar(r)	uvar	ijar	iar, jar	is, jar	-ar, s	-ar	-ar
D.	-i( ) -i	uvi( ) uvi	i i i( ) ii	ii	uu( )	uu( )	iju( )	ii	i	-, i	uu( ), -i	ii, u
A.	— —	u u	i i	ii ii	u	u	i	ii	i	—	uu( )	u
Pl. N.	-ar u	uvar u	ijar i	iar, jar ii	-ar(r), ir	uvar, ir	ijar	iar, jar	ir	-ir, ar	-ir, ir	ir
G.	-a( )	uva	ija	ia, ija, ija, ioa	-a( )	uva	ija	ia, ja	-a	-a	-a
D.	uum(m)	uum(m)	ijum	ium, jum	uum(m)	uum	ijum	ium, jum	ium, jum	uum	uum	uum
A.	-a u	uva u	ija u	iu, ju ii	-ar(r), ir	uvar, ir	ijar	iar, jar	-i, a	-ir, ir	uu, ii
Para-digmen:	armr land	songr hogg	uidr ber	hirdir klædi	laug ǫ́	ǫr	egg ey	flodr —	gestr	studr rǫst brúdr	bǫlkr
	mor hú	mór fræ, frjó	— sky	mækir fylki	fjǫdr —	ben mær	ylgr --	bekkr	sultr ǫxl rǫnd	hjǫrtr

B. Konsonantische Stämme.

	5. n-Stämme (schwache) m. f. n.						6. Konsonant. Stämme. (m. f.)			
Suffix:	a) an-St	b) jan-St.	c) ōn-St.	d) wōn-St.	e) jōn-St.	f) īn-St.	a) einsilb. m.	b) einsilb. fem	c) r-Stämme	d) nd-Stämme
Genus:	m. (§ 161 f.) n.	m. (§ 164 f.)	m. f. (§ 168 ff.)	f. (§ 166 f.)	m. f. (§ 169 ff.)	f. (§ 172 f.)	m. (§ 176 ff.)	f. (§ 179 f.)	m. (§ 182 f.) f.	m. (§ 184.)
Sg. N.	-i -a	ii	-a	uva	ija	ji	-r	u, ir	-ir	-ir	-i
G.	-a -a	ija	uu( )	uu	ju	ii, ur, jar, is	-ar, s	-ar(r), ir	-ur	-ur	-a
D.	-a( ) -a	ija	uu( )	uu	ju	ii	ii, -i	u, uu	ir, uur uur	-a
A.	-a( ) -a	ija	uu( )	uu	ju	ii	—	u, ir	ur uur	-a
Pl. N.	-ar(r) uu	ijar	uur(r)	uur	ijar	iar	ir	ir, -ar, ir	ir	ir, -r
G.	-a( ), na -na	ija	-na( )	-?	ina, ja	ia	-a	-a( )	ira	-a
D.	uum(m) uum	ijm	uum(m)	uum	ijum	ium	uum	uum(m)	irum	uum, ium
A.	-ar( ) uu	ija	uur(r)	uur	ijur	iar	ir	ir, -ar, ir	ir	ir, -r
Para-digmen:	haui pái; hjarta	bryti	gata	trúa	slongva	bylgja	elli fiski	fótr mǫdr	rǫng tó	fadir módir gefandi bóndi
	gumi —	dreki	Sifka äsja	—	smidja	gervi reidi		nagl —	mǫrk kýr	— fjandi

*) Die i und u über dem Strich bedeuten i- und u-Umlaut; ( ) nach einer Endung bedeutet, dass diese fehlen kann; die in einer solchen Klammer stehenden Endungen treten bei den contrahirten Formen ein.

II. Adjectiva.
A. Vokalische Stämme (starke).

Suffix:	1. a-Stämme. (m. n.)			2. ā-Stämme. (f.)		
	a) reine a-Stämme	b) wa-Stämme	c) ja-Stämme	a) reine ā-St.	b) wō-Stämme	c) jō-Stämme
Genus:	m. (§ 187 ff.) n.	m. (§ 193 f.) n.	m. (§ 195 f.) n.	f. (§ 187 ff.)	f. (§ 193 f.)	f. (§ 195 f.)
Sg. N.	-r -t(lt)	ur ut	ir it	u	u	i
G.	-s	us	is	-rar	urar	irar
D.	uum(m) uu( )	uum uu	ijum iju	-ri	uri	iri
A.	-an(n) -t(tt)	uvan ut	ijan it	-a( )	uva	ija
Pl. N.	-ir u	uvir u	ir i	-ar(r)	uvar	ijar
G.	-ra	ura	ira	-ra	ura	ira
D.	uum(m)	uum	ijum	uum(m)	uum	ijuu
A.	-a( ) u	uva u	ija i	-ar(r)	uvar	ijar
Paradigmen:	spakr spakt	folr folt	sekr sekt	spok grọ	fol	sek
	grár(r) grátt	— —	— —	— —	—	—

B. Konsonantische Stämme (schwache).

Suffix:	3. n-Stämme (schwache). (m. f. n.)						
	a) an-Stämme	b) wan-Stämme	c) jan-Stämme	d) ōn-Stämme	e) wōn-Stämme	f) jōn-Stämme	g) īn-Stämme
Genus:	m. (§ 198 ff.) n.	m. (§ 198 f.) n.	m. (§ 198 f.) n.	f. (§ 198 ff.)	f. (§ 198 ff.)	f. (§ 198 f.)	(§ 201.)
Sg. N.	-i, a -a( )	uvi uva	ji ija	-a( )	uva	ija	-i
G.	a( )	uva	ija	uu( )	uu	iju	-i
D.	a( )	uva	ija	uu( )	uu	iju	-i f.
A.	a( )	uva	ija	uu( )	uu	iju	-i
Pl. N.	uu( ), a	uu	iju	uu( )	uu	iju	-i
G.	uu( ), a	uu	iju	uu( )	uu	iju	-i m.
D.	uum(m), u	uum	ijum	uum(m)	uum	ijum	uum
A.	uu( ), a	uu	iju	uu( )	uu	iju	-i
Paradigmen:	spaki spaka	folvi folva	seki sekja	spaka	folva	sekja	spakari
	grái grá	— —	— —	grá	—	—	gefandi

www.ingramcontent.com/pod-product-compliance
Lightning Source LLC
Chambersburg PA
CBHW020822230426
43666CB00007B/1069